AF873339

GEORGES GRIMOD

ETUDE HISTORIQUE
DES
DROITS DES ENFANTS NATURELS RECONNUS
DANS LA SUCCESSION DE LEURS PÈRE ET MÈRE
ET
COMMENTAIRE DE LA LOI DU 25 MARS 1896

Elibron Classics
www.elibron.com

Elibron Classics series.

© 2006 Adamant Media Corporation.

ISBN 0-543-97648-3 (paperback)
ISBN 0-543-97647-5 (hardcover)

This Elibron Classics Replica Edition is an unabridged facsimile of the edition published in 1898 by Librairie de la société du regueil Gal des Lois & des Arrets et du journal du palais., Paris.

Elibron and Elibron Classics are trademarks of Adamant Media Corporation. All rights reserved.

This book is an accurate reproduction of the original. Any marks, names, colophons, imprints, logos or other symbols or identifiers that appear on or in this book, except for those of Adamant Media Corporation and BookSurge, LLC, are used only for historical reference and accuracy and are not meant to designate origin or imply any sponsorship by or license from any third party.

ÉTUDE HISTORIQUE

DES DROITS DES ENFANTS NATURELS RECONNUS

DANS LA SUCCESSION DE LEURS PÈRE ET MÈRE

ET

COMMENTAIRE DE LA LOI DU 25 MARS 1896

ÉTUDE HISTORIQUE

DES

DROITS DES ENFANTS NATURELS RECONNUS

DANS LA SUCCESSION DE LEURS PÈRE ET MÈRE

ET

COMMENTAIRE DE LA LOI DU 25 MARS 1896

PAR

Georges GRIMOD

DOCTEUR EN DROIT

AVOCAT

LAURÉAT DE LA FACULTÉ DE CAEN

« L'esclave a conquis la liberté ; est-ce que le bâtard ne finira pas par conquérir l'égalité ?

EMILE DE GIRARDIN.

(*Questions philosophiques*)

PARIS

LIBRAIRIE DE LA SOCIÉTÉ DU RECUEIL G^{al} DES LOIS & DES ARRÊTS

ET DU JOURNAL DU PALAIS

ANCIENNE M^{on} L. LAROSE ET FORCEL

22, RUE SOUFFLOT, 22

L. LAROSE, DIRECTEUR DE LA LIBRAIRIE

1898

MEIS ET AMICIS

ÉTUDE HISTORIQUE

DES DROITS DES ENFANTS NATURELS RECONNUS

DANS LA SUCCESSION DE LEURS PÈRE ET MÈRE

ET

COMMENTAIRE DE LA LOI DU 25 MARS 1896

PRÉLIMINAIRES

§ 1. — La réforme des successions irrégulières

La loi du 25 Mars 1896, dite « Loi relative aux droits des enfants naturels dans la succession de leurs père et mère », est le second monument de la réforme du régime successoral français concernant les successions irrégulières, dont le premier est la loi du 9 Mars 1891, intitulée : « Loi qui modifie les droits de l'époux sur la succession de son conjoint prédécédé. »

Depuis longtemps, on avait remarqué que la partie du Code civil qui règle les successions irrégulières était loin d'être claire et complète ; « et la « vérité, dit M. Demolombe, est qu'elle offre, en « plusieurs endroits, des obscurités et des lacunes « regrettables »[1]. De nombreuses controverses s'étaient élevées entre les commentateurs à l'occasion de l'interprétation des textes de ce chapitre. La jurisprudence, après de multiples décisions parfois contradictoires, avait fini par se fixer sur certains points, mais restait encore hésitante sur beaucoup d'autres. Il semblait donc nécessaire d'éclaircir et de préciser les règles de cette matière. D'autre part, on s'accordait à reconnaître qu'il était urgent de combler les lacunes qui s'y rencontraient.

La sévérité excessive dont le Code civil avait usé vis-à-vis du conjoint survivant attira d'abord l'attention du législateur. Sous l'empire de cette législation, en effet, le conjoint passait, au point de vue successoral, après tous les héritiers légitimes du défunt ; ceux mêmes du douzième degré lui étaient préférés ; en outre, il était encore exclu de la succession par les enfants naturels du défunt, par ses père et mère naturels et par ses frères et sœurs naturels. L'époux survivant n'avait pas même le droit de réclamer des aliments à la succession du prédécédé[2]. Certes, le double principe de la liberté des conventions matrimoniales et de la liberté de tester atténuait bien un peu la rigueur de ces dispositions ; mais toutes les unions ne

1. Demolombe, *Traité des successions*, t. II, livre 3, titre 1er, chap. I, n° 2. — *Cf.* aussi Aubry et Rau. t. VI, § 604, note 1. « Tous les commentateurs du Code se plaignent de la ma- « nière incomplète dont se trouve traitée la succession irré- « gulière. »

2. Aubry et Rau, t. VI, § 606, note 3.

sont pas précédées d'un contrat et tous les époux n'ont pas la précaution de faire un testament. Or, puisque, comme on l'a souvent répété[1], le titre des successions contient le testament présumé de tout homme qui meurt sans avoir légalement exprimé ses volontés dernières, il n'aurait point dû oublier l'un de ceux auxquels le défunt aurait certainement songé en première ligne. De bonne heure, on comprit la nécessité d'une réforme commandée par l'humanité, et, dès le milieu du siècle, l'Assemblée législative fut saisie d'un projet de loi dont l'objet était d'attribuer au conjoint survivant le droit de réclamer des aliments contre la succession du prédécédé ; cette première tentative ne réussit pas. Les bons esprits le regrettèrent[2]. Un premier pas fut fait dans la voie de la réparation par la loi du 14 Juillet 1866 qui augmente assez largement la part des droits de l'époux survivant des auteurs, compositeurs et artistes, sur les œuvres de leur conjoint décédé[3]. Mais, c'était là une faveur toute spéciale accordée à une catégorie bien limitée d'époux sur des droits particuliers. Une réforme plus complète était d'autant plus nécessaire que nous nous étions sur ce point laissé devancer par un grand nombre de nations voisines. Cette réforme a été opérée par la loi du 9 Mars 1891, laquelle appelle dans tous les cas, à moins qu'il n'ait encouru une déchéance légale, le conjoint survivant à la succession de son conjoint prédécédé. Si le défunt laisse des parents au degré

1. Domolombe, *Successions*, t. I, n° 81.
2. Demolombe, *Successions*, t. II, n° 176.
3. Voir loi du 14 Juillet 1866, à sa date au Complém. de Codes.

successible, le conjoint succède en usufruit seulement ; sinon, il succède en propriété.

Ceci fait pour le conjoint survivant, le législateur devait s'occuper des droits successoraux d'une autre catégorie de successeurs irréguliers, des enfants naturels. C'est à leur sujet qu'étaient nées les difficultés les plus nombreuses, étant donné l'obscurité et les lacunes des textes législatifs. Pour les résoudre, la doctrine et la jurisprudence hésitaient entre la maxime *in dubio, pro liberis naturalibus*, inspirée par les règles de l'équité, et la maxime opposée, *in dubio, contra liberos naturales* plus conforme à l'esprit du Code civil [1]. Il était nécessaire de préciser les idées et de résoudre une fois pour toutes ces questions d'un intérêt pratique considérable, puisqu'on les trouve posées à chaque page des Recueils d'arrêts. D'autre part, depuis trois quarts de siècle, l'opinion publique s'était émue de la déplorable situation faite par nos lois aux enfants nés de relations illégales [2]. Le Code civil, en effet, traitait l'enfant naturel avec une excessive rigueur. Non content de lui refuser le titre d'héritier, de réduire à une minime portion ses droits dans la succession de ses auteurs, il élevait en face de lui le droit de tout héritier légitime quelqu'éloigné du défunt qu'il puisse être. Alors qu'il permettait au citoyen dépourvu d'héritiers à réserve de disposer de la totalité de ses biens en faveur d'un étranger, il lui interdisait de le faire en faveur de l'enfant reconnu hautement et publiquement comme issu de lui. On s'accordait à criti-

1. Aubry et Rau, t. VI. § 604, note 1.
2. Cf. 2e partie, ch. 1.

quer l'illogisme de ces dispositions et leur défaut de symétrie avec l'esprit général du titre des successions. En outre, notre société égalitaire semblait favorable à la cause des enfants naturels. Aussi se trouva-t-il dans notre Parlement des législateurs généreux et hardis qui s'imaginèrent que le moment était venu de tenter, avec quelques chances de succès, une révision complète de la législation antérieure des enfants naturels, une réforme radicale des principes alors établis, voulant substituer l'égalité entre tous les enfants d'un même sang à l'ancienne distinction faite entre les enfants légitimes et les enfants nés hors mariage. Les événements ont, depuis, prouvé leur erreur. Nos assemblées, vigilantes gardiennes du foyer, ont repoussé leurs tentatives, au nom des intérêts sacrés de la famille, de la sainteté du mariage. Mais leurs efforts ont eu au moins pour résultat un remaniement complet des textes du Code civil relatifs à cette question, remaniement au cours duquel d'heureuses modifications ont été apportées à la législation antérieure, qui se trouve désormais précisée.

Telle est l'œuvre accomplie par la loi du 25 Mars 1896. Comme nous le verrons par la suite, elle n'a pas touché aux principes qui servaient de base aux dispositions du Code Napoléon ; comme lui, elle se fonde à la fois sur le respect dû à la famille légitime et sur la bienveillance que l'humanité commande à l'égard des enfants naturels ; elle semble toutefois accorder à cette dernière idée la prédominance sur sa rivale. D'autre part, s'appuyant sur le fondement même de notre régime successoral français, elle s'inspire largement des présomptions d'affection du défunt, et, obéissant aux mœurs et aux sentiments de notre temps, elle s'efforce de restreindre, au profit des proches, fussent-ils des enfants naturels, les droits successoraux des collatéraux éloignés. Enfin, en laissant une large part à l'initiative testamentaire, elle semble désirer entre tous les enfants une égalité qu'elle n'ose imposer.

§ II. — Comment se pose la question des droits successoraux des enfants naturels

Le problème que la loi du 25 Mars 1896 a pour objet de résoudre se pose, d'une façon générale, dans les termes suivants : quels sont les droits des enfants naturels dans la succession de leurs père et mère ?

Deux idées dominent cette question et doivent toujours être présentes à l'esprit de celui qui en cherche la solution : 1° maintenir l'égalité naturelle des hommes ; — 2° protéger la famille contre les mauvaises mœurs.

A ne considérer que le droit naturel, la réponse au problème dont nous venons de poser les termes ne saurait, nous semble-t-il, présenter de difficultés. A ce point de vue, l'enfant naturel, considéré en lui-même et en dehors de toutes nécessités sociales, possède autant de droit que l'enfant légitime [1]. En droit naturel, l'égalité absolue existe

1. C'est ce qu'exprimait Merlin (*Répertoire* V° *Bâtard*) dans les termes suivants : « Dans l'ordre de la nature, la condition des bâtards et des enfants légitimes est la même, puisqu'ils sont nés du même sang. »

entre tous les hommes qui tous ont les mêmes devoirs et aussi les mêmes droits. Tel est le principe écrit à la base même de notre législation, dans l'article premier de cette déclaration des droits de l'homme [1] « gravée, dit Michelet, sur la pierre du « droit éternel, sur le roc qui porte le monde : « l'invariable justice et l'indestructible équité. » [2]

Partant de ce principe que « nous devons à tous « une égale justice » [3], et, considérant que rien ne saurait faire échec à l'égalité naturelle, on serait logiquement conduit à assimiler purement et simplement les enfants illégitimes aux enfants légitimes. Il faudrait décider que tous les enfants issus du même père ayant, de par la nature « droit « aux mêmes égards, à la même tendresse, aux « mêmes soins d'entretien et d'éducation » [4], la loi ne peut établir entre eux aucune distinction ; ils devraient donc tous avoir part égale dans sa succession.

Mais il faut aussi envisager la nécessité de protéger la famille à laquelle on ne saurait porter atteinte sans ébranler l'édifice social tout entier. Et qu'est-ce donc que la famille si ce n'est une institution sociale ayant pour fondement le mariage sans lequel elle ne saurait exister ?

« Or, imposer l'égalité entre les enfants natu-

1. *Déclaration des droits de l'homme et du citoyen, de 1789 ;* Art. 1. : Les hommes naissent et meurent libres et égaux en droit. Les distinctions sociales ne peuvent être fondées que sur l'utilité commune.

2. Michelet. *Histoire de la Révolution française.* Livre II, Chapitre IV.

3. Demôle. Discours au Sénat, 18 mars 1895, *Journal officiel du 18 Mars 1895.* Sénat, compte rendu in-extenso p. 195.

4. Idem.

rels et ceux qui sont nés de justes noces « c'est, « dit-on, détourner des unions légitimes, encou- « rager le désordre des mœurs et provoquer des « discordes et des haines, au milieu desquelles le « lien du sang, sous prétexte d'être plus large- « ment respecté, risquerait de se relâcher et de se « rompre[1]. »

Le jour où les enfants naturels seraient entièrement assimilés aux enfants légitimes « il n'y « aurait plus entre l'union libre et le mariage que « l'épaisseur d'un parchemin[2]. »

Que conclure de là, si ce n'est qu'il faut restreindre les droits de l'enfant naturel ? Mais, d'autres considérations semblent s'opposer à cette conclusion. Restreindre les droits de l'enfant naturel, n'est-ce pas punir un innocent d'une faute qu'il n'a pas commise ? N'est-ce pas violer tous les sentiments d'humanité et de justice ? N'est-ce-pas renverser le principe de la personnalité des fautes ? N'est-ce pas « mettre en pratique la vieille doctrine « biblique qui fait porter aux générations le poids « des crimes des aïeux, doctrine qui est en contra- « diction absolue avec les principes du droit « moderne, avec les idées philosophiques de la « Révolution française » ?[3] N'est-ce pas aussi, dans une nation catholique, faire violence aux préceptes d'une religion toute de douceur et de charité ?

1. Idem.

2. Mot de M. Trarieux, alors garde des sceaux, à la tribune du Sénat. — Séance du 18 Mars 1895. — *Journal Officiel* — Sénat — débats 1895 — p. 202

3. Henri Coulon. De la condition des enfants naturels reconnus dans la succession de leurs père et mère. — Paris, 1896 — Cf. Discours de M. Demôle, déjà cité.

Ce sont là, il faut le reconnaitre, de puissants arguments en faveur de l'assimilation.

Cependant, il est une catégorie d'enfants illégitimes pour lesquels il ne saurait être question d'égalité. Qui donc oserait proposer de mettre au même rang que les enfants légitimes les enfants adultérins ou incestueux ? La morale et l'intérêt supérieur de la conservation sociale s'opposent à cette assimilation. L'adultère est un délit [1] ; l'inceste est réprouvé par la loi qui interdit toute possibilité de mariage entre proches parents [2] quelle que soit la générosité dont on puisse être animé vis-à-vis de l'enfant innocent né d'un tel commerce, quelle que soit la pitié qu'il inspire, il est impossible de lui accorder les mêmes avantages qu'à ceux dont la naissance n'est point la conséquence d'une infraction aux lois civiles ou criminelles. Or, ne serait-il point illogique de reconnaître aux enfants naturels des droits égaux à ceux des enfants légitimes, quand on est contraint de refuser ces mêmes droits à toute une catégorie d'entre eux ? Si l'on accepte cette restriction à l'égalité naturelle en ce qui concerne les fruits de l'adultère et de l'inceste au nom des intérêts sociaux, c'est au nom des mêmes intérêts sociaux qu'on demande de restreindre aussi les droits des enfants nés simplement hors mariage, l'égalité alors n'est-elle pas un vain mot, puisqu'on ne peut parvenir à l'établir ?

Enfin, lorsque le législateur aborde cette difficile question, il ne doit pas perdre de vue les

1. Articles 336 à 339 du C. Pénal.
2. Article 161 du C. Pénal.

principes généraux qu'il a donnés pour fondement à son régime successoral. Si la dévolution légale des successions repose, comme dans notre code Civil, sur les présomptions d'affection du défunt, il faudra, pour régler les droits des enfants naturels, sonder en quelque sorte le cœur des pères et peser la tendresse qu'il renferme à leur égard. L'amour qu'ont les père et mère pour leurs enfants est un fait indéniable. Or, l'enfant naturel a droit à l'affection de son père et de sa mère qui doivent l'aimer comme leurs autres enfants. « L'amour « paternel ou maternel ne peut être réglementé « par la loi qui ne peut fixer suivant sa naissance « un tiers, un quart d'amour à un père ou à une « mère. »[1] Donc, le législateur qui procède par l'examen des affections et qui appelle les enfants légitimes sans distinction de sexe ni de primogéniture à la succession de leurs père et mère doit y appeler de même les enfants naturels et par égale portion.

Telles sont les principales idées qui naissent, se développent, se heurtent dans l'esprit quand on recherche la solution de ce grave problème des enfants naturels.

Comment combiner entre elles ces idées là ? — Auxquelles donner la préférence ? Ce sont là des questions que nous réservons pour la fin de notre étude. Il nous paraît, en effet, nécessaire pour les résoudre d'étudier au préalable l'application à travers les siècles des principes que nous venons d'analyser, de connaître les discussions auxquelles

1. Henri Coulon — op. cit. — p. 27.

a donné lieu la confection de la loi moderne, d'examiner la solution posée par le législateur. Cela fait, nous pourrons apprécier l'œuvre accomplie, voir ce qui a été fait et s'il reste encore quelque chose à faire.

PREMIÈRE PARTIE

HISTOIRE DES DROITS SUCCESSORAUX DES ENFANTS NATURELS

PREMIÈRE PARTIE

HISTOIRE DES DROITS SUCCESSORAUX DES ENFANTS NATURELS

CHAPITRE I.

Des droits successoraux des enfants naturels chez les Hindous, — chez les Hébreux et dans l'ancien droit grec.

BIBLIOGRAPHIE. — *Kœnigswarter :* Essai sur la législation des peuples relative aux enfants nés hors mariage. — *Burnouf :* Essai sur le Véda. — *Morillot :* De la condition des enfants nés hors mariage dans l'antiquité et au moyen âge en Europe, Revue historique du droit français et étranger, tome 12, 1866. — *Pastoret :* Histoire de la législation, tomes VI et VII. — *D'Aguesseau :* Dissertation sur les bâtards. — *Caillemer :* Du droit de succession à Athènes ; Nouvelle Revue historique 1874, 75, 76. — *Beauchet :* Histoire du droit privé de la République athénienne. — *Dareste :* Journal des Savants, juin 1897, compte-rendu et critique du précédent ouvrage.

Il est fort probable qu'à l'origine, la constitution de la famille aryenne reposait sur la monogamie. Cela résulte non seulement des plus anciennes traditions, mais encore de la lecture du Véda.

Plus tard lorsque les Aryas, des hauts plateaux de l'Asie Centrale, furent descendus dans l'Inde, la polygamie s'insinua dans leurs mœurs et, par suite, trouva place dans les lois de Brama. Manou lui-même dut en régler les conditions, distinguer les épouses des concubines et fut ainsi amené à déterminer quelle serait la situation des enfants nés des unes et des autres.

En principe, il fut accordé aux enfants nés des concubines, dans la succession de leurs parents, la moitié de la portion dévolue aux enfants nés des épouses. Toutefois cette règle fut appliquée seulement aux castes supérieures, et les enfants naturels d'un homme appartenant à la caste de Sudra, la dernière de toutes, furent traités en enfants légitimes et héritèrent comme tels.

D'autre part, quand un homme mourait sans laisser ni enfant, ni petit enfant, ni arrière-petit enfant légitime, sa fortune tout entière était dévolue au fils né d'une concubine, s'il en existait un, lequel excluait ainsi tous les ascendants et tous les collatéraux du *de cujus* et même tous ses descendants au delà du troisième degré. Cela tenait à une croyance religieuse des hindous, suivant laquelle les descendants en deçà du troisième degré étaient seuls considérés comme pouvant offrir des sacrifices propres à assurer au défunt les félicités de la vie future. — Cependant, dans ce cas là, la veuve héritait avant l'enfant naturel.

Chez les Hébreux, on n'établissait aucune différence entre les enfants nés des concubines, et ceux nés des femmes légitimes ; tous étaient également appelés à la succession paternelle. Mais le père pouvait apporter à cette règle toutes les dérogations qu'il voulait. C'est ainsi qu'Abraham chassa Agar, sa concubine[1], et son fils Ismaël en disant : « *Ejice ancillam hanc et filium ejus : non enim erit heres filius ancillæ cum filio meo Isaac*[2]. » Jacob, au contraire, prit soin de déclarer que les enfants nés de ses concubines auraient les mêmes droits que les enfants de Lia et de Rachel, ses femmes légitimes.

La loi de Moïse confirma cette tradition et aux termes de cette loi, les enfants issus des concubines succédaient à leurs parents comme s'ils eussent été légitimes.

Le Talmud, enfin, qui résume le droit postérieur, appelait tous les enfants quels qu'ils fussent, même ceux nés d'une prostituée[3] à la succession de leur père, lorsqu'il était connu. Exception était faite seulement pour les enfants nés d'une esclave ou d'une femme étrangère.

Dans l'ancienne législation de la Grèce, les droits successoraux des enfants naturels ont varié suivant les époques.

Aux temps héroïques, il semble que les enfants

1. Il semble en effet résulter de l'Ecriture Sainte qu'Agar n'eut jamais le rang d'épouse, qu'elle fut toujours soumise à Sara, dont elle demeura la servante. — Cf. Morillet, op. cit.

2. Genèse, XXI, V, 2, 3, 4, 8, 9, 10 et 14.

3. Les Hébreux ne confondaient pas les concubines et les prostituées. Les concubines étaient considérées comme des épouses légitimes, mais d'un ordre inférieur aux véritables épouses, et elles ne partageaient jamais les dignités du mari.

nés d'un commerce illégitime étaient considérés de la même façon que les enfants nés de justes noces et qu'ils avaient par suite les mêmes droits.

La légende, reproduction des mœurs de cette époque, en fournit la preuve ; Hercule[1], Thésée[2], Achille[3], Pyrrhus[4] et bien d'autres personnages pourraient être cités comme exemples. Toutefois, rien n'est certain à cet égard, la fable ne pouvant être envisagée comme un document sérieux par les juristes.

On sait, au contraire, assez précisément comment étaient réglés les droits de ceux qui nous occupent dans la législation de Solon. Il ne suffisait pas alors pour hériter d'être le plus proche parent du défunt ; en outre de la parenté reposant sur le lieu du sang, συγγενεια il fallait avoir l'aptitude légale à succéder, αγχιστεια donnée par le législateur en tenant compte sans doute de la parenté, mais aussi de l'ordre public, des institutions politiques et religieuses[5]. Or, Solon exclut les enfants naturels de l'αγχιστεια. Les en exclut-il dans tous les cas, ou bien seulement lorsqu'ils se trouvent en présence d'enfants légitimes ? La question est controversée. M. Beauchet pense que leur exclusion totale fut édictée par Solon[6]. Le savant M. Dareste estime, au contraire, que la loi de Solon ne prononçait l'exclu-

1. Hercule, fils de Jupiter et d'Alcmène, femme d'Amphytrion, roi de Tyrinthe.

2. Thésée, fils d'Egée, roi d'Athènes et d'Ethra.

3. Achille, fils de Thétis et de Pélée.

4. Pyrrhus, fils d'Achille et de Déidamie.

5. Cf. Caillemer, op. cit. — Beauchet et Dareste, idem.

6. Isée, sur la succession de Philoctémon, VI, 47, et sur la succession de Ciron VIII, 43. — Démosthènes, contre Macartatos, § 51.

sion qu'au cas de concours avec des héritiers légitimes, παιδων οντων γνησιων [1]. Selon lui à défaut de descendants légitimes, les enfants naturels auraient pris part à la succession concurremment avec les plus proches parents. Son opinion s'appuie sur l'existence d'une loi postérieure applicable à partir de l'Archontat d'Euclide (an 403) qui exclut absolument les enfants naturels de la succession. « On ne « voit pas, dit M. Dareste, à quoi servirait la loi « postérieure, si elle n'avait fait que reproduire la « loi de Solon. » Cependant, il nous paraît résulter d'un passage d'une comédie d'Aristophane que l'exclusion totale remonte à Solon. Un personnage de la comédie « Les Oiseaux », Phistérétus, s'adresse à Hercule dans les termes suivants : « Des biens de « ton père, les lois ne t'accordent pas même une « obole, car tu es bâtard et non pas fils légitime.... « Je vais te faire connaître la loi de Solon : un « bâtard ne peut pas hériter quand il y a des « enfants légitimes et lors même qu'il n'y aurait « pas d'enfants légitimes, les biens sont recueillis « par les parents collatéraux les plus proches [2]. » Quoiqu'il en soit, il est certain qu'il fut un temps à Athènes où le bâtard fut exclu de toute succession.

Bien plus, afin d'empêcher que les parents ne pussent éluder par des donations ou des legs les rigueurs de la loi successorale, le législateur établit des limites à leur générosité vis-à-vis de leurs enfants naturels. C'est encore ce que nous dit le personnage d'Aristophane déjà cité. Hercule lui demandant : « Mais, si mon père au lit de mort

1. Dareste, op. cit.

2. Aristophane « Les Oiseaux », traduction de Poyard.

voulait me donner ses biens ? » Phistérétus répond : « La loi s'y oppose ». Toutefois, il résulte d'autres documents[2] que la loi tolérait que le père fît à son enfant naturel un legs dont le maximum avait été fixé à 500 drachmes, selon les uns, à mille drachmes, suivant les autres.

En résumé, dans la Grèce ancienne, les enfants naturels n'avaient pas la capacité de succéder et ils ne pouvaient recevoir que des dons et legs de modique importance.

2. Démosthènes et Isée, op. cit.

CHAPITRE II.

Des droits successoraux des enfants naturels en droit romain.

BIBLIOGRAPHIE. — *Accarias* : Précis de Droit Romain, tomes I et II, 4e édition. — *Gaston May* : Précis de Droit Romain, *Ortolan* : Droit romain, tome II. — *Maynz* : Droit romain. — *Mispoulet* : Institutions romaines : Du nom et de la condition de l'enfant naturel à Rome. (Voir cet article dans la Nouvelle Revue historique du Droit français et étranger, année 1885). — *Fustel de Coulanges* : La Cité antique. — *Trolong* : De l'influence du Christianisme sur le Droit civil des Romains, p. 30, p. 244 et suiv. — *Desportes* : Essai historique sur les enfants naturels. — *Augée-Dorlhac* : De la condition juridique des enfants naturels, dans le passé, dans le présent et dans l'avenir. — *Gide* : Etude de la condition de la concubine et de l'enfant naturel romain (Nouvelle Revue historique du Droit français et étranger, 1880). — *Giraud* : Journal des savants, 1880. — *Pottier* : Des droits de succession des enfants naturels en Droit romain et en Droit français, thèse de doctorat, Paris, 1895. — *Royer* : Du montant des droits des enfants naturels simples dans la succession ab intestat de leurs père et mère, thèse de doctorat, Nancy. 1888. — *Merlin-Lemas* : Des droits successifs des enfants naturels simples, thèse de doctorat, Paris, 1893. — *Mignonec Joseph* : Des enfants nés hors mariage, dans le Droit romain et dans l'ancien Droit français.

PRÉLIMINAIRES

Dans notre législation, le terme « enfants naturels » n'est pas susceptible de recevoir plusieurs acceptions et désigne, d'une façon générale, tous les enfants conçus en dehors du mariage. Cela tient à ce que notre droit français ne consacre qu'une union légale. Il n'en était pas de même à Rome, où, à côté des *justœ nuptiœ* [1], seul mariage produisant des effets civils, existaient d'autres unions consacrées par les lois, — le *matrimonium* [2], ou mariage du droit des gens, contracté entre romains et pérégrins, — le *contubernium* [3], ou mariage entre esclaves, — le *concubinatus*, qu'une constitution impériale appelle *inœquale conjugium*, où la femme, inférieure au mari dans la hiérarchie sociale, ne s'élevait point à la condition de celui-ci, parce qu'il ne pouvait y avoir entre eux cette « *humani et divini juris communicatio* », qui est de l'essence des *justœ nuptiœ* [4]. Seuls les enfants nés du mariage du *jus civile*, des *justœ nuptiœ*, avaient le bénéfice de la légitimité. Par conséquent, parmi les enfants naturels, à côté des enfants nés de relations passagères, il faut placer les enfants issus des unions que nous venons d'énumérer. Il résulte de là que les enfants naturels, à Rome, pouvaient appartenir à cinq catégories : 1° les enfants nés du *matrimo-*

1. 2. 3. *Cf.* Gaston May, pages 89 et 90.

4. On discute fortement la question de savoir ce qu'était d'une façon précise le *concubinatus*. La plupart des auteurs pensent que c'était une union régulière, formellement consacrée par Auguste dans une partie des lois caducaires ; mais cette opinion n'est pas admise par tous, et M. Gide s'est efforcé de la réfuter dans une longue et savante dissertation (*Cf.* Nouvelle Revue historique, 1880). Selon lui, le concubinat ne fut jamais une union légale, mais seulement une union licite, non prohibée par la loi. Malgré tout l'intérêt de cette question, nous ne croyons pas pouvoir exposer cette controverse, qui nous semble rester en dehors du cadre étroit de cette étude. Nous adoptons au texte l'opinion de la majorité. — *Cf.* Accarias, t. I. n° 100 — Giraud : Journal des Savants, mars 1880. — Ortolan : t. II, n° 122. — Desportes : *op. cit*, p. 15.

nium, 2° les enfants nés du *contubernium*, 3° les enfants nés du *concubinat*, 4° les enfants nés de relations passagères, 5° les enfants adultérins ou incestueux nés de relations criminelles, *ex nefario coïtu*.

A ces cinq catégories d'enfants naturels, s'appliquaient, sans qu'on sache exactement de quelle façon, les dénominations de *liberi naturales, liberi injusti* ou *non justi*. Toutefois, il semble que l'expression de *liberi naturales* était de préférence réservée aux enfants nés *ex-concubinatu*, et celle de *liberi non justi* ou *injusti* à ceux issus du mariage du droit des gens. Il est certain, d'autre part, que les enfants nés d'un commerce irrégulier étaient désignés sous le nom de *vulgo quœsiti* ou *vulgo concepti*, ou bien encore *spurii*[1].

Telles étaient les distinctions faites entre les enfants naturels dont nous abordons maintenant l'histoire aux différentes phases de la législation romaine.

§ I. — Epoque de la loi des XII Tables.

Ce qui chez nous constitue la famille, c'est un ensemble d'individus réunis par un lien existant en dehors de toute convention sociale, lien reconnu et consacré par le droit civil, mais essentiellement de droit naturel, le lien du sang. Cette famille-là, les Romains l'ignoraient complètement, tout au moins au début de leur histoire, et il faut arriver à l'époque impériale pour trouver trace d'idées semblables dans leur

1. *Cf.* Gaston May, *op. cit.*, p. 90. — Mispoulet, Etudes d'Institutions romaines, p. 271.

esprit. Dans la Rome primitive, la famille est une association purement civile, un groupe dont les membres sont unis seulement par un lien juridique, la *patria-potestas*, d'où naît l'*agnatio*. C'est la famille patriarcale, dont la composition dépend de l'homme qui en est le chef, lequel y fait entrer tous ceux qui peuvent augmenter son prestige et contribuer à sa gloire, et en chasse tous ceux qu'il croit imcapables de devenir des éléments de force et de puissance[1]. A cette époque, le lien du sang n'est rien s'il n'est sanctionné par la volonté du chef du groupe familial, qui peut repousser non seulement ses propres enfants, mais encore les enfants de ses fils et tous ceux qui composent avec eux la famille. Pour élargir ou restreindre ainsi le cercle de la famille, le vieux droit romain offre au chef le choix des moyens ; il peut abandonner son enfant en l'exposant sur les bords du lac Curtius ; il peut, après l'avoir reconnu, le réduire en esclavage ; l'adoption, l'adrogation, l'émancipation, la *mancipatio*, la *manus*, se présentent à lui pour étendre ou resserrer son autorité. L'unique fondement de la famille romaine était donc la volonté du *paterfamilias* et « pour reconnaître si un citoyen était l'enfant « d'un autre, il ne fallait pas rechercher s'il était « né de ses œuvres, mais s'il avait été, selon la loi,

1. Il en était de même dans l'ancien droit grec ; nous en avons vu les conséquences au point de vue successoral. — On retrouve encore aujourd'hui un régime de parenté civile analogue chez les peuples de race aryenne tels que les hindous du Pandjab et en général dans tout le droit hindou moderne. Il en est de même chez les Slaves méridionaux de l'Europe orientale. On consultera avec intérêt sur cette question les Etudes sur l'ancien droit et sur la coutume primitive, de S. Henri Maine, — l'Ancien Droit, du même auteur, — la Cité Antique, de Fustel de Coulanges, liv. 1. ch. V.

« placé sous sa puissance[1] », — « car, dit M. Trop-
« long, le cri du sang trouve Rome sourde et im-
« passible. Pour que la parenté puisse se faire
« entendre, il faut qu'elle revête le masque civil, —
« *persona*, — qu'elle parle sous le costume officiel
« dont le droit civil revêt l'individu qui doit comp-
« ter dans la cité[2] ».

Cette conception de la famille romaine explique le silence conservé par le législateur à l'égard des enfants naturels. Tandis qu'en effet les lois modernes se préoccupent du sort des enfants illégitimes et déterminent leurs droits, prenant soin en général de les distinguer des droits qui appartiennent aux enfants nés de justes noces, la législation romaine antérieure à l'Empire ne contient aucune disposition spéciale aux bâtards. Aussi Justinien a-t-il pu dire, sans trop d'exagération, que durant toute la période classique le nom même d'enfant naturel était étranger à la législation. C'est qu'à Rome il n'existe qu'une seule catégorie d'enfants, ceux qui sont *in patria protestate*. Pour ceux-là seuls existent des droits ; la loi repousse impitoyablement tous les autres.

La famille naturelle n'ayant aucun droit, les enfants naturels ne pouvaient, en conséquence, émettre en cette qualité aucune prétention. Il était donc inutile de réglementer spécialement une filiation d'où ne découlaient ni droits ni obligations.
« Tant que la famille absorbe l'individu et que les
« lois font de la famille une entité politique, elles

1. Desportes : *Essai historique sur les enfants naturels.*

2. Troplong : *De l'influence du christianisme sur le droit civil des Romains*, p. 30.

« ne doivent nullement s'inquiéter des droits de « l'enfant naturel »[1]. Il n'existait donc, à l'origine, aucune parenté légale et par suite aucun droit de succession entre le père et son enfant naturel. Celui-ci ne pouvait trouver place dans aucun des trois ordres de successeurs *ab intestat* établis par la loi des XII Tables : les héritiers siens, les agnats, les gentiles[2]. Ces trois ordres reposent en effet sur la parenté civile. Il n'y a point à distinguer alors entre la succession du père et celle de la mère ; l'exclusion est la même dans les deux cas[3].

Le droit primitif romain peut paraître bien rigoureux à l'égard de l'enfant né en dehors d'une union régulière, et, de fait, il ne manquait point de

1. Augée-Dorlhac, *De la condition des enfants naturels dans le passé, dans le présent et dans l'avenir*, p. 18.

2. Les héritiers siens ou *sui*, étaient les personnes qui, au jour du décès, ou au jour de la délation d'hérédité, se trouvaient placées sous la puissance immédiate du défunt et que sa mort rendait *sui juris*. — Les agnats étaient ceux qui descendaient *per masculos* d'un auteur mâle commun, par suite de *justœ nuptiœ*. — On discute le point de savoir ce qu'étaient les *gentiles* ; nous n'avons point à examiner ici cette discussion ; il semble, d'après une définition du pontife Scevola, rapportée par Cicéron (Top 6) que les *gentiles* étaient des personnes qui, portant le même nom, etaient nées de personnes ingénues et ne comptaient que des ingénus parmi leurs ancêtres et qui n'étaient pas sorties de la famille par une *capitis deminutio*. Nous retrouvons dans la vocation des gentiles à la succession l'application du vieux principe de la copropriété de famille ; c'est en effet la *gens* tout entière et non tel *gentilis* plutôt qu'un autre qui recueille l'hérédité, et cela en vertu du droit qui lui appartient sur le patrimoine de chacun de ses membres..

3. En ce qui concerne la succession maternelle, les enfants légitimes n'étaient pas mieux traités que les enfants naturels. La femme n'avait point en effet d'héritiers siens, et les seuls liens civils qui pouvaient l'unir à ses enfants étaient les liens d'agnation qui découlant de la *manus* la faisaient considérer comme la sœur de ses propres enfants. *Paul.*, IV., 10, § 1. — L. L. 2, 4, 8. — Digeste, *unde cognati*, XXXVIII, 8. — L. 1, § 2, D, ad Sen. Tertul., XXXVIII, 17. — L. 29, § 1, de *inoff. testam.* — L. 18, D, de bonis liber, XXXVIII. 2.

dureté. L'enfant naturel naissant sans famille, et par suite sans dieux, était, dit M. Gide[1], un véritable paria.

Mais, si aucun droit ne lui était reconnu vis-à-vis de ses père et mère, du moins la loi laissait-elle à ceux-ci le soin de régler sa situation comme ils le jugeaient convenable, soit par des dispositions entre vifs, soit par testament, conformément au droit commun, et, d'après les inscriptions et autres documents qui nous sont parvenus, les pères romains se montraient souvent généreux vis-à-vis de leurs enfants naturels. Exclu de la succession *ab intestat*, l'enfant naturel pouvait, au contraire, être institué héritier, et l'on sait quelle importance avait le testament à cette époque. *Uti legassit, ita just esto*, disait la loi des XII Tables, logique en cela avec les principes de la puissance absolue donnée au père de famille. Le testament possède alors la force d'une loi et ce n'est qu'à son défaut que les héritiers civils sont appelés à la succession. Toutefois, les anciennes formes du testament qui exigeaient l'approbation du peuple réuni en assemblée, — *calatis comitiis* — faisaient que l'enfant naturel ne pouvait être institué par sa mère, les femmes n'ayant point accès aux assemblées. Plus tard, il est vrai, lorsque d'autres formes furent inventées, la femme put tester ; mais il lui fallait l'*auctoritas* de son tuteur, qui était son héritier présomptif et ne devait pas, en conséquence, donner facilement son consentement[2]. Enfin, il faut remarquer que la femme *in manu* n'ayant pas de biens personnels ne pouvait rien transmettre par

1. Gide. *op. cit.*
2. Gaius, II, § 118.

testament. Les cas où les mères pouvaient tester étaient donc extrêmement rares [1].

Les pères, au contraire, n'avaient d'autre limitation que celle que pouvait apporter un refus possible d'approbation des curies qui n'aimaient pas que le patrimoine sortît de la famille [2], à l'époque où seul le testament *calatis comitiis* était en usage.

Bien plus, un lien civil pouvait se former entre le père et son fils naturel par l'adrogation. Le paterfamilias, avons nous dit antérieurement, composait la famille à son gré, faisait entrer dans son cercle qui bon lui semblait. Il pouvait donc, en adrogeant ses enfants naturels, les placer au même rang que ses enfants légitimes. On a contesté la légalité de l'adrogation des enfants naturels [3]. Il nous semble plus probable que ce procédé était licite. En effet, les enfants naturels n'existaient point aux yeux du législateur romain, puisqu'il n'y avait aucun moyen pour eux d'établir leur filiation et que la reconnaissance était inconnue ; ils étaient donc légalement étrangers à leur père et par suite rien n'empêchait celui-ci de les adroger. Cela semble résulter, d'ailleurs, de l'examen des textes [4]. D'autre part, il est certain que l'adrogation des enfants naturels fut prohibée par l'empereur Justin et que Justinien maintint cette prohibition [5]. On peut conclure de là qu'elle était autorisée avant cette époque. Mais, là encore, le contrôle du peuple apportait un tempéra-

1. Il faut en effet supposer le décès du *pater familias*.

2. Duruy, *Histoire des Romains*. T. 1. p. 138.

3. Benech : De l'illégalité de l'adoption des enfants naturels.

4. L. II.. D. 1, 6 — L. 46, D. 1. 77. — cf. Accarias. 4e édition. T. 1, p. 277.

5. L. 7, au Code, de *nat. liberis*. V, § 27.

ment à la liberté du *pater*, l'adrogation devant être soumise à l'approbation du collège des pontifes et ratifiée par la volonté des Comices. Une fois adrogé, l'enfant naturel se trouvait sous la puissance de son père adrogeant et devenait, par suite, habile à lui succéder en qualité d'agnat et d'héritier sien ; en outre, des liens d'agnation se formaient entre lui et les autres enfants placés comme lui sous la puissance de l'adrogeant ; enfin, il pouvait devenir aussi l'agnat de sa mère, si celle ci s'était, depuis sa naissance, jointe à l'adrogeant par un mariage avec *manus ;* il héritait alors en qualité d'agnat.

Toutefois, pour être adrogé, de même que pour recevoir une donation et aussi pour être institué héritier par testament, il fallait être citoyen romain. Or, il existait une catégorie d'enfants naturels qui ne pouvaient être gratifiés ou adrogés ; c'étaient tous les enfants nés d'une femme étrangère ; car, ils étaient eux-mêmes étrangers et ne pouvaient devenir citoyens. Cette incapacité subsista jusqu'à l'époque d'Auguste : la loi Ælia Sentia[1] vint alors lever toutes entraves apportées au droit du père d'égaliser la situation entre leurs enfants naturels et leurs enfants légitimes.

1. La loi Alia Sentia, promulguée en l'an de Rome 755, permit au citoyen qui, croyant épouser une romaine, se serait uni à une étrangère de prouver son erreur et de faire conférer par un sénatusconsulte les droits de cité à sa femme et aux enfants nés de son union. Il en était de même pour la femme romaine qui par erreur épousait un latin ou un pérégrin ; elle pouvait après la naissance d'un enfant obtenir pour celui-ci et pour son mari les droits de cité. Par une seconde disposition cette loi permettait au latin qui s'unissait à une latine ou à une romaine et qui en avait des enfants de se faire conférer par le Sénat la qualité de citoyen pour lui-même et au besoin pour sa femme et pour ses enfants. — Cf. Desportes. *op. cit*, p. 9 et suiv.

En résumé, la loi primitive des Romains ne s'est pas occupée des enfants naturels ; elles les a tout simplement abandonnés au droit commun. Et, de l'application du droit commun à leur égard, résultent ces deux règles : 1° vis-à-vis de son père l'enfant naturel a tous les droits qu'aurait un étranger ; 2° en ce qui concerne sa mère, l'enfant naturel a tous les droits que possède l'enfant légitime.

D'une part, les enfants nés en dehors de justes noces n'avaient aucun moyen pour obtenir de leurs parents l'assistance qui leur était due d'après les principes les plus élémentaires de la raison et de l'humanité ; d'autre part, les parents pouvaient dépouiller entièrement leurs fils légitimes pour gratifier leurs bâtards de leurs richesses ; bien plus, ils pouvaient chasser du foyer l'enfant né de justes noces pour mettre à sa place l'enfant illégitime. C'était là la conséquence logique de la puissance absolue donnée au *paterfamilias*, puissance nécessaire au temps où la famille était un élément de l'Etat lui-même, un degré de l'organisation alors toute militaire de la Cité, mais qui exigeait une grande sagesse de la part de ceux qui en étaient investis. Or, quand les Romains eurent perdu leur antique vertu, quand, sous l'influence grecque, le goût du luxe eût amolli les corps et corrompu les esprits, une législation ayant à sa base l'autocratie d'un chef souvent débauché devenait dangereuse ; il fallait la modifier ; ce fut là l'œuvre du prêteur.

§ II. Droit prêtorien

La première réforme fut consacrée en faveur des enfants dans la succession de leur mère. Cela n'a rien qui puisse surprendre. Les mariages avec *manus* devenaient de plus en plus rares ; les femmes possédant des biens personnels devenaient par suite plus nombreuses. D'autre part, sous l'influence de la philosophie stoïcienne le prêteur comprit qu'indépendamment du lien de puissance, de l'agnation, il existait entre les membres d'une même famille un lien naturel, le lien du sang, dont on ne peut faire abstraction et duquel découlent des droits et des obligations. Il reconnut d'abord l'existence de ce lien entre la mère et l'enfant parce que son apparence est plus évidente entre ces deux êtres rattachés l'un à l'autre par un fait indéniable, l'accouchement. Il découvrit à ce lien une telle force qu'il n'hésita pas à porter atteinte aux principes anciens et à en atténuer la rigueur, « *supplendi juris civilis gratia propter utilimatem publicam.* »

C'est ainsi qu'il créa la *bonorum possessio un de cognati*, établissant par là même une classe de successeurs basée sur la parenté naturelle : la cognation. La parenté naturelle étant une, la réforme s'appliqua à tous les cognats ; c'est dire qu'elle ne concerna pas seulement les enfants naturels, mais encore les enfants issus *ex justis nuptiis*. Tous les enfants, quelle que fut leur naissance, fût-elle adultérine ou incestueuse, se virent donc appelés à la succession de leur mère, — *quia sunt invicem cognati*, disaient les textes.[1] Pour prétendre à cette *bonorum possessio* il leur suffisait de prouver qu'ils étaient nés de la défunte ; or, un sénatus consulte d'Hadrien leur donnait le droit de faire cette preuve, quelle que fût leur qualité, qu'ils se prétendissent

1. L. 2, titre VIII, L. 38, Gaius,

issus de justes noces, du concubinat, ou même d'un commerce illicite. Toutefois, le prêteur n'osant point jeter bas l'édifice sacré du *jus civile* avait respecté le droit des successeurs du droit civil et les cognats n'étaient appelés qu'à défaut d'héritiers siens et d'agnats. Les femmes n'ayant point d'héritiers siens il ne saurait en être question en ce qui concerne la succession maternelle ; mais elles pouvaient avoir des agnats et, dans ce cas, il fallait en épuiser la liste avant d'accorder aux cognats la *bonorum possessio*. La réforme était donc incomplète à ce point de vue.

En l'absence d'agnats, la *bonorum possessio* était dévolue par le prêteur aux cognats les plus rapprochés qui pour la mère étaient ses enfants ; peu importait qu'ils fussent nés *ex justis nuptiis* ou *ex concubinatu*, ou d'un rapprochement accidentel ; les enfants naturels avaient les mêmes droits que les enfants légitimes ; il n'était pas même fait exception pour les enfants adultérins ou incestueux. Tous succédaient à la mère et aux cognats de la mère et se succédaient entre eux *item ipsi fratres interse*. Mais cette succession ne procurait pas à ceux qui en bénéficiaient la propriété quiritaire, la seule propriété aux yeux du droit civil ; elle leur donnait seulement la *possesion in bonio*[1] qui les conduisait par l'usucapion à la propriété *ex jure*

1. Le droit romain primitif ne reconnaissait qu'une seule forme du droit de propriété, le *dominium ex jure quiritium*. En dehors du *dominium* on ne pouvait avoir sur la chose qu'un simple droit de possession que le prêteur protégea d'abord par la voie des *interdits*, et qu'il finit, dans certains cas, par garantir au moyen d'actions *in rem* copiées sur le modèle de l'action en revendication. Il reconnaissait ainsi au profit du possesseur une sorte de droit réel, semblable au *dominium*, auquel on a donné le nom de *possessio in bonis*, ou encore propriété prétorienne.

quiritium. En outre, la *bonorum possessio* était un bénéfice qu'il fallait demander au prêteur ; les successeurs *unde cognati* n'étaient donc jamais héritiers nécessaires.

Telle fut la réforme prêtorienne en ce qui concerne la succession maternelle des enfants naturels.

La condition de ces derniers fut-elle modifiée relativement à la succession paternelle ? Sur ce point, les commentateurs sont loin d'être d'accord, et, pour répondre à la question posée, il est nécessaire de faire des distinctions entre les différentes catégories d'enfants naturels.

Tout d'abord, il ne paraît pas douteux que l'exclusion de la succession paternelle demeure complète en ce qui concerne les enfants nés d'un commerce passager, *vulgo quœsiti*. Ces enfants étaient légalement sans père et il ne saurait par conséquent être question pour eux de succession paternelle.

En était-il de même des enfants nés du concubinat ? C'est là que surgit la controverse.

Si l'on envisage la question au moment de la création de l'ordre des cognats, il ne saurait être douteux que les enfants nés *ex-concubinatu* ne rentraient pas dans cette catégorie, par rapport à la succession paternelle. Le concubinat, à cette époque, n'avait pas encore d'existence en droit ; ce n'est que plus tard, par les lois caducaires, qu'il devint une union légale. Avant ces lois, l'enfant né de cette union ne pouvait donc songer à faire la preuve de sa filiation et, par suite, aucun lien n'existait entre lui et son père.

Mais, si l'on se place à une époque postérieure, au temps de la rédaction de l'édit de Salvius Julianus[1], par exemple, il devient plus difficile de donner une solution certaine. Le senatus-consulte Plancien[2] et celui d'Hadrien[3] avaient profondément modifié les principes qui servaient de base à la famille dans le vieux droit romain. Alors qu'autrefois, « pour reconnaître si un citoyen était l'en-« fant d'un autre, il fallait uniquement rechercher « s'il avait été, selon la loi, placé sous sa puissan-« sance », il suffit maintenant de considérer s'il est né pendant le mariage de ce citoyen et de l'épouse de celui-ci. *Is pater est quem nuptiœ demonstrant*, telle est la règle posée[4]. Et de cette règle il résulte que l'enfant peut entrer, malgré son père, dans la famille légitime, lui réclamer des aliments et exercer, à la mort de celui-ci, des droits de succession ab intestat. Là encore, c'était la reconnaissance tardive, mais formelle, de la puissance

1. An 131 de notre ère. — Hadrien chargea le célèbre jurisconsulte Salvius Julianus de réunir en un seul corps les dispositions contenues dans les édits des prêteurs urbain et pérégrin en y ajoutant les règles de l'édit des édiles curules relatives aux rentes d'esclaves et d'animaux. On donna à ce travail de coordination le nom de « édit d'Hadrien, ou de Salvius Julianus, ou encore celui d'*edictum perpetuum* ».

2. Le sénatus consulte Plancien date de l'époque de Trajan. Il permit à l'enfant né d'une femme répudiée de faire la preuve qu'il avait pour père le mari de sa mère.

3. Le sénatus consulte d'Hadrien complète le précédent en étendant son bénéfice à l'enfant né durant le mariage.

4. On conteste toutefois que cette maxime ait établi une présomption légale de paternité ; d'après certains cet adage ne voudrait pas dire que le mari est forcément le père, mais dénierait ce titre à tout autre qu'au mari. Bref, la maxime signifierait seulement que la paternité légitime est la seule que connaisse la loi romaine, que tout enfant né hors mariage est un enfant sans père. *Cf.* Gide, *op. cit.* — Il semble cependant résulter de certains textes que ce brocart avait bien en droit romain la signification que nous lui donnons. *Cf.* Paul, — l. 5. D. — *de in jus vocando.* — L. 6, — *de his qui sui vel* 29, 1. de probat. 3, de *divortiis*. 48, de *régul. juris* ; 15, 22 de *liber. causa*, — D. 12 de *stat. homin.*

des liens du sang. Ainsi, à la famille purement civile de l'ancien droit, le stoïcisme a substitué la famille naturelle. Or, dit-on, si la substitution est complète, si les obligations et les droits dérivent du lien naturel et non plus du lien civil, le prêteur a dû s'efforcer de faire produire, par un moyen détourné, au mariage du droit naturel les effets du mariage du droit civil. Le concubinat, nous l'avons admis, était une union revêtue d'un caractère légal ; la filiation qui en résultait était, par suite, aussi facile à prouver que la filiation *ex justis nuptiis.* D'où l'on conclut que l'enfant né *ex concubinatu,* ayant un père certain, pouvait réclamer la *possessio unde cognati* Mais, cette conclusion est loin d'être admise par toute le monde. M. Accarias [1], qui dans la troisième édition de son ouvrage reconnaissait à l'enfant né du concubinat la *bonorum possessio unde cognati,* a depuis lors changé d'avis et la lui refuse dans sa quatrième édition. « Pour croire « qu'ils figurassent dans l'ordre des cognats, il « faudrait admettre que l'application de l'édit leur « aurait été faite, soit par les lois caducaires, soit « par des lois ou une jurisprudence postérieures. « Mais cette supposition, dit-il, n'est guère confor- « me à l'esprit des lois caducaires tel que je les « comprends et elle n'est confirmée directement ou « indirectement par aucun texte [2]. » A l'appui de cette théorie, on ajoute que la réserve du prêteur, à

1. Accarias. — *Précis de Droit Romain.* — 3e Edition, T. II, n° 456, p. 108.

2. Accarias. — *Précis de Droit Romain.* — 4e édition, T. I. n° 100, p. 250.

Accarias. — *Précis de Droit Romain.* — 4e édition, T. I. n° 456, p. 1251 l'égard de la succession paternelle, se comprend aisément ; car, étendre à ce cas la réforme accomplie, c'eût été porter une grave atteinte aux idées traditionnelles. D'ailleurs, pour être logique, il faudrait accorder aux enfants nés *ex-concubinatu* non seulement la *bonorum possessio*, mais encore le bénéfice de *la légitime* et la *querela inofficiosi testamenti* [1]. Or, on ne trouve dans les textes aucune trace de cette réforme, ce qui suffit, vu son importance, à la rendre inadmissible. En revanche, dit-on, beaucoup de textes semblent faire de la cognation un lien légal qui ne résulte que de la filiation maternelle. Gaius nous dit : *vocantur étiam eæ personæ quæ per femini sexus personas copulatæ sunt* [2]. Un autre texte, la loi 2, livre IV, § 2 au Digeste, dit également : *qui autem per feminas conjunguntur cognati tantum nominantur.* Enfin le § 4 aux Institutes, loi 3 titre V est ainsi conçu : *Cum agnatio a patre, cognatio sit à matre.* Ces documents amènent M. Gide à conclure de la façon suivante : « Les Romains se faisaient de la cognation une idée plus étroite et plus grossière qu'on ne « pense. De même qu'il n'y avait à leurs yeux de « parenté civile que par les hommes, de même il ne « pouvait y avoir de parenté naturelle que par les « femmes. Ce qui constituait à leurs yeux le rapport

1. Lorsque un testament régulier en la forme, dépouillait sans cause sérieuse un héritier appelé à la succession légitime, ce testament était considéré comme un manquement aux devoirs d'affection (*officium pietatis*) et la jurisprudence permettait de l'attaquer par une action appelée *querela inofficiosi testamenti*. Pour pouvoir intenter la *querela*, il faut que le descendant n'ait pas reçu par acte de dernière volonté le quart au moins de sa part héréditaire, dite *quarta légitime partis*, *quarte légitime* ou simplement *légitime*.

2 Gaius, III. § 30.

« naturel de parenté, c'était un fait purement physi-
« que : non pas le fait de la génération que la
« nature cache et que le juge ne peut constater,
« mais le fait de la naissance. La même loi qui attri-
« bue les fruits de la terre au propriétaire du sol
« et non à celui de la semence, l'agneau au proprié-
« taire de la brebis, et le jeune esclave au maître
« de sa mère, cette même loi va régler aussi le sort
« de l'enfant naturel ; cet enfant n'a pas de père, il
« n'a qu'une mère. »[1] M. Mispoulet[2] nie également l'existence de la cognation entre le père et son enfant naturel, s'appuyant sur ce fait que d'après les inscriptions il était d'usage d'attribuer à l'enfant le nom de sa mère et jamais celui de son père.

Malgré l'autorité qui s'attache aux noms de ces auteurs, nous ne partageons pas leur sentiment. Pour nous, le mot *cognatio* exprime la parenté naturelle qui unit entre eux ceux qui descendent, soit par les hommes, soit par les femmes, d'un auteur commun. Notre opinion s'appuie sur le texte suivant : « *Post consanguineos prœtor vacat cognatos ; cognati autem sunt qui nos per patrem aut matrem contingunt.* »[3] D'autre part, pour saisir le sens des textes invoqués à l'encontre de notre opinion il faut les considérer dans leur entier et rechercher leur esprit. C'est ainsi que le passage des Institutes cité plus haut s'applique seulement aux enfants *vulgo quœsiti*. De même le texte de Gaius ne prouve nullement que la *cognatio* n'existe qu'au regard des femmes, mais il signifie simplement que, tandis

1. Gide, *op. cit.*

2. Mispoulet, *op. cit.*

3. Coll. Mos. tit. XVI, ch. 8, § 122. — Voir aussi. L. I. § 1. D. liv. XXXVIII, tit. 8, et L. 4, § I. D. l. XXXVIII, tit. 10.

que les parents *per masculos* sont agnats, ceux qui sont reliés entre eux *per feminas* sont seulement cognats. A M. Mispoulet nous répondrons que, si l'enfant naturel ne porte pas le nom de son père, ce n'est pas une conséquence de ce qu'il n'avait pas un père certain ; c'est plutôt là l'application de ce principe que l'enfant né en dehors des justes noces suit la condition de sa mère [1]. Et si l'on objecte le manque de précision du prêteur en ce qui concerne la dévolution de la *bonorum possessio unde cognati*, nous répondrons que le prêteur n'avait nul besoin de préciser davantage, car il n'existait qu'une seule *cognatio*, la *cognatio naturalis*. C'est l'opinion de MM. Ducaurroy et Ortolan. « Les enfants nés « d'un concubinat et ayant un père certain, dit ce « dernier, étaient unis indubitablement par les liens « naturels du sang, non seulement à la mère et « aux parents maternels, mais encore au père et « aux parents paternels. Le texte ne nous dit pas « s'ils étaient appelés par le prêteur au rang des « cognats dans la succession d'un parent paternel ; « mais l'affirmative est hors de doute. » [2]

Bref, nous estimons que, lorsque les enfants naturels eurent trouvé dans la règlementation du concubinat le moyen de prouver leur filiation paternelle, ils entrèrent naturellement dans la classe des *bonorum possessores unde cognati* tant vis-à-vis de la succession de leur père que de la succession de leur mère.

Si l'on admet avec nous que la cognation engendre des droits dans les rapports des enfants avec

1. L. 19, D. I. I. tit. 5.
2. Ortolan, *op. cit.*

leur père, on est amené à accorder la *bonorum possessio unde cognati* aux enfants nés du *matrimonium*, ou mariage du droit des gens, car ils avaient un père certain. Cette solution n'est d'ailleurs contredite par aucun texte.

Les enfants naturels ont donc dès cette époque un droit de succession.

Mais, qu'est-ce qu'un droit, s'il n'est accompagné d'une sanction ? A l'origine, rien ne garantit à l'enfant l'exercice de son droit héréditaire. Mais l'usage de la *querela inofficiori testamenti* apporta un remède à cette situation. La *querela* appartenant au *bonorum possessor* comme à l'héritier du droit civil, l'enfant naturel put dès lors attaquer le testament de son auteur comme inofficieux et réclamer sa quarte légitime

Ainsi, les bâtards furent appelés par le prêteur à la succession de leurs parents naturels. Mais la *bonorum possessio* leur fut accordée bien rarement sans doute ; il fallait pour cela qu'il n'y eut point d'agnats ; il fallait d'autre part que le défunt fût mort sans testament et l'on sait que mourir sans testament était pour un Romain une sorte de déshonneur.

Il est à remarquer qu'au point de vue successoral la législation prêtorienne ne contient encore rien de spécial aux enfants naturels et que leur situation est réglée par les principes du droit commun. De même, ils conservaient leur entière capacité de recevoir des dons et legs.

§ III. — Sénatusconsulte Orphitien.

Ce fut encore en considération des enfants légitimes plutôt que des enfants naturels, que fut porté le sénatusconsulte Orphitien qui devait modifier si gravement la condition successorale des uns et des autres[1]. A l'époque de l'histoire romaine où nous sommes parvenus, le mariage *cum manu* était presque complètement tombé en désuétude ; de telle sorte que les enfants nés du mariage, n'étant plus attachés à leur mère par aucun lien civil, voyaient presque toujours les biens de leur mère décédée sans testament passer à leurs parents maternels, lorsqu'ils ne pouvaient obtenir la *bonorum possessio unde cognati*.

Le sénatusconsulte Orphitien, inspiré par la même pensée de raison et d'humanité qui avait guidé le prêteur dans la création des *bonorum possessiones*, eut pour objet de faire cesser cet état de choses.

Quelques années auparavant, Antonin le Pieux[2], prenant en considération le lien de parenté établi par la nature entre les personnes issues les unes des autres, avait opéré une première réforme en permettant à la mère, sous certaines conditions, notamment celle de posséder le *jus liberorum*[3], de venir en qualité d'*héritière légitime* à la succession ab intestat de ses enfants légitimes ou naturels[4]. Telles étaient les dispositions du sénatusconsulte Tertulien.

Marc Aurèle, par le sénatusconsulte Orphitien[5], établit la réciprocité de vocation héréditaire entre

1. C'est-à-dire au milieu du 2e sièclé de l'ère chrétienne.

2. An de Rome 911, 158 de J. C.

3. Pour qu'une femme puisse succéder il fallait qu'elle eût au moins trois enfants si elle était ingénue, quatre au cas où elle était affranchie. C'était là le *jus liberorum*.

4. Ulpien, tit. 26, § 8. § 7. *Instit.* liv. 3. tit. 3.

5. An de Rome, 931, 178 de J. C.

la mère et ses enfants, en donnant à ceux-ci le droit de succession.

Ce sénatusconsulte appelle les enfants du premier degré à la succession légitime de leur mère par préférence à tous agnats, alors que le prêteur ne leur accordait la *bonorum possessio* qu'à défaut d'agnats et en qualité de successeurs prêtoriens.

Pour que ce droit de succession put être exercé, deux conditions devaient se trouver réunies dans la personne de la mère décédée. Il fallait qu'elle eût la qualité de citoyenne, car en droit civil, nul, hormis un citoyen, ne pouvait transmettre ses biens à titre de succession. Il fallait ensuite qu'elle fut *sui juris* ; soumise à son mari ou bien à son père, ceux-ci auraient recueilli ses biens par la force du droit civil.

Donc, lorsqu'une femme citoyenne et *sui juris* mourait, tous ses enfants étaient appelés sans distinction de qualité, de sexe ou de condition, sans avoir égard à leur naissance légitime ou naturelle. Il leur suffisait d'avoir le droit de recueillir une succession, c'est-à-dire d'être eux-mêmes citoyens romains.

Mais les enfants ne formaient pas un ordre d'héritiers siens, parceque la mère ne pouvait pas en avoir. Aussi, n'étaient-ils pas saisis de plein droit des biens successoraux et devaient-ils se soumettre aux formalités de l'addition d'hérédité[1].

On s'est demandé comment se réglait la succession d'une femme qui mourait laissant, d'une part,

1. Il existait trois modes d'addition d'hérédité ; elle pouvait se faire : 1° *cretione*, par une déclaration solennelle : *quod me Publius Mœvius hœredem instituit, eam hœreditatem adeo, cernoque* ; 2° *nuda volontate*, à condition que cette volonté soit clairement manifestée ; 3° *re* ou *pro herede gerendo*, en faisant acte d'héritier.

sa mère capable d'invoquer le sénatusconsulte Tertullien et, d'autre part, un fils pouvant se prévaloir du sénatusconsulte Orphitien. Les textes n'ont pas résolu la question ; mais d'après les principes, la grand'mère et le petit-fils devaient venir concurremment. C'est l'opinion de M. Accarias[1]. Plus tard une constitution des empereurs Gratien, Valens et Valentinien, vint décider que les enfants seraient préférés à l'ascendant.

Enfin il faut remarquer que le sénatusconsulte Orphitien n'appelait que les enfants du premier degré, les autres descendants ne pouvaient recueillir les biens de leur aïeule qu'au moyen de la *bonorum possessio unde cognati*.

Rien n'était changé relativement aux droits de l'enfant sur la succession paternelle.

Quelques années plus tard, vers l'an 212, la célèbre constitution de Caracalla, accordant le droit de cité à tous les habitants de l'empire romain, rendit extrêmement rare le *matrimonium* et supprima ainsi toute une classe d'enfants naturels dont nous n'aurons plus à nous occuper par la suite.

En résumé, au début du 3e siècle de notre ère, les droits de la nature ont eu raison des fictions de l'ancien « *jus civile* ». La famille a cessé d'être *romaine* pour devenir *humaine*[2]. Les vocations successorales ne se fondent plus sur un lien de puissance, mais sur une présomption d'affection. Mais le législateur n'a point su distinguer au point de vue successoral la filiation légitime et la filiation natu-

1. Accarias, T. II, n° 434, p. 58.
3. Desportes: Essai historique sur les enfants naturels.

relle. Il n'existe encore aucune règle spéciale aux bâtards ; le droit commun leur est applicable.

Le christianisme, nouvellement importé à Rome, devait introduire cette distinction dans la législation. Considérant toute union autre que les justes noces comme un péché grave, la religion nouvelle inspira aux premiers empereurs chrétiens un zèle qui se traduisit par des mesures d'une rigueur extrême à l'égard des enfants illégitimes.

§ IV. — Constantin

« Charité, chasteté, telles étaient les vertus qui « présidaient aux relations particulières des chré- « tiens[1] ». Lorsqu'il s'agit de régler la condition successorale des enfants naturels, ces deux principes nouveaux se trouvèrent en apparence opposés l'un à l'autre.

Constantin tenta de les concilier, mais en réalité sacrifia presque complètement le premier au profit du second. Certes, cet empereur maintint aux enfants naturels le droit de réclamer des aliments à leurs parents ; il ne toucha pas davantage à leur vocation héréditaire et le prêteur continua à leur accorder la *bonorum possessio unde cognati* comme auparavant ; il respecta même le sénatusconsulte Orphitien et leur conserva la qualité d'héritiers légitimes vis-à-vis de leur mère, parce que les enfants légitimes n'avaient eux-mêmes d'autre titre à invoquer que celui d'enfants naturels. Mais tout cela était plutôt illusoire que réel. En revanche il les

1. Desportes, *op. cit.*

frappa d'une incapacité bien cruelle. Jusqu'ici, nous le savons, le droit commun étant applicable aux enfants naturels, ils pouvaient recevoir de leurs auteurs des donations et des legs à la seule condition d'avoir la capacité juridique de les recueillir. Afin de conserver intact le patrimoine de la famille, Constantin leur défendit de rien recevoir de leur père par donation ou par testament, tant qu'il existerait un héritier légitime, et bien que la constitution portant cette prohibition ne nous soit pas parvenue, nous pouvons juger de quelle animosité elle était empreinte à l'égard de ceux qui nous occupent d'après une autre constitution qui, prohibant les donations faites à certains enfants naturels, va jusqu'à autoriser la torture pour les forcer à restituer ce qu'ils auraient reçu. D'autre part, afin que les enfants naturels ne puissent être introduits dans la famille légitime, il est probable que Constantin prohiba leur adoption ; ce qui permet de le supposer, c'est que nous possédons une constitution d'Anastase qui leva cette prohibition.

Si l'on peut accuser Constantin d'avoir usé de rigueur vis-à-vis des enfants naturels en leur retirant la capacité de recevoir des dons et legs de leur père, il faut lui rendre cette justice qu'il offrit à leurs parents le moyen de les faire entrer dans la famille légitime, sans offenser la morale publique. C'est à lui que revient l'honneur d'avoir institué la légitimation par mariage subséquent qui permettait au père de réparer sa faute en assurant l'avenir de ses enfants. Mais seuls, les enfants nés du concubinat et dont la mère était ingénue, pouvaient profiter de cette légitimation, à condition, bien entendu, que leur père ne fut pas engagé dans les liens d'un mariage antérieur, et même qu'il n'eût pas, d'une union précédente, des enfants légitimes encore existants.

Ce qui, pour nous, est à retenir dans l'œuvre de Constantin, c'est que, le premier, il édicta des mesures spéciales aux enfants nés en dehors des justes noces, écartant pour eux l'application du droit commun. Avec cet empereur commence véritablement la lutte entre les deux principes dont l'antagonisme constitue, nous l'avons montré, la question des enfants naturels ; à son époque, pour la première fois, les principes qui découlent logiquement de l'égalité naturelle des hommes se trouvent battus en brèche par la nécessité sociale de protéger la famille légitime ; le respect dû au mariage fait taire la voix de la pitié.

§ V. — De Constantin à Justinien.

C'est aussi sous l'influence du christianisme que fut créée par Arcadius et Honorius la distinction entre les enfants naturels simples et les enfants adultérins ou incestueux qui, jusqu'à ce jour, avaient été confondus. Considérés comme *vulgo concœpti*, ils avaient eu jusqu'alors tous les droits qu'avaient ceux-ci vis-à-vis de leur mère[1]. Quant à leur père, il était réputé inconnu. Arcadius et Honorius défendirent par une constitution aux enfants nés de l'union de deux personnes parentes au degré prohibé ou nés du commerce de deux personnes dont l'une au moins était engagée dans les liens du mariage,

1. *Cf.* Accarias, T. I, p. — T. II, § 471 *in fine*.

de rien recevoir de leur père et même de leur mère, soit entre vifs, soit par testament, même à titre d'aliments. On discute le point de savoir si cette prohibition s'étendait aux successions ab intestat. Il nous paraît probable que l'incapacité était générale. Les textes sont muets à cet égard et nous ne voyons aucune raison de distinguer. Il importait peu que les héritiers légitimes fassent défaut ou que les enfants en question présentassent les qualités requises pour demander au prêteur la *bonorum possessio*. Leur exclusion était complète, leur incapacité radicale. Toutefois cette mesure de rigueur ne s'appliquait pas à tous les enfants adultérins ou incestueux, mais seulement à ceux dont les parents étaient parvenus à contracter mariage malgré la prohibition de la loi.

Bien que spéciale à une catégorie d'enfants, cette constitution a une grande importance dans l'histoire des enfants naturels, car elle est le point de départ de la distinction fondamentale des enfants naturels en deux classes, les enfants naturels simples et les enfants adultérins et incestueux, distinction qui s'est perpétuée à travers les siècles et subsiste encore à l'heure actuelle.

Les successeurs de Constantin apportèrent encore d'autres réformes à la réglementation des droits des enfants illégitimes. Valentinien Ier comprit combien était cruelle la prohibition de libéralités édictées par Constantin et décréta que tout testateur pouvait léguer à ses enfants nés du concubinat une portion de ses biens égale à un douzième de sa fortune s'il laissait des descendants ou ascendants au premier degré, et à trois douzièmes s'il y avait d'autres héritiers légitimes. C'est à peu de chose près le même principe que nous retrouverons dans tout le droit moderne.

La constitution de l'an 383 sous le règne de Valentinien II et de Théodore Ier, modifia le sénatusconsulte Orphitien, en étendant son bénéfice aux petits enfants ou arrière-petits enfants d'une femme décédée *sui juris* et appela ceux-ci à recueillir sa succession à titre d'héritiers et à l'exclusion de leurs bisaïeuls ; une légère portion, le tiers, puis le quart, revenait seulement aux agnats, s'il s'en trouvait.

Bref, dans les années qui ont précédé l'avènement de Justinien, la situation faite aux enfants naturels se résume ainsi : vis-à-vis de leur mère, les bâtards ont tous les droits des enfants légitimes, le sénatusconsulte Orphitien n'ayant fait aucune distinction et s'étant uniquement préoccupé de sanctionner le lien du sang apparent entre la mère et l'enfant. A l'égard de leur père, les enfants naturels n'ont aucun droit héréditaire et sont frappés d'une incapacité à laquelle la constitution de Valentinien, citée plus haut, apporte seule un léger tempérament. La situation des enfants naturels est donc loin d'être heureuse : du côté paternel, ils n'ont rien à espérer et les droits qu'ils ont sur la succession maternelle sont le plus souvent illusoires ; la concubine appartient en effet le plus souvent aux classes inférieures de la société ; sa fortune est, en général, peu considérable, fréquemment elle ne possède rien.

Justinien allait se montrer plein de pitié pour eux et s'efforcer de réformer la législation à leur profit.

§ VI. — Justinien

« *Nos enim duplex habuimus studium, et pluri-*

« *mos in libertatem producere homines, et ex natu-* « *ralibus ad legitimos elevare*[1] ». Se montrer bienveillant à l'égard des enfants naturels, telle est, en effet, la prétention de Justinien. Il est certain qu'il fit beaucoup pour améliorer leur sort ; nous verrons, en analysant sa législation, qu'il a tenté d'achever l'œuvre d'humanité commencée par la philosophie stoïcienne et continuée par le christianisme. Mais, disons tout de suite, que malgré tous ses efforts pour accomplir sa prétention, elle nous paraît empreinte d'une grande vanité ; car, s'il a comblé de bienfaits certaines catégories d'enfants illégitimes, il a laissé les autres dans une situation peu enviable. Son œuvre réformatrice est donc loin d'être complète.

En ce qui concerne la succession maternelle, Justinien apporta peu de modifications à l'état de choses existant. Le sénatusconsulte Orphitien leur avait donné tous les droits ; il ne restait rien à faire de ce côté. Notre empereur se borna donc, en confirmant la constitution de 383[2], à supprimer la portion réservée aux agnats[3]. D'autre part, comprenant que pour entraver la dépravation des mœurs de son époque, il était nécessaire d'agir contre l'inceste et l'adultère, il confirma les dispositions d'Honorius et d'Arcadius concernant les enfants adultérins et incestueux, et, dans sa novelle 89, il va jusqu'à déclarer que les parents ne seraient plus tenus de nourrir les enfants issus de relations criminelles[4]. C'était pousser la rigueur jusqu'à la cruauté. Sans

1. Novelle XXXIX. Prœf.
2. *Cf.* Supra, p. 53.
3. § 15 et 16. Institutes, liv. 3, tit. 1. — C. 12. — C. liv. 6, tit. 55.
4. Novelle 89. chap. XVI.

doute, il était nécessaire de préserver le mariage contre les mauvaises mœurs, et, à cette époque, où les adultères étaient plus nombreux qu'ils ne l'avaient jamais été, Justinien pensait mettre un frein à ces désordres sociaux en frappant les parents dans la personne de leurs enfants. Mais, la dette alimentaire est une dette sacrée, et aucun motif ne saurait légitimer l'abandon d'un enfant quelle que soit son origine.

La novelle 118 qui fondait sur les liens du sang un régime successoral nouveau avec trois ordres d'héritiers, les descendants, les ascendants et les collatéraux, laissa les enfants naturels soumis au droit commun relativement à la succession maternelle.

C'est donc par rapport à la succession paternelle que Justinien institua les plus grandes réformes.

Jusqu'à ce jour, l'enfant naturel avait été écarté de la succession de son père. Cela est certain pour les enfants *vulgo quœsiti*, et, si nous avons accordé aux enfants issus du concubinat le bénéfice de la *bonorum possessio unde cognati*, nous avons vu que la question était très controversée et qu'on ne pouvait guère faire que des conjectures à ce sujet. Dans tous les cas, jusqu'à Justinien il est certain, d'une façon générale, que le titre d'héritier était refusé à tous les enfants naturels au regard de leur père.

Justinien créa à leur profit de véritables droits de succession. Mais il établit à ce point de vue diverses classes d'enfants naturels, et distingua les enfants *vulgo quœsiti*, les *liberi naturales* ou enfants nés du concubinat, les enfants adultérins ou incestueux.

Pour les *vulgo quœsiti* il ne pouvait être question

de succession paternelle. Nés d'un commerce passager, ayant la plupart du temps des prostituées pour mères, leur paternité restait incertaine et, avant de leur donner des droits, il eût fallu autoriser la reconnaissance de paternité, ce que la loi romaine n'a jamais fait.

Quant aux enfants nés de relations illicites, nous connaissons déjà la haine dont ils étaient l'objet de la part de l'empereur ; leur père, pas plus que leur mère, n'était tenu de les nourrir : « *iste neque naturalis nominetur, neque alendus est a parentibus, neque habebit quoddam ad præsentam legem participium*[1] ».

Ce ne fut donc qu'aux enfants nés du concubinat que Justinien accorda des droits dans la succession paternelle. Cela se comprend aisément quand on songe au développement qu'avait pris le concubinat sous l'empire[2]. Les justes noces n'étant permises par le *jus civile* qu'entre certaines personnes, le concubinat avait été introduit pour permettre aux autres de donner honnêtement libre cours à leurs affections ; et lorsque les règles du droit civil rendirent le mariage accessible à tous, le concubinat avait pris dans la société romaine de si fortes racines qu'il demeura. Admise par les mœurs, tolérée par l'Eglise elle-même, sanctionnée ou tout au moins approuvée par la loi, cette union devait naturellement créer un lien entre le père et les enfants. Telle fut la pensée de Justinien, qui accorda aux enfants nés de cette union un droit de succession vis-à-vis de leur père. Mais la quotité de ce droit variait sui-

1. Novelle 89, chap. XVI.
2. Sur la question du concubinat, *Cf.* infra, p. 25.

vant que le père laissait ou non une épouse ou des enfants légitimes ; s'il ne laissait ni l'un ni l'autre de ces héritiers, les enfants naturels pouvaient réclamer deux douzièmes sur lesquels la concubine avait droit à une part virile : *Tum enim damus eis ab intestato ad duas uncias vocationem*[1]. Dans le cas contraire ils étaient exclus, mais comme leur origine n'était entachée d'aucune faute, le droit aux aliments leur était reconnu. Là, s'arrêta la réforme de Justinien ; il n'établit aucune parenté et par suite aucun droit de succession entre le grand père et son petit fils naturel.

Relativement aux libéralités, Justinien augmenta la capacité des enfants naturels. Réformant la constitution de Constantin, il leur accorda, dans sa 15e novelle[2], la faculté de recevoir un douzième des biens paternels s'il existait des descendants légitimes, la moitié dans tous les autres cas. Plus tard la novelle 89 supprima toute restriction au cas où il n'existait point de descendants légitimes. D'autre part, une constitution [3]décida que le petit-fils naturel ne pourrait recevoir de son aïeul que la moitié de ses biens en présence de descendants légitimes. Cette incapacité doit être signalée, car elle semble indiquer l'idée d'une parenté entre l'enfant naturel et son aïeul, idée que nous trouvons ici pour la première et pour la dernière fois au cours de l'histoire de la législation concernant les enfants naturels.

Justinien maintint, cela va sans dire, l'incapacité de recevoir établie par Arcadius et Honorius à l'encontre des enfants incestueux et adultérins.

1. Novelle 89, chap. 12, § 4. Voir aussi § 6.
2. Novelle 15, chap. 5.
3. *L.* 12, code de natur-lib. V., 5.

En outre, Justinien augmenta la légitime en la fixant au tiers de la succession, lorsque le testateur ne laissait pas plus de quatre enfants ou à la moitié si le nombre des enfants était supérieur à quatre. Enfin il détermina les causes d'exhérédation jusque là laissées à l'appréciation du juge.

Remarque. — Des cinq catégories d'enfants naturels énumérées au début de notre analyse de la législation romaine, il en est une dont nous n'avons point parlé au cours de nos explications.

Il s'agit des enfants nés du *contubernium* ou mariage contracté entre esclaves.

Pendant longtemps le *contubernium* fut un simple accouplement n'ayant d'effets que ceux que lui donnait le maître de l'esclave. Aucun lien d'agnation ni de cognation n'unissait les enfants nés de cette union à leurs parents, *Cognatio servilis nulla est*[1]. Aucun droit de succession n'existait donc à leur profit, et c'est ce qui explique que nous n'ayons point eu à en parler.

Justinien, cherchant toujours à sanctionner le lien du sang, reconnut l'existence d'une cognation entre l'enfant et ses auteurs et accorda à celui-ci un droit de succession pourvu que le de cujus fut libre au jour de son décès et que l'enfant le fut également.

L'œuvre de Justinien, au point de vue des droits de succession des enfants naturels se résume donc en cette proposition : sans rien changer à la situation des enfants naturels vis-à-vis de leur mère, il

1. Inst, § 10, de grad. cogn. III. 6.

accorda à ceux d'entre eux qui étaient nés du concubinat, des droits de succession au regard de leur père et augmenta leur capacité de recueillir des dons et des legs.

A un autre point de vue il fit beaucoup plus encore pour les enfants naturels ; il s'efforça par tous les moyens de les arracher à la bâtardise pour les élever à la dignité d'enfants légitimes. Il leva tous les obstacles qui, d'après la constitution de Constantin et Zénon, empêchaient un mariage subséquent ; il légitima par rescrit ; il autorisa la légitimation par testament ; il conserva la légitimation par oblation à la curie créée à l'époque précédente. C'est ainsi que Justinien s'efforça de réaliser sa maxime : *ex naturalibus ad légitimos elevare.*

CHAPITRE III

Des droits successoraux des enfants naturels dans l'ancien droit français

BIBLIOGRAPHIE. — *Tacite* : Germania. — *Eginhard* : Vita Caroli Magni. — *Paulus Canciani* : Barbarorum leges antiquæ. — *Beaumanoir* : Coutume de Beauvoisis. — *Bouteiller* : Somme rurale. — *Loysel* : Institutes coutumières. — *Bacquet* : Traité du droit de bâtardise. — *D'Olive* : Questions notables de droit — *d'Expilly* : 17e plaidoirie. — *Furgole* : Traité des testaments, ch. VI. sect. 2. — *Pothier* : Traité du contrat de mariage, Ve partie, ch. I, Traité des donations testamentaires, ch. III. art. III. Traité des successions, ch. I, sect. 2, art. 3. § 3. Traité des personnes, 1re partie, titre 4. Traité des donations entre vifs. Sect. I, art. II, § VI. Du droit de bâtardise, 1er part. ch. I. — *D'Aguesseau* : Œuvres. Dissertation sur les bâtards. - *Brillon* : Dictionnaire des arrêts, Vo aliments. Bâtards. — *Merlin* : Répertoire universel et raisonné de jurisprudence, Vo Bâtard. — *Loiseau* : Traité des enfants naturels. — *Isambert* : Recueil des anciennes lois. — *Beugnot* : Abrégé du livre des Assises de Jérusalem. — *Rozière* : Recueil général des formules usitées dans l'empire des francs du Ve au Xe siècle. — *Zeumer* : Leges Wingothorum. - *Desportes* : Essai historique sur la condition des enfants naturels. — *Pottier* : Des droits successoraux des enfants naturels en droit romain et en droit français. Thèse de doctorat, Paris 1895. — *Merlin-Lemas* : Des droits successifs des enfants naturels simples. Thèse de doctorat, Paris 1893. — *Royer* : Du montant des droits des enfants naturels simples dans la succession ab intestat de leurs père et mère. Thèse de doctorat Nancy, 1888. — *Alard* : De la condition et des droits des enfants naturels. Thèse de doctorat, Paris 1896. — *Giraud* : Essai sur l'histoire de l'ancien droit français. — *Glasson* : Histoire du Droit et des Institutions de la France. — *Glasson* : Le Droit de succession dans les lois barbares (Nouvelle revue historique du droit français 1885, p. 613). — *Ginouilhac* : Histoire générale du droit français — *Violet* : Histoire du droit français. — *Mignonec* Joseph : Des enfants nés hors mariage en droit romain et dans l'ancien droit français. — *Amiable* : De la condition des enfants illégitimes dans l'ancien droit français (Revue historique 1866).

« La Gaule était tout à la fois romaine et chré-
« tienne, à l'époque des invasions barbares, et elle
« ne cessera plus de l'être. La conquête germanique
« apporta bien à sa civilisation et à son organisation
« un élément nouveau, mais elle l'ajouta aux élé-
« ments sociaux et juridiques anciens sans les
« supprimer, et c'est de leur fusion que sont sorties
« notre société et notre législation modernes [1]. En cette matière, comme en toutes autres, nous rencontrerons donc dans l'histoire des institutions de notre ancienne France des traces évidentes de l'influence romaine et de l'influence germanique. Nous verrons les principes fondamentaux de ces deux législations se combattre, s'allier et se fondre enfin pour former la coutume, retrouvant là un troisième élément, le droit canon.

Nous connaissons déjà les principes du droit romain. Etudions donc maintenant ceux du droit

1. Ginouilhac : *Hist. génér. du dr. français*, n° 71.

germanique et du droit canon, pour bien connaître la formation de notre ancienne législation.

§ I — Les lois barbares

On est loin d'être d'accord sur la condition faite aux bâtards par les lois des barbares. Certains ont prétendu que ces lois primitives n'établissaient aucune distinction entre les bâtards et les enfants nés du mariage. C'est ainsi que M. Desportes[1] émet l'opinion que chez les Germains tous les enfants jouissaient des mêmes droits, fussent-ils légitimes, fussent-ils naturels, du moment qu'ils naissaient libres. Cela résulte, selon lui, d'un chapitre de la loi des Bavarois[2] : *ut fratres hereditatem œqualiter dividant; ut, quamvis multas mulieres habuisset, et totœ liberœ fuissent de genealogia sua, quamvis non œqualiter divites, unus quisque hereditatem matris suœ possideat, res autem paternas œqualiter dividant.* « Cette loi suppose, dit-il, qu'un père laisse en « mourant des fils nés de femmes différentes et « appelle ceux-ci à partager également sa succes- « sion. Or, que l'on remarque les expressions de la « loi : *multas mulieres*, et, *totæ liberæ*, cela ne veut « pas dire : plusieurs femmes légitimes épousées les « unes après les autres, deux, trois ou quatre : « *mulieres* ne veut pas dire épouses, — mais fem- « mes, dans le sens général du mot. »

Cependant, oppose-t-on à M. Desportes, votre texte est contredit pas ce passage de Tacite : *soli*

1. Desportes : *Essai historique*, p. 88.
2. titre XIX, chap. VIII.

barbarorum singulis uxoribus contenti sunt[1]. Et lui de répondre : « de ce qu'ils n'avaient qu'une « seule épouse légitime, — *uxor*, — on ne peut con- « clure qu'ils n'avaient pas de concubines, — *mul-* « *tas mulieres*, — Tacite, lui-même, le dit à la fin « de sa phrase : *exceptis admodum paucis, qui non* « *libidine sed ob nobilitatem, plurimis nuptiis am-* « *biuntur* »[2].

L'opinion contraire nous semble plus fortement assise. Rien n'indique la subtile distinction que M. Desportes croit remarquer dans les termes de cette latinité barbare, et, si l'on prend souci de rechercher le sens exact des mots, il nous paraît étrange de déduire de l'expression *plurimis nuptiis ambiuntur* le sentiment que les chefs avaient des concubines ; le mot *nuptiœ* nous porterait plutôt à croire qu'il s'agissait là de femmes légitimes, et le texte de la loi des Bavarois s'appliquerait ainsi tout naturellement aux enfants nés de ces femmes, à moins qu'il n'ait tout simplement prévu la vocation d'enfants nés de lits différents.

La sévérité des mœurs décrites par Tacite nous incite à présumer que la situation des bâtards chez les Germains était loin d'être bonne. Les biens étaient la copropriété de la famille ; or, à n'en point douter, les enfants naturels restaient en dehors de la famille. Ce qui le prouve encore, c'est la rigueur que montrent les lois vis-à-vis des mésalliances, menaçant de peines sévères ceux qui se permettaient

1. Tacite, *Germania*, XVIII
2. Idem.

de corrompre ainsi la pureté de leur race[1]. La loi des Ripuaires[2] pose dès alors le principe: *generatio naturalis semper ad inferiora declinatur* — principe qui deviendra le brocart coutumier : « *en fors mariage, le pire emporte le bon,* » obligeant ainsi l'enfant né de l'union de gens d'inégale condition à suivre la moins bonne. « Ils sont nécessairement « serfs par cela seul qu'un de leurs parents appar« tient à cette condition ;... ils sont étrangers à la « famille de leur père ou de leur mère et n'y sau« raient prétendre à aucun droit de succession[3]. »

Bref, d'après la majorité des auteurs, les lois germaniques étaient unanimes pour refuser des droits successifs aux enfants naturels. Toutefois, certaines lois, sans rien disposer à leur égard, recommandent aux enfants légitimes de leur venir en aide. D'autre part, chez divers peuples, et notamment chez les Francs, si la loi n'appelle pas les bâtards à la succession ab intestat, elle ne s'oppose pas à ce qu'il leur soit fait des libéralités. C'est ainsi que Thierry Ier, bâtard de Clovis, fut admis au partage du royaume avec ses frères légitimes, Childebert, Clotaire et Charibert ; de même, Charlemagne, dans son testament, régla le sort de ses enfants naturels[4] ; de même encore, en 895, l'empereur Arnoul céda à son fils naturel le royaume de Lotharingie avec le con-

1. Loi salique. Tit XIV. § 11 Loi des Alamans, tit XVIII, § 2. l. des Frisons, tit. VI. Loi des Burgondes, tit. XXXXV, §§2 et 5.

2. Loi des Ripuaires, tit. XIV. § II

3. Glasson : *Histoire du droit et des Institutions de la France*, tome III. p. 33. *Cf* Glasson, le *Droit de succession dans les lois barbares* : Nouvelle Revue historique du droit français 1885, page 613.

4. Eginhard, *Vita Caroli magni*, cap. XXIII.

sentement de la diète de Worms [1],[2]. — D'autre part, il résulte de certains documents qu'un simple particulier pouvait laisser par testament tout ou partie de sa fortune à ses enfants naturels[3]. Enfin, il n'est pas impossible que le père ait pu rendre son enfant naturel apte à hériter au moyen de l'adoption [4].

En ce qui concerne les Wisigoths, le code de Receswind [5] ne s'occupe en aucune façon des enfants nés du mariage. Il résulte toutefois de certains chapitres [6] que ces enfants pouvaient être légitimés par rescrit du prince et que dans tous les cas ils étaient affranchis au décès du père ; celui-ci pouvait leur laisser par donation ou par testament le douzième de ses biens s'il laissait des enfants légitimes, le quart s'il n'en laissait aucun [7].

Seules entre les lois des barbares, celles des Lombards réglèrent d'une façon précise les droits héréditaires ab intestat des enfants naturels. Le bâtard venait-il en concours avec des fils légitimes ? La succession se partageait alors de façon que l'enfant naturel n'eût qu'une fraction tandis que l'enfant

1. Bouquet, *Recueil des historiens*, t. VIII. p. 74.

2. La loi de succession au trône échappait-elle à la règle générale ? Ou bien, est-ce par une manifestation spéciale de la volonté de leur auteur que les princes dont il s'agit furent appelés au pouvoir ? Nous ne saurions l'indiquer d'une façon précise La question présente pour nous peu d'intérêt se rattachant plutôt au droit public qu'au droit privé.

3. Rozière, formule 137. Il s'agit d'un père qui affranchit sa fille née de son esclave et l'institue ensuite héritière avec ses frères légitimes. *Cf.* formule 140. *Cf.* Thévenin : textes relatifs aux institutions privées.

4. *Cf.* formules 54 et 55 de l'appendice de Marculf.

5. Le code de Receswind fut promulgué vers l'an 652. *Cf.* Leges Wisigothorum, de Karolus Zeumer. Leipzick 1894.

6. Chapitres VIII et IX.

7 Dareste, *Journal des savants*, année 1896. Sources du droit germanique.

légitime en avait plusieurs [1]. En outre, il était défendu au père de faire à ses enfants naturels des libéralités excédant leur part héréditaire ; toutefois, les fils légitimes âgés de plus de douze ans pouvaient consentir à ce que leur père accordât à leur frère naturel les droits d'enfant légitime [2]. L'enfant naturel se trouvait-il en présence de filles et d'autres proches parents ? La loi de Rotharis accordait, en général, un tiers de la succession aux enfants naturels et, dans ce cas, ils ne pouvaient être exhérédés[3].

Enfin, le droit Lombard décidait que les donations étant révoquées totalement par la survenance d'un enfant légitime, le seraient partiellement par la survenance d'un enfant naturel [4].

§ II. — Droit canonique

Aux premiers temps de la monarchie franque, l'Église avait eu le soin de réserver à sa juridiction spéciale toutes les questions relatives au mariage. Faisant de l'union légitime des époux un sacrement, elle devait être seule à en apprécier les conséquences. Par suite, elle fut nécessairement amenée à régler la situation des enfants naturels.

La seule union légitime aux yeux de l'Eglise étant l'union contractée devant l'hôtel, l'union sacrée et indissoluble, il n'y eût plus à distinguer, comme à

1. Canciani : *Barbarorum leges antiquæ.* volumen, I. p. 73. Leges Langobardiœ, de Rotaris leges, ch. 154.
2. de Rotharis leges, ch. 155.
3. Idem, ch. 160.
4. De Rotharis leges, ch. 171.

Rome les enfants nés de justes noces, les enfants nés du concubinat, les enfants nés d'un commerce passager. Pour elle il n'y eût plus que des enfants légitimes, nés dans le mariage, et des enfants illégitimes ou bâtards nés hors du mariage.

Or, si, d'une part, elle montra une certaine pitié vis-à-vis de ces derniers, si elle voulut bien reconnaître que l'enfant naturel, même issu de l'adultère n'est pas atteint par le déshonneur de ses parents, pourvu qu'il soit lui-même vertueux [1] d'autre part elle les frappa de cruelles incapacités. [2] Né en dehors du sacrement de mariage, l'église considérait le « bâtard comme indigne de pénétrer au foyer « domestique, que sa présence souillerait en « perpétuant le souvenir d'une faute » [3]. Le bâtard ne pouvait donc exercer aucun droit dans la famille, et par suite il était logique de lui refuser le titre d'héritier, c'est-à-dire le droit de partager le patrimoine et les traditions de ses auteurs. Les textes sont précis à cet égard en ce qui concerne la succession du père. [4] Il semble bien que l'esprit du droit canonique était aussi d'exclure l'enfant naturel de la succession de la mère. En outre, afin d'assurer l'exécution de ces dispositions il fut défendu aux

1 Canon, IV. de la dist. LVI. Pars prima : « *Ex meretrice « natus sed adultera, si propria virtute decoretur, parentium suorum non dedecoretur opprobiis ; — non est omnino, « nec de virtute, nec de vitio parentum, aut laudandus aliquis, « aut culpandus.* »

2. Bien que sortant du cadre de notre sujet, citons, pour être complet, l'incapacité dans laquelle les bâtards se trouvaient d'aspirer aux fonctions ecclésiastiques, les ministres du culte devant être purs de toute souillure Toutefois des dispenses étaient accordées pour les Evêques et le Saint-Siège.

3. Desportes : *Essai historique.*

4. Décrètales. livre 4, ch X : *qui filii sint legitimi.*

père et mère de faire aucune libéralité à leur enfant naturel sans le consentement de leurs héritiers légitimes.

Cependant, inspirée par des sentiments de raison et d'humanité, la législation canonique ne voulut pas délaisser complètement les bâtards. Posant en principe que celui qui met au monde un enfant doit assurer son existence, elle enjoignit aux parents de venir en aide à leurs enfants, quelle que fût leur origine. Les canons accordèrent aux bâtards, même à ceux qui étaient nés d'un commerce criminel, le droit de réclamer des aliments à leurs parents [1]. En outre, afin que la mort de ces derniers ne les laissât point dans un complet dénûment, il fut permis aux bâtards de poursuivre contre la succession par toutes voies de droit et au moyen de toutes preuves l'exécution de cette obligation alimentaire vis-à-vis des héritiers légitimes.

Enfin, la légitimation par mariage subséquent était fort encouragée par le droit ecclésiastique. « Telle est la force du mariage, disent les Dé« crétales, que les enfants nés auparavant doi« vent être tenus pour légitimes. » Après la légitimation, les bâtards prenaient leur part dans la succession de leur père. Mais, les enfants naturels simples, nés *ex soluto ex soluta*, seuls pouvaient être légitimés. Les enfants nés de l'inceste ou de l'adultère — *nefarii* ou *sacrilegii*, — ne pouvaient point être relevés de leur condition.

Ainsi, dès les débuts de l'histoire de notre législation, l'Eglise tente de concilier les deux idées

1. Décrètales, livre, IV chap. 5 de *co qui duxit in matrimon quam poll, per adult.*

éternellement en présence dans l'étude de notre sujet : les droits de la nature d'un côté, — les droits de la famille de l'autre. Et la solution qu'elle impose est à peu près celle que certains proposent encore à l'heure actuelle, appuyés par de nombreux partisans qui la justifient par la nécessité de protéger la famille légitime contre les mauvaises mœurs. C'était là aussi, dès avant l'an mille, la constante préoccupation de l'Eglise, et les mesures de rigueur par elle prises à l'encontre des bâtards étaient plutôt dirigées contre les unions illicites que contre les bâtards eux-mêmes. Punir les pères dans la personne de leur enfant, châtier le coupable en frappant un innocent, — tel fut le résultat fâcheux de cette louable préoccupation.

§ III. — Droit coutumier.

Le principe germanique, rigoureux, excluant le bâtard de la famille et ne lui accordant aucun droit de succession, et le principe romain considérant l'enfant naturel comme un membre de la famille maternelle, se trouvaient face à face au moyen âge. Entr'eux, le droit canonique apparaissait conciliant, refusant, il est vrai, tout droit de succession aux bâtards, mais leur accordant une créance d'aliments.

La coutume allait tenter de fondre ces législations, faisant des emprunts aux unes et aux autres. Mais de ces trois principes, il en est toujours un qui surpasse les autres, et ce principe dominant varie suivant les époques et suivant les pays.

Tout d'abord, au nord de la Loire, dans les pays de langue d'oïl, ce fut le principe germanique qu eût la prépondérance. Cependant, il faut, au début, distinguer entre les bâtards des nobles et ceux des roturiers. Sous les mérovingiens, les bâtards des nobles étaient aussi bien traités que les enfants légitimes, à cela près que leur titre de noblesse était d'un degré inférieur à celui de leur père. Tous les autres bâtards étaient serfs et, comme tels, n'avaient aucun droit de famille et ne pouvaient recueillir aucune succession [1]. Hugues Capet abolit cette distinction dans une ordonnance par laquelle il excluait pour toujours les bâtards de la succession du royaume, défendait qu'on les reconnut dans la famille royale et disposait qu'ils ne pourraient porter les armes de France qu'avec une barre [2]. Il est probable que la condition des bâtards des princes et des nobles fût du même coup modifiée et qu'ils furent comme ceux des rois, exclus de la succession de leur père [3]. Les bâtards des « personnes du commun, » selon l'expression de d'Aguesseau, continuèrent à être serfs.

Au sud de la Loire, les populations, fidèles à la législation romaine dans la plupart de leurs dispositions, la méconnaissaient cependant relativement aux enfants naturels. Là aussi, probablement sous

1. *Nec gentem, nec genus habent.*

2. D'Aguesseau : *Dissertation sur les bâtards.* Bacquet, *traité du droit de bâtardise.*

3. Nous ne parlons bien entendu que des droits de succession, car, jusqu'au XVII° siècle, les bâtards reconnus acquirent la noblesse de leur père (Loysel : Institutes coutumières, l. I., tit. I, R. 44). Depuis l'ordonnance d'Henri IV, en 1600 il leur fallut des lettres d'ennoblissement (Isambert, Recueil des Anciennes lois. T. 15, p. 226). L'Artois n'étant pas alors réuni à la France conserva pour les bâtards de noble génération le privilège de noblesse (coutume d'Artois, art. 201). Louis XIII, par l'ordonnance de Janvier 1629 (code Michaud). Louis XIV, dans son édit de 1634, confirmèrent l'édit de Henri IV. (Isambert, T. 16, p. 279 et 392).

l'influence du droit canon, les bâtards furent exclus de la succession de leurs parents. Telle était, du moins, la jurisprudence des parlements de Bordeaux, de Toulouse et d'Aix.

Il résulte bien clairement des établissements de Saint Louis[1] que l'enfant né hors mariage n'avait aucun droit sur les biens de ses parents morts intestats, et que ces biens, à défaut d'héritiers légitimes, passaient au seigneur, par droit de bâtardise[2].

Dès ce moment donc, le principe général qui domine tout notre ancien droit est solidement établi : « Enfants bâtards ne succèdent[3], n'ont droit en nulle descendance » dit Beaumanoir. C'est la même idée que Pothier développera plus tard en disant : « les bâtards n'appartiennent à aucune famille, « toute parenté naturelle provenant d'une conjonc- « tion illégitime n'étant pas considérée dans notre « droit ; de là, il suit qu'ils n'ont droit de succéder « à personne si ce n'est à leurs enfants nés de légi- « time mariage, et qu'il n'y a que leurs enfants nés

1. *Etablissements de Saint-Louis*, liv. 1, chap. XCVII.

2 Léon Morillot, *Condition des enfants nés hors mariage dans l'antiquité et au moyen-âge*. Revue historique du droit, 1866.

3. Coutumes de Paris : art. 158, d'Orléans, art. 310, d'Etampes, art. 128, de Normandie, art. 175 et 147, de Sedan, art. 197, de Bar-le-Duc, art. 73, de Metz et pays Messin, tit. XII, art. 34, d'Epinal, tit. 4, art. 10, de Thionville, tit. 13, art 1, de Toul, art. 77, de Melun, art. 297 et 301, d'Auxerre, art. 34. de Sens, art. 31, de Dourdan, art. 128, de Montfort, art. 106, de Mantes, art. 175, de Senlis, art. 172, de Clermont, art. 153, de Valois, art. 91, de Calais, art. 135, de la Salle de Lille, tit. 2, art. 60, d'Artois, art. 150, de Nivernais, chap. 34, art. 22. de Bourgogne, chap. VIII, art. 3, de Cambrai, tit. 12. art. 2, de Ponthieu, tit. 1, art. 17, d'Arras, art. 31, de Montargis, chap. 15, art. 5, de Lille, tit. 1, art. 13, de Blois, art. 146, de Valençay, chap. 3, art. 15, du Bourbonnais, art. 185, d'Auvergne, chap. 12, art. 10, de la Marche, chap. 19. art. 221. du Poitou, art. 297. d'Angoumois, art. 96, de Bretagne, art. 476.

« en légitime mariage qui puissent leur succéder[1]. » L'exclusion des bâtards de toute succession était donc la règle généralement suivie dans l'ancienne France.

Mais, à cette règle, il existait des exceptions.

C'est ainsi que, tout d'abord, les assises de Jérusalem déclaraient capables d'hériter de leur mère tous les enfants légitimes ou illégitimes, « *bastards ou leaux, bastards simples ou avoutres,* » c'est à-dire adultérins. Tous ces enfants venaient en concours à la succession de la mère, car « il y a grant « raizon en ce faire, celonc la droite vérité ; car « tous les enfants et les uns et les autres, sont de « son ventre issus et en celle engendrés par home, « sans différence nul de la naturel hœuvre yssant « d'elle »[2]. Mais la succession du père restait soumise au droit commun.

D'autre part, sous l'influence du droit romain, certaines coutumes dérogeaient à la règle générale en faveur des enfants naturels et leur donnaient un droit de succession sur les biens maternels. Ce sont surtout des coutumes du nord de la France, ce qui s'explique aisément par suite du voisinage des Provinces Unies où les traditions romaines s'étaient conservées plus vivaces que partout ailleurs. On peut diviser ces coutumes en deux catégories, les unes permettant aux bâtards de succéder à leur mère, même s'ils trouvaient vis-à-vis d'eux des enfants légitimes, les autres ne les appelant qu'à défaut d'enfants légitimes.

1. Pothier : *Traité des personnes et des choses*, 1re partie, tit. IV, n° 118,

2. Assises de Jérusalem, T. 2. Cour des Bourgeois, chap. 60, Beugnot, abrégé du livre des assises, p. 285.

Dans la première catégorie il faut tout d'abord ranger la coutume de Valenciennes [1], et la coutume d'Alleu [2], qui toutes deux posaient en principe que « nul n'est bastard de par sa mère » ; il résultait de là que le bâtard était, dans ces pays, admis également à recueillir la succession de tous ses parents maternels. La question ne fait aucun doute, tout au moins pour la coutume de Valenciennes où il est formellement expliqué que les parents maternels sont appelés à recueillir la succession du bâtard et que toute vocation héréditaire est réciproque. La coutume d'Alleu abandonna son ancienne doctrine en 1741 pour se rallier à la règle générale d'exclusion.

Ce système était aussi celui de la coutume de Saint Omer [3] et de la coutume de Thèrouane. Toutefois, dans sa nouvelle rédaction, la première adopta les principes de la majorité des coutumes.

Parmi les coutumes qui donnaient aux bâtards le droit de succéder, mais seulement au cas où il n'existait pas d'enfants légitimes, se placent les coutumes de Flandre, de Cassel et de Tournay. C'est ce que rapporte Bouteillier dans sa *Somme rurale :* « Si scaches qu'à « la coutume de Flandre, de Cassel et de Thernois, « nul n'est bastard de par sa mère et incertaine « chose est du père, et emportent de par leur mère « succession, voire quand la mère n'a nuls enfants « vivant de loyal lit au jour de son trépas [4]. »

Il faut remarquer que, dans les unes et les autres de ces coutumes, le droit à la succession maternelle

1. Coutume de Valenciennes, art. 121.
2. Coutume d'Alleu, tit. 1, art. 8.
3. Coutume de Saint-Omer, tit. 1, art. 21.
4. Bouteillier : Somme rurale, liv. 1, chap. 95 *in fine*.

n'existe qu'au profit des bâtards nés *ex soluto ex soluta* ; il est expressément refusé aux enfants nés d'une union criminelle « si comme des gens d'église, adultère et autre semblable condition[1]. »

Pour que l'exclusion successorale du bâtard formant le principe général en France, fut sanctionnée, il était nécessaire d'entraver les libéralités des parents. Cependant, à l'origine, partant de cette idée que le bâtard est sans famille, on admettait qu'il pouvait recevoir de ses parents tout ce qu'aurait pu recevoir un étranger. Il pouvait donc être institué légataire universel ou particulier ; ses parents pouvaient lui donner la quotité disponible tout entière.

Les Assises de Jérusalem apportaient déjà une restriction à cette liberté de disposer en exigeant qu'au cas où le père naturel laissait des enfants légitimes, ou bien un père ou une mère, il obtint le consentement de ceux-ci pour donner à ses bâtards une portion de ses biens quelle que minime fût-elle ; au cas où il n'existait aucun de ces héritiers légitimes, la capacité du père restait entière à l'égard de ses enfants naturels.

Au temps de Beaumanoir, les enfants légitimes, s'il en existe, devront recevoir une part supérieure à celle du bâtard[2].

Puis, à partir du XIVe siècle, les legs modiques seuls furent autorisés en faveur des enfants nés hors mariage. En général, on ne prit pas soin de déterminer le taux des libéralités permises à leur égard. On se borna à interdire les legs universels, les legs

1. Coutume de Valenciennes, art. 122.

2. Beaumanoir : *Coutume de Beauvoisis*, t. I, chap. XVIII, art. 20.

particuliers et dons excessifs[1], permettant au contraire tout legs jugé non immodéré, « non immense », en envisageant les besoins de l'enfant et la fortune du père[2].

Toutefois, certaines coutumes déterminaient une quote-part qui ne pouvait être dépassée. Telle était la coutume de la Marche qui fixait cette quote-part à la tierce partie de tous les biens du testateur[3]. De même, la coutume de Melun déterminait dans son article 298 une somme à laquelle tout legs fait au bâtard devait être réduit.

D'autres coutumes toléraient seulement les legs d'aliments.

La coutume du Poitou[4] admettait les legs d'aliments en pleine propriété ; celle de Bretagne l'autorisait en usufruit seulement[5].

Les coutumes d'Anjou[6] et du Maine[7] défendaient au père de faire des dispositions testamentaires en faveur de son bâtard et ne lui permettaient que des donations.

La coutume d'Auvergne[8] autorisait dans un contrat de mariage une disposition même universelle en faveur des enfants naturels, pourvu que la légitime fut laissée aux enfants nés du mariage.

En résumé, les coutumes s'efforcaient d'empêcher le père de faire à son bâtard des libéralités exagé-

1. Pothier, *Traité des donations*, section I. § VI, art. II.

2. Arrêt du conseil du roi, 14 septembre 1746. — Parlement de Flandre, 19 avril 1755. — Merlin, Rép., V° Bâtard, sect. 1, § 3.

3. Coutume de la Marche, art. 225.

4. Coutume du Poitou, art. 297.

5. Coutume de Bretagne, art. 476.

6. Coutume d'Anjou, art. 345.

7. Coutume du Maine, art. 357.

8. Coutume d'Auvergne, chap. 14, art. 47.

rées, qui auraient été préjudiciables à ses enfants légitimes.

Ainsi, la plupart des coutumes avaient admis les principes du droit germanique ; quelques-unes seulement conservaient l'esprit des traditions romaines. Dans toutes, se retrouve l'influence du droit canonique.

Sous l'empire de cette influence, méconnaissant la loi romaine, les peuples du Midi avaient écarté le bâtard de la succession maternelle, et les peuples du Nord s'étaient départis de l'ancienne rigueur germanique. Entre les deux tendances opposées, le droit canonique avait tenté une conciliation.

La législation ecclésiastique avait, nous l'avons dit, établi pour les parents l'obligation de fournir à tous leurs enfants des moyens d'existence. Notre ancienne jurisprudence sanctionna ce principe de droit naturel et déclara avec Loysel : « qui fait l'enfant doit le nourrir[1] » L'obligation alimentaire incombe d'abord au père, et « lorsque le père n'est « pas connu ou lorsqu'il n'a pas le moyen, c'est la « mère qui doit être chargée de l'enfant[2]. » Toutefois, d'Aguesseau rapporte qu'il a vu juger que « lorsque la mère était majeure, aussi bien que le « père, l'obligation de nourrir le bâtard était égale « et qu'ils devaient y être condamnés conjointe- « ment[3]. »

Si le père et la mère mouraient sans avoir légué à leur bâtard des moyens de subsistance et si ce dernier n'était pas, lors de leur décès, en état de se

1. Loysel, liv. 1, tit. 1, R. 40.

2. Pothier, *Du contrat de mariage,* V° partie, chap. 1, art. 2, § 3.

3. D'Aguesseau, *Dissertation sur les bâtards*, œuvres, T. VII, p. 595.

suffire, l'obligation alimentaire passait à leurs héritiers[1]. C'était là une charge de la succession[2]. Dans les pays de droit écrit, on alla plus loin encore et on reconnut au bâtard le droit de demander des aliments à ses ascendants du premier et du second degré.

Mais, que comprenaient les aliments ? Pothier nous fournit la réponse à cette question en disant que l'homme dont la paternité est prouvée « doit « être condamné à se charger de l'enfant, à le faire « élever dans la religion catholique, et à lui fournir « des aliments nécessaires, à en rapporter le certi- « ficat tous les trois mois au procureur du roi et à « lui faire apprendre un métier lorsqu'il sera en état « d'en apprendre un, pour le mettre en état de « gagner sa vie »[3]. — Quand il s'agissait d'une fille, le père devait la doter si elle se mariait sans avoir une profession[4]. — Bref, les aliments comprenaient non seulement les subsides pécuniaires nécessaires à l'existence, mais encore les soins d'éducation morale et d'éducation professionnelle.

Pour pouvoir agir contre ses parents, l'enfant naturel devait établir sa filiation. Or, la filiation naturelle se prouvait par la reconnaissance soit volontaire, soit forcée, qui n'était alors soumise à aucune formalité. En d'autres termes, la recherche de la paternité était autorisée et si l'on en croit le témoignage de Pothier, la jurisprudence se mon-

1. Parlement de Paris, 19 juillet 1752, 9 juillet 1763. — Voyez Loiseau, *Des enfants naturels*, p. 69.

2. Coutume de Bretagne. art. 478.

3. Pothier, *Traité du contrat de mariage*, V[e] partie, chap. 1, art. 2, § 3.

4. Loiseau, *Traité des enfants naturels*, p. 70.

trait très généreuse vis à-vis des enfants naturels à cet égard[1]. C'était là sa seule générosité.

Telles étaient dans leur ensemble les règles qui déterminaient les droits des enfants naturels dans l'ancien droit. En les analysant, on remarque qu'elles peuvent se résumer dans les trois propositions suivantes :

1° L'enfant naturel n'était point héritier parcequ'il était étranger à la famille.

2° L'enfant naturel ne pouvait recevoir de ses auteurs aucune libéralité.

3° L'enfant naturel avait le droit d'exiger des aliments de ses parents ou de leur succession.

Ces principes là, l'ancien droit les appliquait dans toute leur rigueur, avec toutes leurs conséquences. Le bâtard avait droit à la vie, et c'était tout.

Aussi, le droit révolutionnaire, inspiré des sentiments les plus passionnés d'égalité devait-il repousser avec horreur une semblable législation et substituer à l'exclusion totale des bâtards leur assimilation complète avec les enfants légitimes.

Mais les trois principes que nous venons de déduire des dispositions de l'ancien droit, nous les retrouverons à la base de notre code civil, moins sévèrement appliqués, certes, améliorés par divers côtés, cela n'est pas douteux, mais, malgré tout, encore beaucoup trop rigoureux à nótre gré.

1. Pothier : *Traité du contrat de mariage*, V° partie, chap. 1, art. 2, § 3 : Lorsque l'homme dénie avoir eu commerce « avec la fille, la preuve que la fille fera par témoins que cet « homme a eu quelques familiarités ou privautés avec elle, « suffit pour le faire présumer et le faire en conséquence « condamner à se charger de l'enfant. » Bien plus, dans la pratique, il suffisait souvent de la déclaration de la mère qui sur la foi du serment faisait connaître « dans le détroit et les douleurs de l'accouchement » l'auteur de sa grossesse. (Discours de l'avocat général Servan, cité par Accolas, dans l'*Enfant né hors mariage*).

CHAPITRE IV.

Des droits successoraux des enfants naturels dans la législation intermédiaire

BIBLIOGRAPHIE. — *Vermeil* : Code des enfants naturels. — *Merlin* : Répertoire, V° Bâtard (déjà cité). — *Desportes* : Essai historique (déjà cité). — *de Tocqueville* : L'ancien régime et la Révolution. — *Giraud* : Essai sur l'histoire du droit français. — *Violet* : Histoire du droit français. — *Ginouilhac* : Histoire générale du droit français. — *Pottier* : Thèse 1895 (déjà cité). — *Merlin-Lemas* (déjà cité). — *Royer* (déjà cité). — *Demolombe* : Successions, tome II — *Aubry et Rau* : Droit civil français, tome VI. — *Baudry-Lacantinerie et Wahl* : Successions, tome I. — etc., etc.

« Voulez-vous des bonnes lois ? Brûlez les vôtres et faites-en de nouvelles. » Prenant inspiration de ce mot de Voltaire, la Révolution française bouleversa complètement la législation relative aux enfants naturels. Abandonnant tous les principes anciens, voulant « venger la nature dans la personne des « enfants naturels, trop longtemps punis des fautes « de leur père [1] », elle assimila complètement les enfants nés hors mariage et les enfants légitimes, donnant à ceux qui nous occupent « entrée de plain « pied dans la famille tout entière [2]. » Deux causes

1. Vermeil, *Code des enfants naturels.*
2. Demôle, discours au Sénat.

principales introduisirent cet esprit nouveau. D'abord « à ce réveil des idées de justice et de liberté, il se « fit par toute la France, contre l'ensemble des dis- « positions cruelles de l'ancien droit, une véritable « explosion »[1]. L'opinion publique voulut réagir contre les tendances exclusivistes de l'ancien régime. Elle s'efforca de supprimer entre les personnes toute distinction qui put conserver le souvenir des anciennes catégories sociales. Par haine du passé, on rechercha les idées les plus contraires aux doctrines anciennement acceptées pour les substituer à celles-ci. Enfin, commme la plupart des révolutions, celle de 1789 ne sût point s'arrêter à temps dans son élan de générosité et pour éviter un excès de rigueur à l'égard des enfants naturels elle tomba dans un excès de bienveillance. « Peut-il y avoir, disait Cam- « bacérès, deux sortes de paternité ? Présenter cette « question à des législateurs philanthropes, c'est « préjuger leur solution. Ce serait leur faire injure « que d'oser croire qu'ils fermeront l'oreille à la voix « incorruptible de la nature pour consacrer à la fois « et la tyrannie de l'habitude et les erreurs des « jurisconsultes. Aussi, je ne crains pas de vous « proposer de placer dans la famille les enfants « naturels nés de personnes libres presqu'au même « rang que les enfants légitimes, sauf quelques « différences en faveur de ceux-ci et uniquement « dans la vue de favoriser l'institution du mariage ».

D'autre part, le législateur ayant proclamé que la base du droit successoral reposait sur l'affection présumée de la nature, que le lien du sang seul créait des vocations héréditaires, il fut amené, par

3. Idem.

suite d'un raisonnement juste au fond, mais que l'on accuse de pousser trop loin les conséquences d'une saine logique, à proclamer l'égalité de tous les enfants nés d'un même auteur.

Et, si quelqu'un eût alors opposé aux réformateurs les droits sacrés de la famille légitime, et fait entendre les protestations de la morale outragée par cette assimilation, ceux-ci auraient répondu que la famille n'était point atteinte par le nouveau principe qui simplement rétablissait un équilibre autrefois rompu, et que la morale devait être satisfaite de leur innovation qui offrait sur les anciens errements l'avantage de ne point punir un coupable dans la personne d'un innocent.

Néanmoins, l'Assemblée Constituante et l'Assemblée Législative ne firent rien pour les bâtards. Ce fut la Convention qui opéra la réforme, obéissant aux nombreuses pétitions que le peuple lui avait adressées.

Le principe fut posé dans le décret du 4 juin 1793 mais l'application en fut alors différée. Ce décret portait que « les enfants nés hors mariage succéde-« raient à leurs père et mère dans la forme qui sera « déterminée. »

Le 31 juillet 1793, un autre décret suspendait « tous les droits pendants entre les enfants naturels « et leurs parents ou autres à raison de succes-« sions. »

Enfin, le 12 Brumaire de l'an II, la Convention, « après avoir entendu le rapport de son comité de « législation », décrétait ce qui suit :

« Article 1. — Les enfants actuellement existants, « nés hors mariage, seront admis aux successions

« de leurs père et mère, ouvertes depuis le 14 « juillet 1789.

« Ils le seront également à celles qui s'ouvriront « à l'avenir sous la réserve portée à l'article 10 ci- « après.

« Article 2. — Leurs droits de successibilité sont « les mêmes que ceux des autres enfants. »

Ainsi, l'assimilation entre les enfants légitimes et les enfants naturels était complète ; tous avaient les mêmes droits sur les successions qui devaient s'ouvrir dans la suite ; bien plus, par suite d'un effet rétroactif de la loi, ils étaient appelés aux successions de leurs père et mère ouvertes depuis le 14 juillet 1789. Toutefois, l'article 13 faisait exception pour les enfants adultérins auxquels il n'était accordé, à titre d'aliments, que « le tiers en propriété « de la portion à laquelle ils auraient eu droit « s'ils étaient nés dans le mariage. » L'enfant naturel était admis dans la famille, il succédait en ligne collatérale comme en ligne directe et le bénéfice de la représentation lui était concédé. Ces derniers points étaient spéciaux aux successions ouvertes depuis la promulgation du décret et échappaient à son effet rétroactif[1].

Le croirait-on ? Malgré les appétits d'égalité de cette époque, la proclamation de ces principes souleva de nombreuses protestations. L'opinion publique estima que la réforme était excessive, et la jurisprudence refléta bientôt cette opinion. Les réser-

1. En revanche de ces avantages, le décret de brumaire. tout en admettant la recherche de la maternité et de la paternité, déclarait que, pour cette dernière, l'enfant naturel ne pourrait invoquer que l'aveu de son père consigné dans un acte public ou privé, ou bien la possession d'état, ce qui était bien préférable à la licence ancienne à cet égard.

ves faites dans l'article premier renvoyant à l'article 10[1] fournirent le prétexte d'une interprétation restrictive. Le décret de Brumaire n'était qu'une disposition transitoire détachée du projet d'une loi plus générale qui devait former un code civil. On se demanda en conséquence s'il ne fallait pas décider que le décret n'appelait les enfants naturels concurremment avec les enfants légitimes qu'aux successions de leurs père et mère déjà ouvertes, l'article 10 renvoyant implicitement ceux dont les pères étaient vivants aux dispositions du code civil, ce renvoi semblait d'autant plus naturel que ce code civil était déjà décrété et ne fut renvoyé que le lendemain 13 Brumaire à une commission pour le réviser[2]. Le tribunal de cassation déclara d'abord que le décret de Brumaire devait être appliqué aux successions ouvertes avant la mise en vigueur du code civil, ce qui nous paraît conforme aux textes du décret ; mais sous la pression de l'opinion, il ne tarda pas à abandonner ce système pour adopter celui qui resserrait davantage l'application du dit décret. La loi du 14 Floréal an XI devait sanctionner cette dernière interprétation[3].

D'autres restrictions furent encore apportées aux dispositions du décret de Brumaire. Son article 3 portait bien que, malgré l'effet rétroactif, les enfants naturels ne pouvaient déranger de leur chef les

1. Article 10. — A l'égard des enfants nés hors mariage, dont le père et la mère seront encore existants lors de la promulgation du Code Civil, leur état et leurs droits seront en tous points réglés par les dispositions du Code.

2. Voyez un arrêt de la Cour de Paris, du 6 floréal an X. — Merlin, V° bâtard, section 2, § 2.

3. Voir la controverse dans Demolombe, *Successions*, tome 2, page 10.

partages faits, mais seulement prendre leur portion sur les lots existants ; le décret du 3 Vendémiaire an IV (25 septembre 1795) alla plus loin et abrogea l'effet rétroactif. Le 26 Vendémiaire de la même année, un autre décret suspendait l'application de l'article 13 qui accordait aux enfants naturels un tiers de la portion qu'ils auraient recueillie s'ils eussent été légitimes, et renvoyait au comité de législation, pour en faire rapport sous trois jours, la proposition faite d'examiner s'il y avait lieu de rapporter le décret du 12 Brumaire an II. A la suite des travaux du comité de législation, fut promulguée la loi du 15 Thermidor an IV, qui rétablit l'effet rétroactif de la loi de Brumaire, abrogée par le décret du 3 vendémiaire, le reporta non plus au 14 juillet 1789 mais au 4 juin 1793, date à laquelle la Convention proclama l'égalité de tous les enfants devant la loi. En outre, afin de ne pas laisser dans le besoin ceux des enfants naturels qui avaient recueilli des successions sous l'empire des lois antérieures et qui se trouvaient ainsi dépouillés, la loi de Thermidor leur accorda une pension alimentaire égale au revenu du tiers de la portion qu'ils auraient prise s'ils étaient nés dans le mariage.

Ces différentes lois restèrent en vigueur jusqu'en Germinal an VI. Alors fut d'abord décrétée la loi qui devait devenir le titre de la paternité et de la filiation où le futur article 338 faisait présumer l'abandon des principes révolutionnaires. Puis le 29 Germinal an XI et le 9 Floréal an XI fut décrétée et promulguée la nouvelle loi sur les successions abrogeant toutes les précédentes.

Nous voyons alors reparaître les anciens principes modifiés, adoucis, mais reposant toujours sur le même fondement : le respect de la famille légitime.

Cela justifie entièrement, en ce qui concerne l'objet de notre étude, les idées générales sur la Révolution française, admirablement exprimées par M. de Tocqueville. « Les Français, en 1789, ont pris « toutes sortes de précautions pour ne rien emporter « ter du passé dans leur condition nouvelle : ils se « sont imposé toutes sortes de contraintes pour se « façonner autrement que leurs pères ; ils n'ont rien « oublié enfin pour se rendre méconnaissables. — « J'avais toujours pensé qu'ils avaient beaucoup « moins bien réussi dans cette singulière entre- « prise qu'on ne l'avait cru au dehors et qu'ils « ne l'avaient cru eux-mêmes. J'étais convaincu « qu'à leur insu ils avaient retenu de l'ancien « régime la plupart des sentiments, des habitudes, « des idées même à l'aide desquelles ils avaient « conduit la Révolution qui le détruisit et que, sans « le vouloir, ils s'étaient servis de ses débris pour « construire l'édifice de la société nouvelle... Il y a « un grand nombre de lois et d'habitudes politiques « de l'ancien régime qui disparaissent ainsi tout à « coup en 1789 et qui se rencontrent quelques années « après, comme certains fleuves qui s'enfoncent « dans la terre pour reparaître un peu plus loin, « faisant voir les mêmes eaux à de nouveaux riva- « ges. »[1] Ce sont ces nouveaux rivages que nous abordons avec notre chapitre V.

1. De Tocqueville : l'*Ancien régime et la Révolution*, préface

CHAPITRE V

Code civil[1]

Bibliographie.— Tous les ouvrages cités plus loin, 2e partie, section II.

L'ancien droit s'était montré d'une excessive rigueur envers les enfants naturels. Au contraire, la Convention, dans « l'enthousiasme des idées naturelles et l'ivresse de l'égalité »[2], n'avait point hésité à placer le bâtard et l'enfant légitime sur le même rang au point de vue des droits successoraux.

Les rédacteurs du Code civil, apercevant les écueils qui surgissaient dans l'une et l'autre de ces théories devaient s'efforcer de les éviter, en prenant à l'égard des enfants naturels un juste milieu

1. Dans ce chapitre, nous vous proposons de donner seulement une analyse rapide des dispositions du Code civil concernant les enfants naturels, réservant pour plus tard l'étude de ces dispositions, afin de les rapprocher des textes de la loi nouvelle, pensant mettre ainsi mieux en lumière la réforme opérée.

2. Discours du tribun Duveyrier.

entre la cruauté de notre ancien droit, qui « leur accordait à peine un morceau de pain sur la succession de leurs parents et les faveurs scandaleuses du droit intermédiaire »[2].

Quinze ans ne se sont pas écoulés depuis le commencement de la Révolution française, et les sentiments de la nation se sont à ce point modifiés que ces lois d'égalité, réclamées par le peuple avec tant de passion, votées par le législateur au nom de la morale, sont maintenant réprouvées par les honnêtes gens et considérées comme entachées d'immoralité. On éprouve le besoin de réagir contre les tendances du droit intermédiaire ; on rouvre les sources taries de l'ancien droit, mais pour y puiser avec modération. Et, empruntant aux nouvelles lois leurs principes de droit naturel, en les tempérant par les raisons supérieures de morale et de conservation sociale qui avaient inspiré les coutumes de l'ancienne France, on confectionnera une législation reposant sur ces deux bases : humanité, moralité.

Protéger la famille en assurant les droits des héritiers légitimes et en maintenant au mariage la faveur qui lui était due, — mais, en même temps, entourer de la protection légale de malheureux enfants qui n'ont commis d'autre faute que celle de naître ; — telle fut la double préoccupation des rédacteurs du Code.

Les travaux préparatoires nous révèlent bien clairement cette double intention. Ecoutez d'abord Portalis proclamer « qu'il faut lier les mœurs aux « lois et propager l'esprit de famille, » ajoutant que

2. Baudry-Lacantinerie et Wahl, *Traité des successions*, T. 1, p. 319, n° 599.

« les vertus privées peuvent seules garantir les vertus
« publiques, et que c'est par la petite patrie qui est
« la famille, que l'on s'attache à la grande. » —
« Il est contre l'ordre des choses, dit Treilhard, que
« le droit de succéder qui est considéré par toutes
« les nations policées, non comme un droit de cité,
« mais comme un droit de famille, puisse compéter
« à des êtres qui sont sans doute membres de la
« cité, mais que la loi qui établit les mariages ne
« peut reconnaître comme membres d'aucune fa-
« mille. » — « Le Code, dit aussi le tribun Siméon,
« ne placera pas les enfants naturels comme les lois
« trop peu morales du 4 juin 1793 et du 12 brumaire
« de l'an II à côté des enfants nés d'une union res-
« pectable et sanctionnée par toutes les lois domes-
» tiques, publiques et religieuses ; il ne les honorera
« pas du titre d'héritiers, il ne leur accordera que
« des droits ; il leur garantira la dette que leurs
« père et mère contractent en leur donnant nais-
« sance et qu'ils avouent en les reconnaissant. »
Puis, inspiré par l'humanité, l'orateur déclare :
« Les enfants naturels n'exerceront pas les droits de
« famille, ils sont hors de la famille ; mais le sang
« de leur père et de leur mère coule dans leurs
« veines ; ce sont les droits du sang que le Code
« leur adjuge. » — De même, Bigot Préameneu
disait au Corps législatif : « La loi serait à la fois
« impuissante et barbare qui voudrait étouffer le
« cri de la nature entre ceux qui donnent et ceux
« qui reçoivent l'existence. » — Enfin, citons encore
ces paroles de Duveyrier : « Tournons notre atten-
« tion compatissante sur ces enfants malheureux,
« condamnés en naissant à subir la faute d'être nés,

« objets innocents de la honte qui les cache et les « méconnaît, repoussés par la société qui les con- « damne et jetés loin de toute famille, sans autre « consolation que les caresses furtives de la nature, « sans autres droits que ceux de la pitié et trop « souvent sans autre asile que celui de la loi.[1] »

Tels étaient les sentiments dont les rédacteurs du Code Civil étaient animés à l'égard des enfants naturels. Analysons rapidement les dispositions que ces sentiments leur inspirèrent.

Tout d'abord la loi déclare que les enfants naturels ne sont point héritiers (article 756 du Code civil). Les droits héréditaires en effet doivent être réservés aux seuls parents légitimes et servir de lien à la famille. Le titre d'héritier est donc refusé aux enfants naturels au nom de l'intérêt social, la famille formant la base de la société. C'est la doctrine de l'ancien droit

Mais les parents naturels en donnant le jour à leur enfant contractent vis-à-vis de lui une dette sacrée ; le Code civil les oblige à assurer son avenir, d'abord en lui fournissant des aliments, ensuite en accordant à cet enfant un droit sur les biens de ses père et mère décédés[2].

Toutefois, pour pouvoir exercer ce droit, il faudra que l'enfant naturel ait été légalement reconnu, c'est-à-dire, que ses auteurs l'aient également avoué pour leur enfant, ou bien que sa filiation résulte vis-à-vis d'eux d'une procédure judiciaire, bien que ce dernier point soit controversé. S'il n'existe de reconnaissance que de la part de l'un ou de l'autre

1. Fenet, Code Civil.
2. Code Civil, art. 756.

des deux parents, il succédera seulement à celui qui l'a reconnu. Encore est-il que toute reconnaissance faite au cours du mariage ne peut préjudicier à l'époux ou aux enfants nés de ce mariage [1].

Quant à la nature de ce droit, elle semble assez mal définie. Ce n'est point là un droit héréditaire semblable à celui de l'héritier légitime ; l'article 756 a pris soin de le déclarer. Cependant, il est permis de douter que ce soit là un droit de créance. La formule équivoque du texte a jeté sur ce point beaucoup d'obscurités dont nous respectons le voile en ce moment, nous réservant de le soulever dans un prochain chapitre [2]. Conservons donc à l'enfant naturel la désignation vague du code civil et nommons-le, tout simplement, un successeur irrégulier.

La reconnaissance n'établissant de lien qu'entre le père et la mère dont elle émane et l'enfant auquel elle s'applique, il en résulte que celui-ci n'entre pas dans la famille de ses père et mère ; il ne devient pas le parent de leurs parents, et, par suite, ne peut avoir aucun droit à la succession de ceux-ci [3].

Le montant des droits successifs des enfants naturels n'est pas réglé d'une façon uniforme dans tous les cas. Le principe est le suivant : l'enfant naturel reconnu a un droit dans la succession de ses parents, même en présence d'héritiers légitimes ; mais la quotité de ce droit varie suivant la qualité des héritiers laissés par le défunt. En voici maintenant l'application.

Lorsque le défunt laisse des descendants légitimes,

1. Code Civil, art. 337.
2. Voyez *infra*, deuxième partie.
3. Code Civil, art. 756 *in fine*.

la portion de l'enfant naturel est du tiers de celle qu'il aurait eue s'il eût été légitime [1].

Le défunt laisse-t-il seulement pour héritiers des frères ou sœurs ou des neveux, ou bien laisse-t-il des ascendants ? L'enfant naturel recueillera la moitié de la part qui lui serait revenue s'il eût été légitime [2].

Enfin, au cas où des cousins seulement se présenteraient pour recueillir la succession du *de cujus*, l'enfant naturel aura droit aux trois quarts de la même portion [3].

Donc, pour que l'enfant naturel soit appelé à recueillir la totalité des biens paternels ou maternels, il faut qu'il n'existe aucun parent légitime au degré successible. Le plus indifférent des petits cousins au douzième degré réduit sa dévolution à une quote part. Mais, dans la législation de 1804, l'enfant naturel passe avant le conjoint survivant [4].

Bref, le législateur, soucieux de protéger d'autant plus les droits héréditaires de la parenté légitime que cette parenté est plus rapprochée, a déterminé ceux de l'enfant naturel en les faisant croître dans une progression inverse de la proximité des héritiers avec lesquels il vient en concours.

Déjà, dans la plupart des coutumes, on assimilait aux enfants naturels leurs descendants légitimes ; c'est aussi ce qu'a fait l'article 759 du code civil en disposant qu' « en cas de prédécès de l'enfant « naturel, ses enfants ou descendants peuvent récla-

1. Code Civil, art. 757.
2 Idem.
3. Idem.
4 Code Civil, art. 758.

« mer les droits fixés par les articles précédents. » Ceux-ci, a-t-on pensé, auraient trouvé dans la succession de leur père une portion peut-être considérable des biens de leur aïeul ; il ne faut pas que le décès de leur auteur les prive de cette fortune et que la ruine de leurs espérances s'ajoute à leur deuil.

Une fois parvenus à ce point de leur œuvre, les rédacteurs du code pensèrent qu'ils s'étaient montrés assez généreux à l'égard de l'enfant illégitime, et qu'il était opportun de songer à préserver le patrimoine de la famille contre les tendances libérales de certains pères, trop enclins, selon eux, à effacer toutes différences héréditaires entre leurs enfants issus du mariage et les autres. Ils s'ingénièrent alors à déjouer par avance les fraudes qui pourraient être commises de façon à sanctionner la dévolution qu'ils avaient précédemment établie.

Il résulte en effet de la combinaison des articles 760 et 908 du code civil que les libéralités faites par son père ou par sa mère à un enfant naturel reconnu ne peuvent excéder les limites du droit accordé à cet enfant par l'article 757. Si elles dépassent la part déterminée par cet article, il y a lieu à réduction. De là, pour l'enfant naturel, la nécessité d'imputer ces libéralités sur sa part de succession.

D'autre part, prenant d'un côté comme fondement du régime successoral l'affection présumée du défunt pour ses proches, mais voulant d'un autre côté laisser aux parents le soin de régler à leur guise la dévolution de leurs biens, sans toutefois les autoriser à déshériter complètement l'un de leurs enfants, le législateur du code a voulu permettre au père et à la mère naturels d'écarter leur enfant du partage de la succession où sa présence pourrait être une cause de trouble, et leur permettre de réduire la part de celui ci par une volonté clairement manifestée. Ainsi, lorsque le père ou la mère a, de son vivant, donné à son bâtard la moitié de la portion déterminée par l'article 757, en déclarant expressément que son intention est de réduire ses droits à cette portion, lorsqu'une telle libéralité a été librement acceptée par le donataire[1], toute réclamation sur l'hérédité du donateur est interdite à ce dernier[2]. Dans le cas où la portion donnée serait inférieure à la moitié de ce qui devrait revenir à l'enfant naturel, celui-ci ne pourrait réclamer que le supplément nécessaire pour parfaire cette moitié[3]. Cette mesure peut sembler quelque peu rigoureuse ; pour la justifier, Siméon disait au Corps législatif : « Une « pareille donation est utile, et pour l'enfant naturel « qu'elle fait jouir plus tôt, et pour la famille qu'elle « débarrasse d'un créancier odieux[4] ». Enfin, bien que la question soit fort discutée, on admet en général, par rapprochement des articles 757 et 761 que, sous l'empire du code civil, l'enfant naturel avait droit à une réserve dont on calculait le montant en suivant la même proportion que pour établir la part héréditaire de l'enfant naturel.

Telle était, dans ses grandes lignes, la théorie du code Napoléon relativement aux droits des enfants

1. On discutait même sur le point de savoir si l'enfant naturel pouvait refuser une telle libéralité.

2. Code Civil, art. 761.

3. Idem, al. 2.

4. Fenet.

naturels simples dans la succession de leurs père et mère.

Quant aux enfants adultérins ou incestueux, ils demeuraient, comme dans l'ancien droit, écartés de la succession de leurs auteurs, alors même que leur filiation se trouvait constatée, ce qui arrivait bien rarement, l'article 336 prohibant la preuve de cette filiation. Toutefois, pour le cas où « par la force même des choses » selon l'expression de MM. Baudry-Lacantinerie et Wahl[1], cette filiation se trouverait constatée, « il a bien fallu assurer des aliments aux fruits malheureux de ces désordres révoltants[2] », l'inceste et l'adultère. Ces aliments étaient réglés en considération des facultés du père ou de la mère et du nombre et de la qualité des héritiers légitimes. Les enfants adultérins et incestueux ne pouvaient recevoir de leurs parents par donations ou testaments que des aliments et ils n'avaient rien à réclamer si de son vivant leur auteur leur avait assuré des aliments ou les avait mis en état de pourvoir eux-mêmes à leur existence en leur faisant apprendre un art mécanique.

Ainsi fut réglé durant tout notre siècle le droit successoral des enfants naturels.

Certes la législation que nous venons de résumer était loin d'être parfaite, et devait encourir bien des reproches dont nous aurons bientôt à apprécier la valeur. Mais, les rédacteurs du code méritent incontestablement les plus grands éloges. Les premiers en France, ils ont réellement compris comment se

1. Baudry-Lacantinerie et Wahl, *Successions*, tome 1, p. 370.

2. Treilhard, exposé des motifs.

posait la question des enfants naturels ; ils ont généreusement tenté de concilier les principes de l'égalité naturelle avec les nécessités sociales de préservation des bonnes mœurs. Les premiers, ils ont accordé aux enfants naturels en outre des aliments que l'humanité exige, des droits de succession qui semblent découler du droit naturel, tout en ayant soin d'éviter les excès auxquels les passions avaient entraîné les lois intermédiaires. S'inspirant des idées saines et raisonnables contenues aux législations précédentes, en rejetant tout ce qui leur semblait n'avoir d'autre fondement que des idées spéciales à une époque, ils ont su faire une œuvre morale. « En associant l'élément ancien et l'élément « nouveau dans la législation comme ils étaient déjà « associés dans la société et en appropriant leur « œuvre aux mœurs et aux besoins de leur époque, « les rédacteurs de nos codes furent de vrais juris- « consultes, ce qui leur était possible, les lois étant « faites pour les hommes et non les hommes pour « les lois. Ils ne croyaient d'ailleurs ni à la perfec- « tion, ni à l'immutabilité des codes, car les lois une « fois rédigées, disaient-ils, demeurent telles qu'elles « ont été écrites. Les hommes, au contraire, ne se « reposent jamais[1].... »

1. Ginouilhac, *Histoire générale du droit français*, conclusion.

CHAPITRE VI

Législations étrangères

BIBLIOGRAPHIE. — *Anth. de Saint-Joseph* : Concordance entre les Codes Civils étrangers et le Code Napoléon. — *Victor Foucher* : Collection des lois civiles et criminelles des Etats modernes. — *Laurent* : Avant-projet de Code Civil belge. — *Huc* : Le Code Civil italien et le Code Napoléon. — *Gondalfi* : Code Civil du royaume d'Italie. — *Lehr Ernest :* Eléments de droit Civil espagnol — Eléments de droit Civil Anglais, — Eléments de droit Civil russe, — Droit germanique. — *Flammer et Fick :* Lois civiles et commerciales du canton de Genève. — *Flammer :* Le Droit civil du canton de Genève ; ses principes et son histoire. — *Moulin* : des Droits successifs des enfants naturels dans les différentes législations de l'Europe. — *Alard* : de la condition des enfants naturels ; Th. de doctorat, Paris, 1896. — *Louis Parigot* : De la condition des enfants naturels en France et dans les principaux pays étrangers. Th. de doctorat, Paris, 1896.

Dans les précédents chapitres, nous nous sommes efforcés de suivre l'évolution de la condition successorale des enfants naturels, et nous avons exposé dans les dernières pages avant celles-ci l'état auquel était parvenue cette évolution dans notre droit français avant la promulgation de la loi du 25 mars 1896.

Pour compléter l'étude de cette question autant

qu'il est possible de le faire dans un travail forcément sommaire, il nous paraît indispensable d'examiner l'état des législations étrangères au point de vue qui nous occupe. Mais, n'ayant en aucune façon l'idée de faire ici une étude de législation comparée, nous nous bornerons à exposer les règles générales posées dans les autres pays sans même en ébaucher le commentaire.

La méthode que nous adopterons dans ces rapides observations est la suivante : nous commencerons par analyser les lois qui présentent le plus de ressemblances avec notre Code civil français, tel qu'il existait avant la réforme récente, réservant au contraire pour la fin de ce chapitre celles qui s'en écartent davantage.

Tout d'abord, il existe certaines législations dans lesquelles les droits successoraux des enfants naturels sont réglés d'une façon identique à celle adoptée par le Code civil français.

Belgique. — Il en est ainsi en Belgique où les prescriptions du Code Napoléon ont été respectées sur ce point comme sur la plupart des autres. Toutefois, il semble que ce soit un peu à regret, si l'on en croit M. Laurent, qui, en 1883, dans son avant-projet de Code civil, s'exprimait en ces termes : « Je « ne crains pas de me tromper en disant qu'en Bel« gique le sentiment public se prononce aujour« d'hui comme il s'est prononcé pendant des siècles « en faveur des enfants naturels, pour mieux dire, « en faveur du droit et du devoir, et que, d'accord « avec le cri de la conscience on rétablira tout au « moins la règle de nos coutumes. « Il n'y a de

« bâtards à l'égard de la mère et des parents mater-
« nels. [1][2] » — Dans cet avant-projet, M. Laurent proposait l'assimilation entre les enfants naturels reconnus et les enfants légitimes. C'est ce qui résulte de son article 790, lequel était ainsi conçu :
« Les enfants naturels dont la filiation est légalement
« établie ont les mêmes droits que les enfants légi-
« times dans la succession de leurs père et mère.
« Les descendants légitimes ou naturels de l'enfant
« jouissent des mêmes droits. »

A l'heure actuelle la réforme proposée par M. Laurent n'a reçu aucune sanction législative et les dispositions du Code civil restent appliquées en Belgique.

Italie. — Le droit civil italien n'est pas non plus sans présenter des analogies avec notre Code civil relativement aux droits de succession des enfants naturels.

Là aussi, les enfants naturels sont appelés tant à la succession paternelle qu'à la succession maternelle. Viennent-ils en concours avec des descendants légitimes ? Ils ont droit seulement à la moitié de la part qu'ils auraient eue, s'ils eussent été légitimes. Viennent-ils en concours avec des ascendants ou avec le conjoint survivant ? Ils succèdent dans les deux tiers de l'hérédité le reste étant dévolu aux ascendants ou au conjoint. Trouvent-ils vis-à-vis d'eux à la fois le conjoint survivant et des ascendants ? Un tiers sera distrait en faveur des ascen-

1. Voir *supra*, chap. 3.

2. Lire tout le passage de cet avant projet rapporté par H. Coulon : De la condition des enfants naturels reconnus dans la succession de leurs père et mère.

dants, un quart en faveur du conjoint et le reste de l'hérédité leur sera déféré. Mais différence notable avec notre droit français, tel que l'établissait le Code Napoléon, les enfants naturels excluent tous autres héritiers que les descendants, les ascendants et le conjoint.

Comme ils l'étaient chez nous avant la loi de 1896, les enfants naturels sont tenus d'imputer sur leur part successorale toutes les libéralités qui leur ont été faites, et ils ne peuvent rien recevoir par testament au delà de cette part. Enfin, ils ont droit à une réserve dont la quotité varie selon la qualité des héritiers avec lesquels ils concourent.

ESPAGNE. — La législation espagnole a été complètement modifiée en 1889.

Avant cette époque, les dispositions concernant les droits de succession des enfants naturels différaient totalement du système français.

D'abord, il fallait distinguer entre la succession du père et celle de la mère.

L'enfant naturel ne pouvait venir à la succession ab intestat de son père que lorsque celui-ci ne laissait pas de descendants légitimes, auquel cas il recueillait, de concert avec la mère[1] un sixième de l'hérédité. Il ne pouvait alors recueillir plus d'un douzième en vertu d'un testament. Si le défunt ne laissait ni descendants, ni ascendants, ni collatéraux au quatrième degré, depuis une loi de 1835, l'enfant naturel était appelé à recueillir la totalité des biens paternels, à moins que le père n'en eut autrement disposé ; car le bâtard n'avait droit à aucune réserve.

1. Souvenir du droit romain.

En revanche, le père pouvait le gratifier en toute liberté.

En ce qui concerne la succession maternelle, l'enfant naturel qui se trouvait en présence d'enfants légitimes n'avait aucun droit; il pouvait seulement recevoir de sa mère par testament un cinquième de ce qu'elle possédait, et cela à titre d'aliments. Si, au contraire, l'enfant naturel n'était pas en concours avec des enfants légitimes, il avait la qualité d'héritier réservataire et pouvait recevoir la totalité de la succession.

On conçoit aisément qu'une pareille législation n'eût point trouvé place dans notre étude au milieu de celles qui se rapprochent le plus du Code Napoléon. Mais le nouveau Code espagnol promulgué en 1889 s'est au contraire largement inspiré du Code français de 1804, et abandonnant les règles antérieures suivant lesquelles la condition successorale de l'enfant naturel était différente par rapport à l'un et à l'autre de ses auteurs, il a adopté ce principe contenu dans la Base XVIII : « On supprimera la « différence que notre législation établit quant aux « enfants naturels entre le père et la mère, et on « leur donnera un droit égal à la succession ab « intestat de l'un et de l'autre. »

Depuis 1889, lorsque l'enfant naturel se trouve en concours avec des descendants légitimes de ses pére et mère, il a droit à la moitié de la quotité revenant à chacun des enfants légitimes n'ayant pas de préciput, et cette moitié se prendra toujours sur le tiers de libre disposition [1]. D'ailleurs les enfants légiti-

1. Art. 840 du Code de 1889. — Lorsqu'il existe des enfants légitimes du défunt, l'avoir héréditaire se divise en trois parties égales ; l'une constitue la réserve des enfants légitimes,

mes peuvent fournir cette part aux enfants naturels en argent ou en d'autres biens après une juste estimation[1].

Les enfants naturels viennent ils en concours avec des ascendants légitimes? Ils ont alors droit à la moitié de la quotité disponible, laquelle est dans ce cas égale à la moitié de la succession, l'autre moitié constituant la réserve des ascendants[2]. La part des enfants naturels, quel que soit leur nombre, est donc invariablement fixée au quart de la succession[3].

Mais, en présence de collatéraux, l'enfant naturel les exclut complètement et recueille la totalité de la succession.

Dans tous les cas, l'enfant naturel a droit à une réserve. Cette réserve est égale à sa part dans la succession *ab intestat* lorsqu'il se trouve en présence de descendants ou d'ascendants légitimes; — elle est du tiers de la succession dans toutes les autres hypothèses.

Enfin, les enfants naturels ne sont frappés vis à vis de leurs père et mère d'aucune incapacité spéciale de recevoir des libéralités.

GUATEMALA. — La législation de la République de Guatémala est en tous points semblable à celle de l'Espagne, sur ce sujet.

la seconde la quotité disponible proprement dite dont le défunt a la libre disposition ; la troisième part forme une quotité dont le père ne peut disposer à son gré que pour avantager l'un ou l'autre de ses enfants légitimes. *Cf. Parigot, op. cit.*, p. 155.

1. Art. 809.
2. Art. 841 et art. 942.
3. Art. 939.

Honduras. — Bolivie. — Uruguay. — Brésil. — Pérou. — Des dispositions identiques à celles de notre Code Civil, se retrouvent encore dans les législations de plusieurs états de l'Amérique du Sud, qui diffèrent seulement entre elles par quelques particularités. On peut citer, par exemple, le Honduras, la Bolivie, l'Uruguay, le Brésil, le Pérou.

En Bolivie et au Brésil, l'enfant naturel possède en outre de son droit dans les successions paternelle et maternelle, un droit dans la succession de ses grands parents, mais seulement à défaut d'enfants légitimes.

Au Pérou, l'enfant naturel vient en concours avec le conjoint survivant. Il en est de même au Brésil.

Chili. — Au Chili, la quotité dévolue à l'enfant naturel dans la succession de ses auteurs est bien la même que celle déterminée par le Code Napoléon; pareillement, ils sont écartés par les enfants légitimes et aussi par les ascendants, les frères et les sœurs. Mais, première différence, ils excluent tous autres parents et viennent en concours pour moitié avec le conjoint survivant. En outre, seconde différence, à en croire tout au moins la jurisprudence française, la reconnaissance volontaire seule donne des droits de succession, la reconnaissance judiciaire pouvant seulement faire naître une obligation alimentaire. Enfin, la différence la plus notable entre les deux législations, consiste en ce que, au Chili, la qualité du droit successoral est la même pour l'enfant naturel et pour l'enfant légitime.

Costa-Rica. — Les mêmes règles sont appliquées dans la République de Costa-Rica, à cela près que l'enfant naturel y exclut tous les parents autres que l'enfant légitime, et qu'il a dans tous les cas un droit sur l'héritage de ses grands parents.

HOLLANDE. — La modification apportée par le Code Chilien à la qualité des droits de succession de l'enfant naturel, nous amène à examiner la législation de la Hollande.

Introduit dans les Pays-Bas en 1811, le Code Napoléon y est resté en vigueur jusqu'en 1838, époque à laquelle fut promulguée la législation néerlandaise actuelle. On comprend donc aisément que la condition successorale des enfants naturels se rapproche en beaucoup de points de leur condidion successorale dans le droit français. Quelques modifications importantes ont cependant été apportées à l'ancien texte du Code français.

D'abord, l'enfant naturel est héritier ; le seul successeur irrégulier prévu par le Code hollandais étant l'Etat ; par suite, il bénéficie de tous les avantages de la qualité d'héritier. D'autre part, l'art. 761 du Code Napoléon a été supprimé, et l'enfant naturel ne peut plus être écarté du partage de la succession. En outre, il résulte de l'article 955 du Code de 1838 que l'enfant naturel peut être gratifié par acte entre vifs dans la mesure de la quotité disponible. Enfin, la réserve de l'enfant est invariablement fixée à la moitié de sa part *ab intestat*[1].

HAÏTI. — Dans la République d'Haïti, comme dans toutes les nations précédentes, les enfants na-

1. Art. 955. Les enfants naturels ne pourront rien recevoir par donation testamentaire du père ou de la mère au delà de ce qui leur est accordé au titre des successions.

turels n'héritent jamais de leur père ou mère ou de leurs ascendants naturels, que s'ils ont été légalement reconnus. Ils n'héritent jamais des ascendants légitimes de leur père ou mère[1]. Des liens de parenté naturelle existent donc à côté de la parenté légitime, ce qui est à remarquer. — S'il y a concours entre des descendants légitimes et des descendants naturels, la part de ces derniers sera égale au tiers de celle des enfants légitimes[2]. A défaut de descendants légitimes, la totalité de la succession appartient aux enfants naturels.

Portugal. — Il en est de même en Portugal. Aux termes de l'art. 1990, au cas où les père et mère ne laissent pas de descendants légitimes, l'enfant naturel reconnu succède à la totalité de leurs biens et exclut par conséquent aussi bien les ascendants que les collatéraux.

Prenons maintenant l'hypothèse où les auteurs de l'enfant naturel laissent en même temps que lui des enfants légitimes. Il faut alors distinguer[3].

L'enfant naturel était-il reconnu à l'époque où le *de cujus* a contracté le mariage dont sont nés les enfants légitimes? Sa part sera égale aux deux tiers de celle qu'il aurait eue s'il eût été légitime.

L'enfant naturel a-t-il été reconnu depuis le mariage? Sa part ne sera plus que des deux tiers de celle qu'il aurait eue s'il eût été reconnu avant le mariage.

Enfin, l'enfant naturel est toujours apte à recevoir tout ou partie de la quotité disponible par donation ou par testament.

1. Art. 606 du Code d'Haïti.
2. Art. 608 du même Code.
3. Art. 1785 et art. 1991.

Canton de Genève. — Jusqu'en 1874, les prescriptions du Code Napoléon avaient été respectées dans le canton de Genève. Mais à cette époque de profondes modifications y ont été apportées, notamment au point de vue qui nous occupe.

C'est ainsi que la loi de 1874 a supprimé toute distinction successorale entre les enfants naturels simples et les enfants adultérins ou incestueux. En outre, cette loi a fait de tous les enfants illégitimes de véritables héritiers : à Genève, comme en Hollande, il n'y a plus qu'un seul successeur irrégulier: l'Etat. D'autre part, la même loi a élevé à la moitié et aux trois quarts la quotité revenant à l'enfant naturel dans la succession de ses père et mère, quand il se trouve en concours avec des descendants ou des ascendants légitimes du *de cujus* ; elle leur attribue la totalité de la dite succession lorsque le *de cujus* ne laisse que des collatéraux, fussent-ils des frères ou des sœurs ; enfin, elle a supprimé l'incapacité de recevoir qui frappait l'enfant naturel vis-à-vis de ses auteurs.

Canton du Valais. — D'après les dispositions de la loi successorale du Valais, comme d'après le Code français, l'enfant naturel est un successeur irrégulier. Mais, au lieu de déterminer la quotité du droit que lui confère cette qualité d'après la proximité de degré des héritiers avec lesquels il se trouve en concours, le Code Valaisien fixe invariablement cette quotité au tiers de la part qu'aurait eue cet enfant s'il eût été légitime. Toutefois, à défaut de parents au degré successible, c'est-à-dire au huitième degré, dans l'une des deux lignes, paternelle ou maternelle, l'enfant naturel recueille en entier la moitié afférente à cette ligne; par conséquent, à défaut de parents dans les deux lignes il reçoit la totalité de la succession. La réserve de l'enfant naturel est invariablement fixée aux deux neuvièmes de la succession. En outre, il peut toujours être avantagé par donation entre vifs dans la mesure de la quotité disponible. Par testament, il ne peut rien recevoir s'il concourt avec des descendants légitimes, mais s'il ne trouve vis à vis de lui que des ascendants, il pourra recueillir de cette façon la moitié de cette quotité disponible, et les trois quarts en présence de collatéraux.

Etats-Unis de la Louisiane. — Dans l'Etat de la Louisiane, les enfants naturels sont appelés à la succession de leurs père et mère, mais seulement à défaut de leurs parents légitimes. S'il existe des parents légitimes, ils ont seulement droit à des aliments.

Jusqu'ici, dans toutes les législations que nous avons analysées, nous avons toujours remarqué, comme dans notre Code civil, une vocation semblable des enfants naturels au regard de la succession paternelle et de la succession maternelle.

Avec le Code danois, nous abordons un nouveau groupe de législations, sans cependant perdre complètement de vue celles qui précèdent. Là, encore, l'enfant naturel possède des droits de succession vis-à-vis de ses deux auteurs; mais, déjà, ses droits ne sont plus identiques par rapport à l'un et à l'autre. C'est un acheminement vers le second système général ; celui qui, appelant les enfants naturels à la succession de leur mère, les écarte de l'hérédité paternelle.

DANEMARK. — La condition successorale des enfants naturels est réglée, au Danemark, de la façon suivante :

Si, en reconnaissant son enfant naturel, le père a déterminé la part qu'il devra prendre dans sa succession, celui-ci devra se contenter de cette part, qui ne pourra jamais excéder la moitié d'une portion d'enfant légitime. Si le père n'a point réglé sa situation, l'enfant naturel hérite de la moitié de la part que recueille chaque enfant légitime et, à défaut d'enfants légitimes, il prend la totalité[1].

En outre, le père étant tenu de contribuer à l'entretien de l'enfant naturel jusqu'à sa quatorzième année, et même jusqu'à sa dix-huitième année, si cela est nécessaire, au cas où le père viendrait à mourir avant que l'enfant ait atteint cet âge, la succession sera redevable de la somme nécessaire pour faire face à cette obligation[2].

Quant à la succession maternelle, elle est partagée avec égalité entre tous les enfants légitimes et naturels.

Enfin, la filiation naturelle crée des liens de parenté et, par suite, des droits de succession entre l'enfant naturel et les parents de ses auteurs.

NORVÈGE. — La législation norvégienne se rapproche beaucoup de la législation danoise sur le point qui nous occupe.

Les enfants naturels héritent de plein droit de leur mère[3].

1. Ordonnance du 14 octobre 1763. — Proclamation du 6 décembre 1839.

2. Loi de 1888.

3. Code Norvégien, art. 125.

Le père peut réduire les droits de ses enfants naturels à une portion quelconque de ses biens par une déclaration expresse dans l'acte de reconnaissance. S'il ne l'a pas fait, les enfants naturels recueillent la moitié de la portion héréditaire des enfants légitimes, s'il en existe, — la totalité de la succession, au cas contraire[1].

Les enfants naturels reconnus succèdent aussi aux parents paternels de leur père[2].

Nous avons maintenant complètement épuisé l'énumération des législations qui reconnaissent l'existence de liens successoraux entre les enfants naturels, d'une part, et leur père et leur mère, d'autre part. Le système germanique dont nous trouverons l'application dans les paragraphes qui suivent, est basé sur un principe bien différent. Uni à la mère par un fait indéniable, l'accouchement, l'enfant naturel n'est uni à son père par aucun lien légal et la reconnaissance volontaire ou forcée de son père ne saurait lui créer des droits.

ALLEMAGNE. — En Allemagne, en effet, c'est un principe presque universellement admis dans les divers Etats que l'enfant naturel suit la condition de sa mère, et qu'il a, vis-à-vis de sa mère et de la famille de celle-ci, les mêmes droits qu'un enfant légitime. Il n'y est guère de législations, au contraire, qui lui accordent un droit sur la succession paternelle.

Succession maternelle. — En général, les enfants naturels ont, dans la succession de leur mère, les

4. Code Norvégien, art. 126.
5. Code Norvégien, art. 130.

mêmes droits que les enfants légitimes et cela, que la mère laisse ou non un ou plusieurs de ces derniers. Cependant, il en est autrement à Rostock et dans certaines cités poméraniennes où aucun droit de succession ne leur est accordé. Le Code bavarois, les lois de Lubek, leur concèdent seulement des aliments lorsqu'il existe des enfants légitimes, mais les appelle à la totalité de la succession dans le cas contraire. Quelques législations enfin, les admettant à la succession au même titre que les enfants légitimes, les écartent néanmoins du partage de tous les biens qui, dans la fortune de la mère, proviennent du mari. Mais ce sont là des exceptions. Le principe germanique, c'est l'assimilation de tous les enfants au regard de la mère.

La plupart des législations allemandes donnent aussi aux enfants naturels des droits de succession sur les biens des parents de leur mère ; certaines ne leur accordent ces droits que sur la succession de leurs ascendants maternels[1], d'autres la leur accordent même dans la succession de leurs collatéraux[2].

Toutefois, en Prusse, les enfants naturels succèdent seulement à leur mère.

Succession paternelle. — En principe, l'enfant naturel n'hérite pas de son père, fût-il connu. Les pays où le bâtard possède des droits successoraux au regard de son père, sont très peu nombreux en Allemagne. Dans le Wurtemberg, lorsqu'il n'existe ni conjoint, ni enfants légitimes, les enfants naturels ont droit conjointement avec leur mère à un

1. Wurtemberg.
2. Saxe-Weimar.

sixième de la succession. C'est là sans doute un souvenir du droit romain. En Prusse et en Saxe-Weimar, ils recueillent un sixième de la succession s'il n'y a pas de descendants légitimes et si le père n'en a pas disposé autrement, car la loi ne leur accorde aucune réserve. — Mais, d'une façon générale, le père doit toujours à l'enfant une pension alimentaire.

REMARQUE. — Il existe en Allemagne une catégorie d'enfants qui, bien que nés hors mariage, jouissent d'une situation privilégiée. Ce sont les *Brautkinder*, ou enfants de fiancés.

Les fiançailles ont toujours joué dans les pays germaniques un rôle capital ; elles créent entre ceux qui les contractent un lien si puissant, qu'elles confèrent aux enfants qui viendraient à naître de relations consenties sous leur foi, une sorte de légitimité, pour le cas où le mariage deviendrait impossible soit par la mort de l'un des fiancés, soit par le refus de l'un d'eux de procéder à ce mariage.

En principe, ces enfants sont assimilés aux enfants légitimes en ce qui concerne les droits successoraux. Néanmoins, dans certains pays, on ne leur accorde sur la succession qu'une quotité inférieure à celle qu'ils auraient eue s'ils eussent été légitimes ; dans d'autres, ils sont exclus de la succession de leur père, mais viennent à la succession de leur mère. En Prusse, enfin, le privilège des *Brautkinder* a disparu.

Telle est, dans ses principaux traits, la situation juridique des enfants naturels au point de vue successoral, dans l'empire allemand.

Tels sont aussi les traits essentiels du projet de code civil allemand relativement à cette matière.

Projet de code civil allemand. — D'après ce projet, il existerait de plein droit des liens de parenté entre la mère et l'enfant naturel par le fait même de la naissance. Au contraire, il n'y aurait aucun lien de parenté entre l'enfant illégitime et son père.

De là, il résulte que l'enfant naturel recueillerait dans la succession maternelle une part égale à celle de l'enfant légitime, tandis qu'il aurait seulement droit à des aliments au regard du père et de la succession paternelle.

Suisse allemande. — Evidemment, nous ne pouvons, dans cette étude sommaire, passer en revue, les législations des dix-neuf cantons qui forment la Suisse Allemande. De l'avis général, il en est seulement trois, celles des cantons de Zurich, de Glaris, et des Grisons dont l'examen présente quelqu'intérêt. Dans le canton de Zurich, l'enfant naturel occupe vis-à-vis de sa mère et de sa famille maternelle la même situation qu'un enfant légitime.

Dans celui des Grisons, l'enfant naturel reste étranger par rapport aux parents de sa mère, mais à l'égard de celle-ci, il est complétement assimilé à un enfant légitime et possède identiquement les mêmes droits.

Dans l'un et dans l'autre de ces cantons la paternité naturelle, même légalement constatée, ne crée aucun lien héréditaire. Cependant, dans le canton de Zurich, les enfants de fiancés sont assimilés aux enfants légitimes, tant au regard du père qu'au regard de la mère.

Dans le canton de Glaris, l'enfant né hors mariage a, vis-à-vis de sa mère et de ses ascendants maternels, les mêmes droits qu'un enfant légitime ; mais,

8

aucun lien successoral n'existe entre lui et les autres parents de sa mère[1].

En ce qui concerne le père, les dispositions du code de ce canton s'écartent du système germanique, et si nous n'avions pas craint de trop scinder l'examen des lois helvétiques, nous n'eussions point placé ici l'analyse de cette législation. L'enfant naturel a, en effet, dans ce canton, des droits fort importants dans la succession de son père. En présence d'enfants légitimes il a droit aux trois quarts de ce qu'il aurait eu s'il eût été légitime ; à leur défaut toute l'hérédité paternelle lui est dévolue à l'exclusion de tous ascendants et collatéraux.

Enfin l'enfant naturel peut-être avantagé par son père dans la mesure de la quotité disponible[2] ; une réserve fixée aux trois quarts lui est assurée par la loi.

Bien plus, entre l'enfant naturel et ses ascendants paternels, existent les mêmes droits qu'entre l'enfant et le père lui-même[3] ; quant aux enfants nés de fiançailles régulières, ils sont à tous égards assimilés aux enfants légitimes, lorsque la paternité du fiancé est reconnue ou établie[4].

Autriche. — En Autriche comme en Allemagne, les droits de succession de l'enfant dans l'hérédité maternelle sont les mêmes, que l'enfant soit légitime ou bien qu'il soit naturel[5] En principe, aucun bien

1. Art. 300, *in fine*.
2. Art. 334.
3. Art. 300, du Code de Glaris.
4. Art. 90, du Code de Glaris.
5. Art. 754 du Code autrichien.

légal ne relie l'enfant naturel à son père, et par suite il n'existe entre eux aucun droit successoral [1].

ROUMANIE. — En Roumanie, l'enfant naturel hérite non seulement de sa mère, mais encore de ses parents maternels. Il n'a aucun droit dans la succersion de son père.

Ici s'arrête l'énumération des législations qui établissent un droit de succession au profit de l'enfant naturel.

La loi anglaise nous présente en effet un nouveau système, également adopté en Russie et en Suède : celui de l'exclusion complète des enfants naturels de la succession de l'un et de l'autre de leurs auteurs.

ANGLETERRE. — La législation anglaise concernant les enfants naturels n'exige donc pas une longue analyse. Elle limite les droits des enfants naturels simples à une pension alimentaire. Et c'est là tout.

Mais il faut ajouter que les enfants naturels peuvent recevoir de leurs parents comme de toutes autres personnes ce qu'il plaît à ceux-ci de leur donner, soit par acte entre vifs, soit par testament.

Quant aux enfants adultérins et incestueux, la loi anglaise ne veut point les connaître ; à ses yeux ils n'existent point.

SUÈDE. — Les enfants naturels n'ont, en Suède, aucun droit de succession sur les biens de leurs auteurs ou des parents de ceux ci. La règle est donc l'exclusion complète.

1. Art. 754 du Code Autrichien.

Il est toutefois à noter que l'enfant né d'une femme violée lui succède comme s'il était enfant légitime.

RUSSIE. — Le code civil russe ne reconnaît aucun droit de succession aux enfants naturels. Toutefois, d'après M. Henri Coulon, cette disposition rigoureuse serait restée à peu près à l'état de lettre morte, tout au moins pour les classes inférieures de la société. « Dans les petites communautés de laboureurs où les droits de copropriété sont proportionnels aux services rendus, l'enfant naturel qui est resté dans la maison de son père et qui y a travaillé comme un membre actif et utile de la famille, prend sa part virile à l'heure de la liquidation tout comme s'il était issu d'un mariage régulier, tandis que le fils légitime qui aura quitté le pays ou la fille légitime qui sera mariée au dehors sera privé de tout droit successif. » La loi écrite ne régit donc qu'une infime exception ; dans la règle, les relations entre les enfants naturels et les auteurs de leurs jours sont déterminées par des usages beaucoup plus indulgents et plus équitables. Il ne faut pas oublier d'ailleurs que le code ne défend pas d'instituer un fils naturel légataire des biens dont on a le droit de disposer par testament, et qu'en abandonnant aux intéressés le soin de régler eux-mêmes ces délicates questions de succession, il n'a peut être pas choisi la plus mauvaise solution [1].

1. Henri Coulon : *op. cit.*. p. 432. — En Pologne les règles du Code Napoléon sur les successions sont restées en vigueur. Dans les provinces baltiques on applique les règles Germaniques.

CONCLUSION

D'une façon manifeste, le Code civil français était en retard sur cette question. Dans aucune nation, la condition de l'enfant naturel n'était pire que chez nous.

Les peuples, qui, jadis, nous avaient emprunté nos dispositions sur ce sujet, les avaient depuis modifiées dans un esprit favorable aux enfants naturels ; — les unes avaient rapproché l'enfant naturel de son auteur dans l'ordre des vocations laissant loin derrière lui tous les petits-cousins ; d'autres, sans hésiter, avaient concédé aux bâtards la qualité d'héritier que l'article 756 leur refusait ; — d'autres, enfin, avaient logiquement supprimé cette prohibition de libéralités écrite dans l'article 908 et qui avait pour résultat inique de défendre à un père de gratifier son enfant des biens dont il pouvait librement disposer en faveur d'un étranger.

Dans les autres pays, dans ceux-là même où ils étaient exclus de toute succession, les enfants naturels n'étaient frappés d'aucune incapacité de recevoir ; ce qui fait qu'en réalité la condition de l'enfant naturel anglais, par exemple, était meilleure que celle du bâtard en France.

Enfin, une aspiration vers l'assimilation des enfants naturels aux enfants légitimes semblait animer les législations les plus récentes; les unes acceptaient seulement l'assimilation au regard de la mère; les autres l'édictaient uniquement pour la succession testamentaire; aucune, à la vérité, n'allait jusqu'à l'assimilation complète. Mais, même ainsi restreinte, cette tendance constituait un progrès et la France devait être jalouse de le voir accompli ailleurs avant qu'elle l'eût elle même réalisé.

Comme les autres nations, plus que les autres nations, car, de toutes, elle est la plus généreuse, la France devait céder sous le souffle de ces idées de justice, d'égalité, de fraternité. Elle ne devait point laisser plus longtemps dans une misère imméritée une partie, toujours croissante, hélas! de ses enfants. Il se trouva au Parlement des hommes qui pensèrent que c'était une erreur de considérer les enfants naturels comme des coupables méritant un châtiment, mais qu'il fallait plutôt voir en eux des misérables dignes de sollicitude. Ils osèrent dire ce que tout le monde pensait et grâce à eux nous possédons, à l'heure actuelle, la loi du 25 mars 1896.

FIN DE LA PREMIÈRE PARTIE.

DEUXIÈME PARTIE

DES DROITS SUCCESSORAUX DES ENFANTS NATURELS

D'APRÈS LA LOI DU 25 MARS 1896

DEUXIÈME PARTIE

DES DROITS SUCCESSORAUX DES ENFANTS NATURELS

D'APRÈS LA LOI DU 25 MARS 1896

SECTION PREMIÈRE

CONFECTION DE LA LOI ET SON ESPRIT GÉNÉRAL

CHAPITRE I

Travaux préparatoires à la loi du 25 mars 1896

BIBLIOGRAPHIE. — Journal Officiel de la République française. — Ch. des Députés. — Proposition de MM. Julien, Rivet, Letellier, le 22 octobre 1888. — *J. Off. du* 5 *avril 1889* — *Annexes, p.* 554, *n°* 3081. — Rapport sommaire de M. Letellier, 6 juin 1889. — *J. Off. du* 3 *septembre* 1889, — *Annexes, p.* 1184, *n°* 3783. — Proposition de M. Letellier, le 18 mars 1890. – *J. Off. du 5 mai* 1890. — *Annexes, p.* 506, *n°* 459. — Rapport sommaire de M. Letellier, le 24 juillet 1890, — *J. Off. du 4 novembre* 1890, *annexes. p.* 1630. *n°* 866. Prise en considération le 3 février 1891. — Rapport de M. Julien, le 16 novembre 1891. — *J. Off. du* 10 *février* 1892, *annexes, p.* 2773, *n°* 1733. 1re délibération, 10 mai 1893, 2e délibération, 21 juillet 1893. — *J. Off. des* 11 *mai et* 22 *juillet* 1893 ; Débats parlementaires, p. 1397, p. 2261. — *Sénat* : Transmission le 21 juillet 1893. — *J. Off. du* 31 *décembre* 1893, *annexes, p.* 700, *n°* 326. Nouvelle transmission le 17 janvier 1894.— *J. Off. du* 21 *mars* 1894, *annexes, p.* 3, *n°* 6. — Proposition de M. Demôle, le 19 février 1894. — *J. Off. du* 18 *avril* 1894, *annexes, p.* 64, *n°* 20. — Rapport de M. Dauphin, le 24 janvier 1895. — *J. Off. du* 27 *avril* 1895, *annexes, p.* 3, *n°* 8. 1re délibération les 18, 19, 21, 22, 25 mars 1895 ; 2e délibération les 21, 27 juin 1895. — *J. Off. — Sénat*, 1895, *p.* 195 *à* 239 *et* 654 *à* 683. — *Ch. des Députés* : Retour le 6 juillet 1895. — *J. Off. du* 9 *novembre* 1895, *annexes, p.* 839, *n°* 1457. — Rapport de M. Julien, le 23 janvier 1896. — *J. Off. du* 18 *février* 1896, *annexes, p.* 25, *n°* 1750 ; 1re délibération le 5 mars 1896 ; 2e délibération et adoption le 21 mars 1896. — *J. Off. — Ch. des Députés*, 1896, *Débats parlementaires, p.* 384, *p.* 571. — Promulgation : *J. Off. du* 28 *mars* 1896, *p.* 1733.

« Il n'était pas possible, en ce temps où s'agitent « et nous pressent de toutes parts les questions « sociales réclamant impérieusement une solution, « que ne se dressât pas devant le Parlement celle « des enfants naturels.

« Agitée sans cesse par les juristes et les philoso- « phes, préoccupation constante de l'opinion publi- « que, elle a fait son chemin dans le domaine de la « théorie, mais sans avancer d'un pas dans la prati- « que. Trop lourd, sans doute, était le poids des

« préjugés à soulever, trop considérable l'entasse-
« ment des traditions accumulées, car, même, à
« l'heure actuelle, c'est sous une forme toute res-
« treinte et modeste que se présente, presque timide,
« la réforme dont nos honorables collègues se sont
« décidés à vous saisir[1] ».

Telles étaient les premières lignes d'un rapport de M. Jullien à la fin de l'année 1891, et telle était bien alors l'état de la question qui nous occupe.

Une réforme complète des droits successoraux des enfants naturels était devenue nécessaire. Les juristes, nous l'avons vu, s'accordaient pour reconnaître qu'il existait sur ce point des lacunes et des obscurités qu'il était urgent de combler et d'éclaircir[2]. La jurisprudence hésitait en beaucoup de cas. L'opinion publique, enfin, se manifestant par les gazettes, par les revues, par les romans, par les pièces de théâtre, réclamait une réforme des principes rigoureux du code. « L'esclave a conquis la liberté ; est-ce que le bâtard ne finira pas par la conquérir? » disait Emile de Girardin[3]. Qu'on lise la préface de *Monsieur Alphonse*, de Dumas fils, qu'on lise encore le *Fils naturel*, les *Femmes qui tuent*, du même auteur, et s'il est vrai que le théâtre d'une époque en reflète exactement les sentiments, l'on comprendra alors combien était désirée la réforme qui allait s'accomplir.

En outre, l'expérience avait démontré que les rédacteurs du code s'étaient étrangement trompés

1. *Journal Officiel — Chambre des Députés*. 1891, — *annexe* n° 1733.
2. V. Préliminaires, § 1.
3. Emile de Girardin : *Questions philosophiques*.

en croyant, par un excès de sévérité vis-à-vis les bâtards, détourner les français des unions irrégulières. Le nombre des naissances illégitimes, loin de décroître comme l'avaient espéré les juristes de 1804, avait sans cesse augmenté au cours du siècle, ce qui démontrait qu' « en cherchant à punir les enfants de la faute de leurs parents, on n'avait pas fait une œuvre utile, mais on avait commis une injustice[1]. »

Dans les années qui ont précédé la promulgation de la loi nouvelle, plusieurs propositions furent faites au parlement français en vue d'améliorer la condition successorale des enfants naturels.

Dès le 28 octobre 1888, trois députés, MM. Letellier, Rivet et Jullien déposaient sur le bureau de la Chambre un projet tendant à modifier cette condition. Mais, atteint par la caducité parlementaire qui se produit à chaque changement de législature, ce projet ne fut repris qu'au cours de l'année 1890. Il contenait un ensemble de textes qui, de l'avis de M. Jullien lui-même, auraient pu se résumer dans un article unique, lequel eût été conçu de la façon suivante : « Les enfants naturels légalement recon-
« nus héritent de leur père et mère ou de l'un d'eux
« seulement si l'autre ne les a pas reconnus, de
« la même manière que les enfants légitimes, et
« toutes les dispositions édictées en faveur de ceux-
« ci aux titres des successions, des donations, et
« des testaments leur sont applicables[2] ». C'était

1. Exposé des motifs de MM. Jullien, Letellier et Rivet. (*Journal Officiel* du 5 août 1889, annexes, p. 554, n° 3081).

2. 2e Rapport de M. Jullien : *Journal Officiel*, 1896. — *Annexes*, p. 25, n° 1750.

l'égalité rétablie entre les enfants légitimes et ceux des enfants naturels pour lesquels les parents ont manifesté par une reconnaissance l'intention de réparer l'irrégularité de leur origine, sans toutefois étendre les droits successifs de ceux-ci à l'hérédité des parents des père et mère. — C'était encore supprimer au profit de l'enfant naturel toute incapacité spéciale de recevoir par acte entre vifs ou par testament.

Ce projet fut pris en considération par la Chambre le 3 février 1891, et une commission spéciale fut chargée de son examen.

La majorité de cette commission jugea excessive la réforme proposée, et, tout en reconnaissant que beaucoup d'améliorations devaient être apportées à la condition successorale des enfants naturels, elle ne voulut point aller jusqu'à l'assimilation de ceux-ci à leurs frères légitimes. Elle rédigea un texte de transaction.

D'après le projet de la commission, l'enfant naturel reconnu, jusqu'alors simple successeur irrégulier, devenait héritier du défunt. Il avait droit, lorsqu'il se trouvait en concours avec des descendants légitimes, à la moitié de la part héréditaire qu'il aurait eue dans la succession de ses père et mère s'il eût été légitime. Quand il se trouvait en concours avec des ascendants, il prenait la moitié de la succession en pleine propriété, et l'autre moitié en nue propriété, l'usufruit de cette seconde moitié étant attribué aux ascendants à titre de réserve héréditaire et devant à leur mort se joindre à la nue propriété entre les mains des enfants naturels. L'enfant naturel excluait complètement les autres parents, même les frères et sœurs. Un droit de réserve lui était formellement concédé.

Au point de vue des libéralités l'enfant naturel ne pouvait rien recevoir par donation entre vifs, au delà de ce qui lui était accordé par la loi. Mais il pouvait recueillir par testament les biens qu'il plaisait à son père ou à sa mère de lui léguer, pourvu que cette libéralité ne dépassât point une part d'enfant légitime, le moins prenant. L'article 760 du Code Civil, obligeant l'enfant naturel à imputer sur sa part successorale, tout ce qu'il avait reçu du *de cujus*, était abrogé. Il en était de même de l'article 761, qui permettait au père ou à la mère de réduire, par des avantages entre vifs, la part successorale de l'enfant naturel à la moitié de ce qu'elle aurait dû être légalement.

Telle était la réforme que M. Jullien lui-même, accepta de proposer à la Chambre au nom de la Commission et qu'il défendit dans son rapport déposé à la séance du 16 Novembre 1891 [1].

Ce projet fut adopté par la Chambre sans discussion, sans scrutin [2], « comme un projet de loi d'intérêt local », dit plus tard M. Demôle, au Sénat [3]. Il fut immédiatement transmis au Sénat. Puis, la Chambre ayant été soumise à la réélection au mois d'Août suivant, une seconde transmission eût lieu le 17 Janvier 1894, sur la demande d'un grand nombre de membres de la nouvelle législature.

Quelques jours après, le 19 Février 1894, MM.

1. *Journal Officiel* : Documents parlementaires, 1891 — *Annexes*, n° 1733.

2. *Journal Officiel — Chambre des Députés.* — Séances du 10 mai et du 21 juillet 1893 ; p. 1397 et 2261.

3. *Journal Officiel — Sénat* — 1895, p. 197.

Démôle et Tolain, sénateurs, présentaient un contre-projet animé du même esprit de générosité que le projet primitif de MM. Letellier, Rivet et Jullien. Ces deux sénateurs prenaient pour base de leur réforme une définition nouvelle de la famille. « Suivant eux, la famille est un groupement de « personnes qui ont consenti à former une agglo- « mération avec des droits et des devoirs récipro- « ques. Le père ou la mère qui l'ont fondée, soit « par le mariage, soit par l'union libre, soit encore « en y plaçant des enfants naturels reconnus à côté « d'enfants légitimes, ont contracté vis à vis des uns « et des autres des devoirs égaux, comme ils ont « acquis par la reconnaissance la puissance pater- « nelle et notamment le droit de correction. Le « père ou la mère ne sauraient de leur vivant, sans « encourir le mépris public, faire de distinction « entre eux pour leur éducation, leur entretien, la « préparation de leur carrière et de leur dot; ils ne « pourraient non plus, au cas de succession *ab* « *intestat*, être réputés avoir voulu priver leurs « enfants naturels d'une partie de leurs droits héré- « ditaires, au profit d'ascendants que la loi exclut « en présence d'enfants légitimes; la mort ne doit « pas modifier une situation créée par une volonté « réfléchie, ni faire apparaître une différence in- « compatible avec l'idée de famille sainement « entendue[1]. » — Donc, eux aussi, voulaient l'assimilation des enfants naturels à leurs frères et sœurs légitimes; eux aussi accordaient aux bâtards la dévolution des biens de leur père et mère à l'exclusion

1. Rapport de M. Dauphin : *Journal Officiel, 1895. — Sénat* — Documents, p. 3.

de tous autres parents, fussent-ils des ascendants, ce qui explique l'article 3 de leur projet par lequel, avec autant d'humanité que de logique, ils obligeaient l'enfant naturel ayant hérité de ses père et mère à donner des aliments aux ascendants de ceux-ci.

Dans les derniers mois de l'année 1893[1], un autre projet avait été déposé à la Chambre par M. Naquet. Allant beaucoup plus loin que MM. Julien, Rivet et Letellier, d'une part, et MM. Demôle et Tolain, d'autre part, n'avaient osé le faire, M. Naquet donnait à l'enfant naturel l'entrée de plain pied dans la famille légitime en lui accordant des droits héréditaires identiques à ceux de l'enfant né de justes noces non seulement dans la succession du père et de la mère naturels, mais encore dans la succession de tous les parents de ces derniers, ascendants ou collatéraux, et cela avec une juste réciprocité. Ce projet demeura lettre morte.

Le projet voté par la Chambre et celui déposé par M. Demôle furent renvoyés par le Sénat à l'examen d'une commission dont M. Dauphin fut nommé rapporteur. Le 24 janvier 1895 il déposa son rapport dans lequel tous les éléments de la réforme définitive se trouvaient déjà réunis.

D'abord, il repoussait au nom de la commission les doctrines de MM. Demôle et Tolain. « La famille, « dit-il, n'est pas seulement un groupement qu'un « père et une mère composent à leur gré ; les lois, « la morale, les mœurs dans le monde entier ne « l'entendent pas ainsi. Dans le sens vrai et univer-

1. Exactement le 28 novembre : Voir *Journal Officiel* de ce jour.

« sellement accepté, c'est une institution sociale « qui procède du mariage ; elle lui est invincible- « ment attachée ; elle en assure le maintien et la « dignité, et ne se forme, n'existe, ne se perpétue « que par lui. Conclure des devoirs du père et de la « mère naturelle à l'obligation d'imposer avec égalité « parfaite leurs enfants illégitimes à ceux qui sont « nés ou naîtront de justes noces, c'est sacrifier un « intérêt supérieur et général à des situations parti- « culières et exceptionnelles[1] ». Ecartant donc ce projet-là, le rapporteur abordait la discussion du texte voté par la Chambre des députés.

Comme la commission de la Chambre, la commission du Sénat concédait volontiers à l'enfant naturel la qualité d'héritier de ses père et mère sans créer aucune parenté entre lui et les parents de ceux-ci. Elle fixait à la moitié de la part qu'il aurait eue s'il eût été légitime la quotité successorale recueillie par l'enfant naturel en concours avec des descendants légitimes. De même, elle abrogeait l'article 760 et l'article 761, et défendait aux parents de faire à leur bâtard, par donation entre vifs, des libéralités excédant sa part successorale, tout en leur permettant de lui léguer la quotité disponible, sans toutefois qu'il puisse recueillir, au cas de concours, avec des descendants légitimes, plus d'une part d'enfant le moins prenant. Enfin, le droit de réserve était établi par un texte précis.

Mais la commission du Sénat apporta aussi des modifications nombreuses au projet qu'elle était chargée d'étudier. — D'abord, sans discuter la

1. Rapport de M. Dauphin au Sénat : *Journal Officiel* 1895 ; documents, *Sénat* — p. 4.

quotité du droit elle repoussa le mode de calcul proposé par la Chambre et qui était le suivant : pour opérer le partage, il eût suffi de supposer le nombre des enfants légitimes double de ce qu'il eût été en réalité, puis d'y ajouter celui des enfants naturels et de faire autant de parts égales qu'il eût été censé exister d'enfants, chaque enfant naturel eût pris une part ; chaque enfant légitime en eût pris deux. La commission sénatoriale repoussa ce mode de calcul, en faisant observer qu'il était en contradiction manifeste avec le principe du nouvel article 757. La contradiction apparaît clairement, en effet, quand on prend pour exemple le cas le plus simple, celui où un seul enfant naturel et un seul enfant légitime viennent en concours. L'article 757, donnant à l'enfant naturel la moitié de ce qu'il aurait eu s'il eût été légitime, celui-ci devra recueillir le quart de la succession. Or, qu'on applique le système de la commission de la Chambre : en doublant le nombre des enfants légitimes ($1 \times 2 = 2$) et en y ajoutant le nombre des enfants légitimes ($2 + 1 = 3$), on arrivera à fixer au tiers de la succession la part de l'enfant naturel, ce qui est contraire au texte de la loi. La commission se référa expressément au mode de calcul admis par la jurisprudence et la pratique.

En outre, la commission de la Chambre avait proposé l'exclusion de tous les collatéraux par l'enfant naturel ; les sénateurs voulurent excepter de cette exclusion les collatéraux privilégiés et donner seulement à l'enfant naturel en concours avec eux les trois quarts de la succession.

D'autre part, au lieu de donner à l'enfant naturel en concours avec des ascendants la moitié de la succession en pleine propriété et l'autre moitié en nue-propriété, comme le proposait la Chambre, la commission sénatoriale fixa sa part, dans ce cas là, aux trois quarts en pleine propriété, et imagina un système nouveau qui aboutit à donner aux ascendants une réserve, non plus d'une moitié en usufruit, mais d'un huitième en pleine propriété.

De plus, cette commission décida que la réduction des avantages faits à l'enfant naturel au delà de sa part, ne devait être invocable que par les descendants du donateur, par ses ascendants, par ses frères et sœurs légitimes ou leurs descendants, en un mot, par ceux qui viendraient en concours avec l'enfant naturel.

Enfin, la réserve de l'enfant naturel, dont la commission du Sénat adoptait le principe, au lieu d'être fixée à la moitié de la réserve établie pour les enfants légitimes, devait être calculée en observant la même proportion qui existe, aux termes des articles 757, 759 et 760, entre la portion attribuée à l'enfant naturel dans le cas de succession *ab intestat* et celle qu'il aurait eue, dans le même cas, s'il eût été légitime.

Une dernière modification était apportée au projet de la commission de la Chambre, aux termes duquel la loi nouvelle devait être applicable, sans aucune exception, à toutes les successions devant s'ouvrir postérieurement à sa promulgation. La commission du Sénat adopta bien ce principe, mais avec un tempérament; elle voulut, en effet, interdire toute réclamation à l'enfant qui, avant la promulgation de la loi, aurait reçu du vivant de ses père et mère, par application de l'article 761, désormais abrogé, la moitié de sa part successorale avec déclaration de la réduire à cette part.

En résumé, bien que la Chambre ait déjà fait de larges restrictions au projet primitif, la commission du Sénat était d'avis qu'il fallait encore restreindre davantage la réforme proposée. La majorité du Sénat adopta cette opinion.

Ce fut à la séance du 18 Mars 1895 que l'ordre du jour appela « la première délibération sur : 1° la « proposition de loi adoptée par la Chambre des « députés ; 2° la proposition de MM. Demôle et « Tolain, — relatives aux droits des enfants natu- « rels dans la succession de leurs père et mère[1]. »

M. Demôle monta immédiatement à la tribune pour défendre d'une façon magistrale le projet qu'il avait présenté. Nous avons souvent fait allusion à son discours, et nous aurons encore à en citer de nombreux passages.

Après avoir résumé brièvement l'historique de la question et rappelé, en quelques mots, la situation faite par le Code civil aux enfants naturels, il proposa hardiment de revenir au système de la Convention nationale, à l'assimilation. Selon lui, aucune raison sérieuse, déterminante, ne sert d'étai au système adverse. Certes « organiser la famille « sur les bases du mariage lui-même, c'est très « bien ; mais, à côté de cette nécessité, il y en a « certainement une autre d'ordre supérieur : c'est « qu'il faut respecter les droits naturels, les droits « que le seul fait de la naissance d'un enfant con- « fère à cet enfant et les devoirs qu'il impose au

1. *Journal Officiel — Sénat* : Débats. 1895, p. 196.

« père[1]. » En refusant aux enfants naturels les droits de succession que leur confère la nature, on ne diminuera pas le nombre des unions libres et des naissances illégitimes. Puis, M. Demôle continuait, en opposant aux arguments contraires à sa thèse dans le rapport de la commission, les raisonnements les plus logiques, les idées les plus ingénieuses. Et il concluait en ces termes : « Réfléchissez-y bien, « cela en vaut la peine. Demandez vous si, en assi- « milant dans la succession du père et de la mère « l'enfant naturel à l'enfant légitime, vous ne faites « pas l'œuvre de justice et d'égalité la plus complète « qui se soit produite pendant ce siècle. »

M. Dauphin lui répondit en développant les arguments résumés dans son rapport. « Je crois, Mes- « sieurs, disait-il, qu'il faut faire beaucoup, mais « dans une juste mesure, et ne pas aller jusqu'aux « hardiesses auxquelles on veut nous entraîner[2]. »

Après lui, M. Trarieux, garde des sceaux, vint déclarer que le gouvernement ne pouvait, en aucune manière, accepter le contre-projet de MM. Demôle et Tolain, mais qu'il était de son devoir d'apporter sa collaboration à l'œuvre de la commission qui, « prise dans son ensemble, est de nature, disait-il, « à réaliser un de ces progrès prudents et efficaces, « qui, sachant concilier tous les intérêts, peuvent « être seuls des progrès durables[3]. »

On passa alors au vote, et le contre-projet fut rejeté sans scrutin.

1. *Journal Officiel — Sénat* : Débats, 1895. p. 199.
2. *Journal Officiel — Sénat* : Débats, 1895, p. 202.
3. *Journal Officiel — Sénat* : Débats, 1895, p. 203.

Le lendemain 19 Mars, commença la discussion du projet de la commission. Le Sénat admit sans difficultés le principe même de la réforme proposée et les textes nouveaux donnant à l'enfant naturel la qualité d'héritier, augmentant la quotité de ses droits, furent adoptés sans scrutin.

La question de savoir à quel rang les enfants naturels seraient appelés à recueillir la totalité de la succession fut, au contraire, vivement débattue. La commission, on s'en souvient, accordait un quart de la succession aux frères et sœurs légitimes et aux descendants de frères et sœurs se trouvant en présence d'un enfant naturel. Tout d'abord, M. Bernard, bien qu'admettant à la rigueur cette concession faite à la famille légitime relativement aux frères et sœurs la combattit vivement au contraire en ce qui concerne les descendants de frères ou de sœurs. Cette disposition, selon lui, marquerait un mouvement rétrograde au lieu du progrès recherché, la jurisprudence ayant maintes fois décidé que la représentation des frères et sœurs au bénéfice des neveux et nièces ne pouvait être admise sous l'empire de l'article 757 du code civil.

M. Demôle pensa qu'il fallait encore aller plus loin et soutenant avec force le texte de la Chambre des députés il proposa d'écarter complètement non seulement les descendants de frères ou sœurs légitimes, mais encore ces frères et sœurs eux-mêmes. « Je ne saurais trop m'élever, dit-il, contre cette « théorie d'après laquelle le père qui a reconnu un « enfant naturel et qui lui a donné le droit de porter « son nom..... serait censé avoir préféré ses colla- « téraux à cet enfant de sa chair et de son sang.....;

« car enfin, que ce soit un frère ou une sœur ce « n'en est pas moins un collatéral[1]. »

Cette fois M. le garde des sceaux accorda son appui à la thèse de M. Demôle, estimant que s'il fallait « faire la part aussi large que possible à la filiation légitime », il n'était pas « d'utilité sociale » de sacrifier l'enfant naturel en compétition avec des frères ou sœurs. M. Tillaye prit également la parole pour soutenir cette opinion, le père devant être présumé avoir préféré l'enfant qu'il a reconnu à ses frères et sœurs.

Malgré cette opposition le projet de la commission, vaillamment défendu par son rapporteur, fut adopté par le Sénat sans aucune modification.

Au cours du débat une autre discussion avait été soulevée par M. Demôle. La Chambre avait accordé aux ascendants en concours avec un enfant naturel un droit de simple usufruit sur la moitié de la succession. MM. Demôle et Trarieux appuyèrent cette proposition qui permettait de réunir entre les mains de l'enfant naturel, au décès de son grand père, la totalité de la succession paternelle, tout en protégeant les derniers jours de celui-ci contre la misère.

Mais, ne serait-il pas pénible de mettre l'ascendant en conflit avec l'enfant naturel de son fils pour régler les questions qui s'agitent nécessairement entre l'usufruitier et le nu-propriétaire ? D'un autre côté, une part en pleine propriété, fut-elle seulement d'un quart de la succession, n'est-elle pas plus avantageuse pour l'ascendant qui pourra la réaliser et s'assurer ainsi une heureuse vieillesse qu'une moitié en usufruit ? C'est ce qu'exposa M. Tillaye

1. *Journal Officiel — Sénat :* Débats, 1895, p. 208.

et ce que pensa avec lui la majorité du Sénat, qui, conformément aux conclusions du rapport de sa commission, concéda à l'ascendant un quart en pleine propriété.

Le bénéfice de la représentation fut accordé sans discussion aux descendants des enfants naturels en cas de prédécès de ces derniers.

Le règlement de la condition des enfants adultérins et incestueux ne souleva aucun débat. On fut d'accord pour leur reconnaître une créance d'aliments et rien de plus.

De même encore, la dévolution de la succession des enfants naturels — dont nous ne nous occuperons pas — ne motiva aucune observation.

Mais la discussion devait reprendre plus vive que jamais, à l'examen des textes concernant les libéralités permises en faveur des enfants naturels.

Trois systèmes se trouvèrent en présence.

D'après un premier système exposé par M. Grivart, qui représentait l'opinion des sénateurs les moins favorables à l'enfant naturel, il fallait s'en tenir aux dispositions de l'art. 908 du Code Civil, suivant lequel l'enfant naturel ne pouvait rien recevoir de ses père et mère, ni par legs, ni par donation, au delà de sa part légale dans la succession *ab intestat*. Après avoir repoussé l'assimilation proposée entre les enfants naturels et les enfants légitimes, il serait illogique de laisser aux père et mère la faculté de faire eux-mêmes cette assimilation. Or, ce résultat ne peut être évité si on laisse aux parents la liberté de gratifier leurs enfants naturels. Consentir à ce que les droits de l'enfant naturel ne soient pas immuablement fixés par la loi, ce serait « introduire le désordre dans la famille, aviver l'hostilité déjà latente entre les deux filiations. » De même que, dans un intérêt social, le Code a prohibé les substitutions, de même qu'il a interdit les donations en faveur de certaines personnes morales qui n'ont pas d'existence légale, sans qu'il soit permis de déroger à ces prohibitions, de même il ne doit pas être possible aux pères et mères de mépriser les limitations apportées aux droits des enfants naturels également au nom de l'intérêt public et social. Autoriser des dérogations à ces limitations, ce serait les rendre inefficaces ; il serait alors plus simple d'admettre l'assimilation légale.

Un tel système semblait avoir peu de chances de réunir la majorité des suffrages de nos sénateurs, qui, pour la plupart, semblaient animés d'une grande bienveillance à l'égard des enfants naturels et d'un vif désir d'améliorer la condition rigoureuse que le Code Civil leur avait faite. D'autre part il eût peut-être paru étrange, dans une loi ayant pour objet d'améliorer la situation des bâtards, de les traiter d'une façon plus rigoureuse que des étrangers, en leur refusant des libéralités dont le père de famille peut gratifier des personnes non successibles — Il était donc permis de croire qu'ils partageraient plus volontiers les idées de M. Thézard, lequel préconisait le système diamètralement opposé à celui du Code Civil, en proposant de permettre aux parents de faire à leurs enfants naturels les dons et legs qu'ils jugeraient convenables dans la mesure de la quotité disponible. — Enfin, une troisième doctrine était encore soumise à l'appréciation du Sénat, doctrine de transaction entre les deux autres systèmes, acceptée par la Chambre des députés et par la Commission du Sénat, et qui, tout en autorisant les libéralités testamentaires, pourvu que la totalité des biens recueillis par l'enfant naturel ne dépassât point la part de l'enfant légitime le moins prenant, prohibait les donations entre vifs au delà de la part successorale dévolue par la loi.

Entre ces systèmes, lequel choisir ? Certes, il semble facile de justifier la distinction établie par la troisième opinion entre les donations et les testaments : la donation entre vifs est quelque chose de plus grave que le testament, parce qu'elle est irrévocable; elle peut résulter d'un entraînement plus tard regretté et dont pourtant les conséquences demeurent irréparables ; aussi faut-il la restreindre le plus possible. Le testament, au contraire, étant essentiellement révocable, ne présente point le même danger et on peut laisser aux testateurs une latitude qui ne saurait être abandonnée aux donateurs. Et, ajoutent les partisans de ce système, il convient d'être ici plus réservé qu'en matière ordinaire, car, dans les libéralités faites aux enfants naturels « il « est toujours permis de soupçonner quelque sur- « prise, quelque effet d'une passion passagère, cer- « taines influences. »

A ce système, on oppose que, si l'irrévocabilité de la donation entre vifs présente un réel danger, les formes spéciales dont elle est entourée offrent au donateur des garanties qui font défaut au testateur. La première, se faisant publiquement en quelque sorte, suscitera les observations de l'entourage du donateur, des témoins, du notaire, observations qui mettront les parties en garde contre leur propre générosité. Rien de semblable n'existe pour le testament que le disposant peut faire à toute heure, en tout lieu, dans un secret absolu, par conséquent dépourvu de tous conseils désintéressés, mais aussi sans protection contre les influences intimes qui peuvent peser sur sa volonté. Il y aurait donc compensation entre les dangers de la donation entre vifs et ceux du testament, et l'on devrait en conclure que si l'on permet aux pères et mères d'user de l'un de ces moyens pour gratifier leur enfant naturel d'une partie de leurs biens, il faut aussi leur permettre d'user de l'autre.

Les arguments de ce dernier système, bien que très éloquemment exposés par M. Thézard, ne surent convaincre le Sénat, qui, après avoir entendu les observations de M. Dauphin et de M. Trarieux en faveur du projet de la commission, adopta les dispositions transactionnelles de ce projet, conformes d'ailleurs à l'esprit général de la loi nouvelle, qui n'est elle-même qu'une transaction entre les rigueurs du Code civil et la thèse de l'assimilation.

Pour mitiger l'incapacité de recevoir par donations entre vifs écrite dans le projet, on avait bien proposé de faire exception à cette incapacité pour les donations consenties en vue du mariage de l'enfant naturel. Cette exception risquait fort, nous semble-t-il, de compromettre le système au lieu de le sauver. Elle avait été repoussée sans discussion.

Une autre question, également très importante, fut encore soulevée. Il s'agissait de savoir par qui la réduction des libéralités faites à l'enfant naturel au mépris des interdictions de la loi, pourrait être demandée.

Sous l'empire du Code civil, la question était vivement controversée. La jurisprudence tendait, en présence des termes généraux de l'ancien article 908, à donner à tout intéressé le droit de se prévaloir de cette incapacité pour obtenir la réduction des libéralités faites à l'enfant naturel, créant ainsi une véritable action en nullité[1]. La doctrine semblait plutôt être contraire à cette solution et paraissait n'accorder ce droit qu'aux héritiers venant en concours avec l'enfant naturel[2]. La commission du Sénat, après bien des hésitations et seulement au cours de la deuxième délibération, proposa de déférer seulement aux descendants du *de cujus*, à ses ascendants, à ses frères et sœurs légitimes et aux descendants légitimes de ceux-ci, le droit de demander la réduction. C'est ce que décida le Sénat, sanctionnant ainsi l'opinion de la majorité des auteurs, et se conformant à l'esprit général de la loi, qui est de restreindre les droits de l'enfant naturel, non pas à cause de l'illégitimité de sa naissance, mais uniquement en vue de l'empêcher de préjudicier trop gravement aux héritiers formant la famille légitime.

Ensuite furent votées les dispositions concernant la réserve des enfants naturels et de ceux qui concourent avec les enfants naturels[3]. L'article 4 du projet de loi, modifiant l'article 913 du code civil et conférant à l'enfant naturel une réserve égale à une quotité de celle qu'il aurait eue s'il eût été légitime, fut adopté sans scrutin. On s'accorda également pour reconnaître aux ascendants du de cujus qui laisse des enfants naturels une réserve d'un huitième de la succession. La discussion fut au contraire

1. Cass. 7 février 1865 ; S. 65, 1, 105 ; D. 65, 1, 49. — Paris, 6 août 1872 ; S. 72, 2, 311 ; D. 74, 1, 94.

2. Baudry-Lacantinerie et Colin : n° 470.

3. Séance du 22 mars 1895 : *Journal Officiel* du 23 mars. — *Sénat* : Débats, p. 225.

assez vive sur le point de savoir s'il ne convenait point de donner aux ascendants, selon le vœu de M. Thézard, une pension alimentaire dont la succession serait grevée à leur profit quand ils se trouveraient en présence d'enfants naturels. Le Sénat rejeta cette proposition.

Enfin, après avoir longuement examiné la disposition transitoire proposée par la commission, aux termes de laquelle les réductions de la part successorale de l'enfant naturel à la moitié de sa part légale devraient être maintenues lorsque les avantages effectuant cette réduction auraient été reçus avant la date de la promulgation de la loi, disposition qui fut adoptée malgré l'opposition de M. Demôle, après avoir déclaré la nouvelle loi applicable à toutes les colonies où le code civil a été promulgué, le Sénat décida qu'il passerait à une deuxième délibération.

Cette deuxième délibération eut lieu au cours des séances des 21, 22 et 27 juin 1895. Aucun élément nouveau ne fut apporté au débat. — M. Bernard reprit la thèse qu'il avait déjà soutenue et qui tendait à écarter les descendants de frères ou sœurs de tout concours avec l'enfant naturel. M. Grivart proposa une seconde fois de maintenir l'incapacité de recevoir à titre gratuit édictée par l'article 908 du code civil. M. Thézard développa une seconde fois ses idées sur la nécessité d'une pension alimentaire en faveur de l'ascendant. M. Franck-Chauveau prit la parole pour demander qu'une exception fut apportée à la loi projetée en ce qui concerne la réserve des enfants naturels pour les donations entre vifs et les institutions contractuelles faites antérieurement à la loi, la réduction devant aux termes du projet être appliquée même aux libéralités antérieures à la loi.

Ces diverses propositions furent repoussées et l'ensemble du projet de loi fut adopté sans scrutin.

Ce projet fut transmis à la Chambre le 6 juillet 1895. Une commission fut nommée qui choisit pour rapporteur l'un des promoteurs de la réforme en voie d'achèvement, le rapporteur de la première commission, M. Jullien

Le 23 janvier 1896, celui-ci déposa son rapport dans lequel, tout en regrettant certaines modifications apportées par le Sénat, il concluait à l'adoption pure et simple du texte voté par cette dernière assemblée.

Il regrettait notamment que les ascendants, les frères et sœurs légitimes et leurs descendants soient admis à concourir avec l'enfant naturel ; il regrettait aussi la suppression de l'article 5 du texte voté par la Chambre qui proclamait pour les enfants naturels reconnus lors de la promulgation de la loi le droit d'en réclamer le bénéfice.

« Malgré ces modifications, disait-il, il est facile « de concevoir quels avantages le nouveau texte « apporte à la situation présente. Par le droit de « tester, l'alternative odieuse dans laquelle le Code « plaçait le père est supprimée et l'enfant reprend la « place que lui donnait la nature en face des collatéraux éloignés. Les droits sont précisés, l'ère des « procès close. Nous aurions souhaité mieux encore ; » mais nous ne saurions nous faire illusion sur le « sort réservé à toute proposition plus large s'inspi- « rant d'un sentiment plus généreux et plus égali-

« taire. Le Sénat, en effet, en même temps qu'il « examinait la proposition de la Chambre, était « appelé à se prononcer sur celle que lui présen- « taient MM. Demôle et Tolain, qui reprenaient « devant lui le principe de l'égalité. L'accueil qui « fut fait à cette proposition ne peut nous laisser « aucun doute, et par suite nous dispense d'exami- « ner actuellement la proposition sensiblement « pareille due à l'initiative de notre collègue, M. « Naquet... Votre commission pense qu'il faut « savoir se borner et que mieux vaut un résultat « pratique, même incomplet, qu'une espérance, si « large soit elle, toujours irréalisée » [1].

Le projet fut voté par la Chambre sans discussion en première et en deuxième délibération, les 5 et 21 mars 1896 [2].

La loi fut promulguée le 25 mars 1896 [3].

TEXTE DE LA LOI

Loi relative aux droits des enfants naturels reconnus dans la succession de leurs père et mère — 25 Mars 1896.

Art. 1er. — Il est créé au Chapitre III du Titre premier du Livre III du Code civil une section VI avec le titre : « Des successions déférées aux

1. Rapport de M. Jullien : *Journal Officiel* = *Chambre — annexes*, n° 1750, p. 25.

2. *Journal Officiel*, 1896 — *Chambre des Députés*. Débats, p. 384, p. 571.

3 *Journal Officiel* du 28 mars 1896, p. 1733.

enfants naturels légalement reconnus et des droits de leurs père et mère dans leur succession. »

Cette section VI contiendra les articles suivants :

Art. 756. — La loi n'accorde de droits aux enfants naturels sur les biens de leurs père ou mère décédés que lorsqu'ils ont été légalement reconnus. Les enfants naturels légalement reconnus sont appelés en qualité d'héritiers à la succession de leur père ou dè leur mère décédés.

Art. 757. — La loi n'accorde aucun droit aux enfants naturels sur les biens des parents de leur père ou de leur mère.

Art. 758. — Le droit héréditaire d'un enfant naturel dans la succession de ses père ou mère est fixé ainsi qu'il suit :

Si le père ou la mère a laissé des descendants légitimes, ce droit est de la moitié de la portion héréditaire qu'il aurait eue s'il eût été légitime.

Art. 759. — Le droit est des trois quarts lorsque les père ou mère ne laissent pas de descendants mais bien des ascendants, ou des frères ou sœurs, ou des descendants légitimes de frères ou sœurs.

Art. 760. — L'enfant naturel a droit à la totalité des biens lorsque ses père ou mère ne laissent ni descendants ni ascendants, ni frères ou sœurs, ni descendants légitimes de frères ou sœurs.

Art. 761. — En cas de prédécès des enfants naturels leurs enfants et descendants peuvent réclamer les droits fixés par les articles précédents.

Art. 762. — Les dispositions des articles 756, 758, 759 et 760 ne sont pas applicables aux enfants adultérins ou incestueux. La loi ne leur accorde que des aliments.

Art. 763. — Ces aliments sont réglés eu égard aux

facultés du père ou de la mère, au nombre et à la qualité des héritiers légitimes.

Art. 764. — Lorsque le père ou la mère de l'enfant adultérin ou incestueux lui auront fait apprendre un art mécanique ou lorsque l'un d'eux lui aura assuré des aliments de son vivant, l'enfant ne pourra élever aucune réclamation contre leur succession.

Art. 765. — La succession de l'enfant naturel décédé sans postérité est dévolue au père ou à la mère qui l'a reconnu ou par moitié à tous les deux s'il a été reconnu par les deux.

Les articles 756 à 765 du code civil sont abrogés.

Art. 2. — La section première du chapitre IV du titre 1er du livre III est intitulée : « Des droits des frères et sœurs sur les biens des enfants naturels. »

Elle contiendra uniquement l'art. 766 du code civil.

« Art. 766. — En cas de prédécès des père et mère de l'enfant naturel décédé sans postérité les biens qu'il en avait reçus passent aux frères et sœurs légitimes, s'ils se retrouvent en nature dans la succession ; les actions en reprises, s'il en existe, ou le prix des biens aliénés, s'il est encore dû, retournent également aux frères et sœurs légitimes. Tous les autres biens passent aux frères et sœurs naturels ou à leurs descendants. »

Art. 3. — L'article 908 du code civil est modifié ainsi qu'il suit :

« Art. 908. — Les enfants naturels légalement reconnus ne pourront rien recevoir par donation entre vifs au-delà de ce qui leur est accordé au titre des successions. Cette incapacité ne pourra être invoquée que par les descendants du donateur, par ses ascendants, par ses frères et sœurs et les descendants légitimes de ses frères et sœurs.

« Le père ou la mère qui les ont reconnus pourront leur léguer tout ou partie de la quotité disponible sans toutefois qu'en aucun cas lorsqu'ils se trouvent en concours avec des descendants légitimes, un enfant naturel puisse recevoir plus qu'une part d'enfant légitime le moins prenant.

« Les enfants adultérins ou incestueux ne pourront rien recevoir par donation entre vifs ou par testament au-delà de ce qui leur est accordé par les articles 762, 763, 764. »

Art. 4. — Il est ajouté à l'article 913 du code civil un paragraphe 2 ainsi conçu :

« L'enfant naturel légalement reconnu a droit à une réserve ; cette réserve est une quotité de celle qu'il aurait eue s'il eût été légitime, calculée en observant la proportion qui existe entre la portion attribuée à l'enfant naturel au cas de succession ab intestat et celle qu'il aurait eue dans le même cas s'il eût été légitime. »

Il est ajouté au même article 913 un troisième paragraphe reproduisant l'article 914 du code civil modifié ainsi qu'il suit :

« Sont compris dans le présent article, sous le nom d'enfants, les descendants à quelque degré que ce soit. Néanmoins, ils ne sont comptés que pour l'enfant qu'ils représentent dans la succession du disposant. »

L'art. 915 du code civil prendra le numéro 914.

Art. 5. — L'article 915 (nouveau) sera libellé ainsi qu'il suit :

« Art. 915. — Lorsque, à défaut d'enfant légitime,

le défunt laisse à la fois un ou plusieurs enfants naturels et des ascendants dans les deux lignes ou dans une seule, les libéralités par acte entre vifs ou par testament ne pourront excéder la moitié des biens du disposant s'il n'y a qu'un enfant naturel, le tiers s'il y en a deux, le quart s'il y en a trois ou un plus grand nombre. Les biens ainsi réservés seront recueillis par les ascendants jusqu'à concurrence d'un huitième de la succession et le surplus par les enfants naturels. »

Art. 6. — Les articles 723 et 724 du code civil sont modifiés ainsi qu'il suit :

« Art. 723. — La loi règle l'ordre de succéder entre les héritiers légitimes et les héritiers naturels. A leur défaut, les biens passent à l'époux survivant, et, s'il n'y en a pas, à l'Etat.

« Art. 724. — Les héritiers légitimes et les héritiers naturels sont saisis de plein droit des biens, droits et actions du défunt, sous l'obligation d'acquitter toutes les charges de la succession. L'époux survivant et l'Etat doivent se faire envoyer en possession. »

Art. 7. — L'article 773 du code civil est abrogé.

Art. 8. — L'article 53 de la loi des 28 avril-4 mai 1816 est modifié ainsi qu'il suit :

« L'enfant naturel légalement reconnu appelé à la succession ab intestat ou testamentaire de son auteur sera considéré, quant à la quotité du droit, comme enfant légitime. »

DISPOSITIONS TRANSITOIRES

Art 9. — Toute réclamation sera interdite à l'enfant naturel lorsqu'il aura reçu du vivant de ses père et mère, avant la date de promulgation de la présente loi, la moitié de ce qui lui est attribué par les articles 758, 759, 760, 761 précédents, avec déclaration expresse de la part de leurs père ou mère que leur intention est de réduire l'enfant naturel à la portion qu'ils lui ont assignée. Dans le cas où cette portion serait inférieure à la moitié de ce qui devrait revenir à l'enfant naturel, il ne pourra réclamer que le supplément nécessaire pour parfaire cette moitié.

En ce qui concerne le calcul de la réserve des enfants naturels la présente loi sera applicable à toutes les libéralités faites antérieurement à sa promulgation.

Art. 10. – La présente loi est applicable à toutes les colonies où le code civil a été promulgué [1]

1. Nous avons reproduit entièrement le texte de la loi, bien que certaines dispositions, telles que les articles concernant la succession passive des enfants naturels, soient en dehors de notre sujet. Il nous a paru nécessaire de mettre sous les yeux du lecteur l'ensemble du document.

CHAPITRE II.

Esprit général de la loi de 1896.

Des débats parlementaires que nous venons de résumer ainsi que du texte de la loi nouvelle, il résulte que la réforme accomplie a laissé subsister les principes essentiels sur lesquels reposaient les dispositions du Code de 1804 à l'égard des enfants naturels. La distinction entre les deux filiations a été énergiquement maintenue; les droits de la famille légitime ont été sauvegardés avec soin[1]. Seule, l'application de ces principes a subi des modifications ayant toutes pour objet d'améliorer la condition malheureuse des enfants naturels toutes les fois qu'on pourrait le faire sans porter préjudice aux héritiers légitimes, en même temps que de mettre fin aux controverses qu'avaient soulevées les obscurités du Code Napoléon.

Les législateurs de 1896 ont maintenu les principes admis par ceux de 1804, parcequ'il leur a semblé qu'on ne pouvait les écarter sans porter atteinte à l'institution sacrée de la famille, et sans risquer de compromettre la solidité de l'édifice social tout entier. Inspirés, non point d'un sentiment de haine pour les bâtards, mais bien d'un

1. Cf. Rapports de M. Dauphin et de M. Jullien, sus-cités, et le texte de la loi.

fervent amour pour la famille légitime, d'un vif désir d'assurer l'ordre public et les bonnes mœurs, ils ont repoussé toute tentative d'assimilation en souvenir des effets déplorables du système appliqué jadis par la Convention. C'est pourquoi ils ont laissé subsister entre les enfants légitimes et les enfants naturels les distinctions établies par le Code dans la quotité de leurs droits ainsi qu'une partie des incapacités dont ces derniers étaient frappés[1].

Mais, obéissant au sentiment général, ils ont reconnu l'inutilité des mesures de rigueur dont on avait antérieurement usé vis-à-vis d'eux, et en ont adouci la sévérité. Ils ont compris que l'ancien article 757 faisait violence aux sentiments d'affection présumables du défunt, en permettant à tous les collatéraux jusqu'au douzième degré de venir en concours avec l'enfant naturel. Ils ont senti l'injustice flagrante qu'il y avait à prohiber à un père de donner à son enfant naturel les biens qu'il aurait pu donner à un étranger[2], le détournant ainsi de la reconnaissance légale. Pour corriger les graves erreurs ainsi constatées, ils n'ont point hésité à augmenter dans une large mesure la portion héréditaire de l'enfant naturel, à écarter de la succession à son profit tous les parents autres que les collatéraux privilégiés, à prohiber l'exhérédation conventionnelle précédemment autorisée par l'article 761, à permettre plus amplement les libéralités en sa faveur, à lui concéder enfin le titre d'héritier[3].

Déjà, cette concession faisait disparaître bien des

1. Cf. Articles 758-759. — 908.
2. Ancien art. 908.
3. Nouvel art. 756.

difficultés d'interprétation ; mais, sans s'arrêter là, les législateurs, examinant avec soin les principales controverses, se sont efforcés de les trancher dans le sens le plus conforme à l'état des mœurs dont ils ont surtout recherché l'expression dans les décisions les plus récentes de la jurisprudence. C'est ainsi qu'ils furent amenés à établir dans un texte précis un droit de réserve pour l'enfant naturel, et qu'ils eurent la pensée de se référer implicitement à la doctrine de la Cour de Cassation pour le calcul de la quotité de ses droits[1].

Tel nous paraît être l'esprit général de la loi nouvelle.

De ces quelques idées il nous faut déduire les règles générales qui devront nous servir dans l'interprétation de cette loi.

D'abord, toute pensée de haine contre le bâtard devra être soigneusement évitée, et, la loi consacrant en somme une réforme favorable aux enfants naturels, les discussions qui pourront surgir nous paraissent devoir être tranchées, en général, dans le sens le plus profitable à ceux-ci.

Toutefois, le souci de préserver la famille, le désir de sauvegarder les droits des héritiers nés du mariage, dont les auteurs de la loi ont été constamment pénétrés, nous semble devoir commander une dérogation à ce premier principe, lorsque les enfants naturels se trouvent en concours avec des descendants légitimes. Dans ce cas là, le Parlement paraissant avoir accordé d'une façon expresse aux enfants naturels tout ce qu'il croyait pouvoir leur

1. Cf. Chapitre précédent — art. 913 nouveau.

accorder sans danger, les dispositions qui les concerne devront recevoir une interprétation restrictive.

Bref, les deux maximes entre lesquelles la jurisprudence et la doctrine ont hésité en cette matière durant tout le siècle[1], pourraient, selon nous, être concurremment appliquées suivant les cas, et nous dirions volontiers :

1° *In dubio, pro liberis naturalibus.*

2° *In dubio, contra liberos naturales, sed pro legitimis.*

En dernière analyse ces deux règles pourraient se résumer en une seule : faire la part de l'enfant naturel aussi large que possible, sans jamais porter atteinte aux droits des descendants légitimes.

1. Cf. Préliminaires.

SECTION DEUXIÈME

—

COMMENTAIRE DE LA LOI DE 1896

BIBLIOGRAPHIE. — I. Ouvrages d'ensemble sur le Code Civil.

Aubry et Rau, Cours de Droit civil français.

Baudry-Lacantinerie. — Précis de Droit Civil.

Baudry-Lacantinerie et Wahl. — Traité des Successions.

Baudry-Lacantinerie et Colin. — Traité des donations et des testaments.

Chabot. — Commentaires sur la loi des successions.

Delvincourt. — Cours de Code civil.

Demolombe. — Cours de Code Napoléon.

Demante et Colmet de Santerre. — Cours analytique de Code civil.

Ducaurroy, Bonnier et Roustain. — Commentaire théorique et pratique du Code civil.

Duranton. — Cours de Droit français suivant le Code civil.

Fuzier-Hermann. — Code civil annoté.

Fenet. — Recueil des travaux préparatoires du Code civil.

Huc. — Commentaire théorique et pratique du Code civil.

Laurent. — Principes de Droit civil français.

Morcadé et Pont. — Explication théorique et pratique du Code Napoléon.

Merlin. — Recueil alphabétique des questions de droit.

Toullier et Duvergier. — Droit civil français.

Vigié. — Cours élémentaire de Code civil.

Dalloz. — Jurisprudence générale. - Répertoire et supplément. — Recueil périodique.

II. — Ouvrages spéciaux sur les droits successoraux des enfants naturels d'après le Code civil.

Caro. — Du droit des enfants naturels dans la successoin de leurs père et mère.

Cadrès. — Traité des enfants naturels.

Desportes. — Essai historique sur les enfants naturels.

Gros. — Succession et réserve des enfants naturels. — Recherches sur les droits successifs des enfants naturels.

Laroche. — Des effets de la filiation naturelle. Th. de doct., Paris, 1895.

Loiseau. — Traité des enfants naturels.

Merlin-Lemas. — Des droits successifs des enfants naturels simples. Th. de doct., Paris, 1893.

Mignonec. — Des enfants nés hors mariage.

III. - Ouvrages spéciaux à la loi de 1896.

Paul Alard. — De la condition et des droits des enfants naturels (Etude de la proposition de loi votée au Sénat le 27 juin 1895). Th. de doctorat, Paris, 1896.

Felix Bonnet. — Loi du 28 mars 1896. Journal du Notariat 1896.

H Coulon. — De la condition des enfants naturels reconnus dans la succession de leurs père et mère, 1896.

Defrénois. — Droits héréditaires des enfants naturels. — Répertoire du notariat 1896.

P. Henry. — Commentaire de la loi du 25 mars 1896. — Revue du notariat 1896.

Mesnard. — Droits successoraux des enfants naturels. — Lois nouvelles 1896. — 1re partie, page 177 et suiv.

Parigot. — De la condition des enfants naturels en France et dans les principaux pays étrangers. — Th. de doctorat, Paris 1896.

Vigié. — Loi du 25 mars 1896. — Revue critique de législation 1896, p. 273 et suivantes.

CHAPITRE I

Successions auxquelles est appelé l'enfant naturel

La Convention nationale avait admis de plain pied l'enfant naturel dans la famille de ses père et mère : suivant sa théorie, le lien qui unissait celui-ci à ses auteurs, l'unissait aussi à leurs parents. L'enfant naturel pouvait donc, par là même, prétendre exercer des droits sur la succession de ces derniers.

Cette doctrine, que le Code civil avait repoussée, fut de nouveau proposée par M. Naquet, dans le projet qu'il présenta au cours des travaux préparatoires de la nouvelle loi ; nous avons vu que cette proposition concédait, en effet, des droits successifs réciproques aux enfants naturels et aux parents de leurs père et mère ; mais nous savons également que le Parlement ne crut point devoir prêter attention à ce projet, et le nouvel article 757 nous fournit la preuve évidente que sous l'empire de la loi nouvelle, comme au temps de l'application du Code civil, il n'existe aucun lien légal de parenté ou d'alliance entre les personnes dont s'agit.

On s'accorde, en général, pour reconnaître qu'il serait dangereux pour l'institution fondamentale du mariage de faire entrer les enfants naturels dans la famille et que, d'ailleurs, il serait fort arbitraire d'imposer aux ascendants ou aux collatéraux la participation à leurs successions de personnes qui, légalement et naturellement, n'ont aucun lien avec eux.

C'est ce que déclare le nouvel article 757, reproduisant textuellement la partie finale de l'ancien article 756 : « La loi n'accorde aucun droit aux en-
« fants naturels sur les biens des parents de leur
« père ou de leur mère. »

Cette disposition nous paraît conforme à la volonté présumée du *de cujus*. En effet, il est fort probable qu'un ascendant, un collatéral, n'aura guère d'affection pour un enfant né d'une faute dont le scandale aura peut-être rejailli jusqu'à lui. Au cas contraire, il pourra librement manifester sa volonté par un testament et gratifier cet enfant de tous les biens dont il a la libre disposition.

Quant à son interprétation, l'article 757 ne saurait donner lieu à des difficultés. Conçu en termes généraux, ce texte doit recevoir une application générale. L'enfant naturel ne peut donc succéder ni aux parents légitimes ni aux parents naturels de ses père et mère.

De cette règle que l'enfant naturel ne possède aucun droit de succession vis-à-vis des parents de ses auteurs, il résulte cette notable conséquence que l'enfant naturel ne peut être appelé à la succession de l'un de ces parents par représentation de ses père et mère décédés; car, pour invoquer le bénéfice de la représentation, il faut avoir l'aptitude personnelle requise pour succéder au défunt. Certes, il est pénible de penser que, par suite du décès prématuré de l'un ou de l'autre de ses auteurs, l'enfant naturel se trouve parfois privé d'une importante fortune; mais le mal n'est point sans remède, l'aïeul pouvant toujours manifester ses sentiments de tendresse par un acte de libéralité. Il ne faut donc point regretter que le législateur de 1896 n'ait point fait, sur ce point, aux règles de la représentation, une exception désirée par quelques-uns, qui, selon nous, eût été dangereuse et inutile.

Une large dérogation est apportée par l'article 766 au principe posé dans l'article 757. Ce texte, en effet, établit entre les frères et sœurs naturels des droits de succession réciproques. Il fallait bien que leur succession fut dévolue à quelqu'un ; or, il était impossible d'établir un droit de successibilité réciproque entre les frères et sœurs légitimes et les frères et sœurs naturels sans introduire ces derniers dans la famille. D'autre part, il a paru équitable de conférer ces droits là à des frères et sœurs naturels généralement pauvres, d'autant plus qu'on pouvait le faire sans préjudicier aux intérêts des frères et sœurs légitimes qui, du chef de leur auteur, n'ont aucun droit aux biens provenant de cette origine.

La disposition de l'article 766, contenant une exception aux règles générales, ne doit être étendue sous aucun prétexte, et l'on devrait notamment repousser la prétention qu'élèverait un enfant naturel sur la succession du frère naturel ou de la sœur naturelle de son père[1].

Bref, l'enfant naturel n'ayant, dans la ligne ascendante, d'autres parents que ses père et mère et n'en ayant aucun dans la ligne collatérale, ne peut être appelé à succéder qu'à son père ou à sa mère.

1. Paris, 26 mars 1891. D. P., 91, 2, 172. — Demolombe, Sons t. II, nº 162. — Marcadé, t. III, art. 766. — Aubry et Rau, t. VI § 607, p. 340. — Demante et Colmet de Santerre, t. III, nº 86 bis, p. 121.

Toutefois, par une faveur exceptionnelle de la loi, il est appelé à recueillir certains biens ayant appartenu à ses frères et sœurs naturels décédés, aux termes de l'article 766 *in fine*.

Quant aux droits de l'enfant naturel sur les hérédités laissés par ses descendants, ils sont absolument les mêmes que s'il était enfant légitime, et ils ne sont soumis à aucune restriction à raison de sa qualité. Il ne succède plus alors comme enfant naturel. Aussi nous n'avons point à nous préoccuper de sa situation à ce point de vue.

CHAPITRE II

Conditions auxquelles est subordonné le droit de succession des enfants naturels

« La filiation des enfants conçus et nés hors « mariage est tout d'abord, par la force même des « choses, incertaine. Il est bien clair qu'aucune pré- « somption légale ne saurait désigner les auteurs « des désordres dont elle est le résultat[1]. »

Pour qu'un enfant naturel puisse exercer un droit de succession, il faut avant tout que sa filiation soit établie. Aux termes du nouvel article 756 « la loi n'accorde de droits aux enfants naturels « sur les biens de leurs père ou mère décédés que « lorsqu'ils ont été légalement reconnus. »

La loi de 1896 maintient donc la distinction établie par le droit intermédiaire et le Code civil entre les enfants naturels reconnus et ceux qui ne le sont pas. Il ne pouvait en être autrement en ce qui concerne la succession paternelle. Tandis que l'enfant légitime, par le seul fait de sa naissance durant le mariage ou dans les délais fixés par la loi après sa dissolution, est réputé né des œuvres du mari de sa mère et se rattache ainsi directement et légalement à ce dernier, il n'existe entre l'enfant naturel et son

1. Demolombe.— *De la paternité et de la filiation*, 2e partie, n° 337.

père aucun lien apparent qui puisse permettre d'établir entre eux une présomption de filiation. Il appartient donc au père de déclarer dans les formes légales d'une reconnaissance que tel enfant est son fils naturel. Et ce droit est son privilège exclusif, puisque l'article 340 du Code civil, en mémoire des scandales de l'ancien droit, prohibe expressément la recherche de la paternité, sauf au cas d'enlèvement[1].

Peut être eût-on pu concevoir qu'il en soit autrement au regard de la mère. Entre la mère et l'enfant, le fait matériel de l'accouchement crée un rapport certain, indiscutable. Mais encore faut-il que ce fait soit constaté d'une façon certaine aussi, et, seule, une reconnaissance peut contenir cette constatation.

D'ailleurs, il importe peu que cette reconnaissance soit volontaire de la part du père ou de la mère ou qu'elle soit au contraire forcée. La filiation naturelle peut en effet être constatée non seulement par l'aveu du père ou de la mère, mais encore par une décision judiciaire déclarative de la maternité[2], et même de la paternité, dans l'hypothèse exceptionnelle où la recherche de la paternité est autorisée.

1. Diverses tentatives ont été faites pour modifier cette prohibition. En 1878, M. Bérenger a présenté au Sénat une proposition tendant à étendre au cas de viol ou de séduction l'exception au principe admise au cas d'enlèvement ou de rapt, et de permettre aussi cette preuve au cas de possession d'état conforme à l'article 331. Ce projet fut repoussé en 1883 — En 1890, M. Rivet reprit devant la Chambre des députés une proposition de la loi déposée dès 1883 et ayant pour objet de permettre la recherche de la paternité, renversant ainsi le principe posé dans le code civil. La prise en considération de ce projet ne fut pas même votée. Il était intéressant de signaler ces essais de réforme.

2. Art. 341 du code civil.

Dans les deux cas l'enfant se trouve *légalement* reconnu, et, par suite, la condition imposée par l'article 756 se trouve réalisée.

Cette question a fait autrefois l'objet d'une vive controverse. Certains auteurs ont prétendu que l'enfant naturel dont la filiation n'était constatée que par un jugement n'avait aucun droit héréditaire et ne pouvait réclamer que des aliments. D'après eux, cette différence résulterait de la place de l'article 338 du Code civil d'où découlent les droits de succession des enfants naturels, — lequel suit immédiatement les dispositions qui traitent de la reconnaissance volontaire et précèdent celles qui réglementent la recherche judiciaire de la filiation, — ce qui impliquerait que ce texte ne concerne point ce dernier mode de preuve. Cette différence résulterait encore des termes de l'article 756 : lorsque le législateur se réfère à des faits résultant d'une décision judiciaire qui supplée l'aveu personnel d'une partie, il ne dit pas « *le fait reconnu* », mais bien, « *le fait tenu pour reconnu.* » S'il avait voulu assimiler les effets des deux modes de preuve, il aurait donc ajouté à la fin de l'article 756 « *ou lorsqu'ils sont légalement tenus pour reconnus* » Ces auteurs expliquent la distinction qui doit exister selon eux par ce motif que la preuve judiciaire ne présente pas les mêmes garanties de certitude que la reconnaissance volontaire émanée du père ou de la mère [1].

La doctrine opposée a depuis longtemps triomphé. Rien dans les travaux préparatoires du code n'autorise à présumer une pareille diversité dans les

1. Merlin. *Rép.*, t. XVIII, v° *succession*, sect. II § 2. art 1, et aussi *questions de droit*, t. IV. V° *Maternité*, p. 291. — Toullier t. IV, n° 247, p. 148.

effets entre les deux modes de constatation de la filiation naturelle. La reconnaissance volontaire étant le mode de preuve normal et le plus fréquent de cette filiation, les rédacteurs du code civil ont pu l'avoir plus spécialement présent à leur pensée ; mais la rubrique, « *de la reconnaissance des enfants naturels* », placée en tête de la section qui traite aussi bien de la recherche judiciaire que de l'aveu des parents, démontre clairement l'analogie qui existe entre la reconnaissance forcée et la reconnaissance volontaire. D'ailleurs, quelle est la source du droit de succession accordé à l'enfant naturel ? C'est le fait de génération. Or, ce fait est légalement constaté dans l'un et l'autre cas, et dès lors, la distinction n'a plus sa raison d'être.

Tel était le système soutenu par la majorité des auteurs[1], et adopté par la jurisprudence[2].

A l'heure actuelle, aucun doute ne semble plus permis. Le législateur de 1896 a sanctionné implicitement par son silence la doctrine généralement admise et nous n'hésitons pas à déclarer que la nouvelle loi s'applique à tous les enfants naturels reconnus soit volontairement, soit judiciairement[3].

On s'est également demandé à quelle époque la reconnaissance de l'enfant naturel doit avoir été

1. Demolombe, T. V., nos 538 et 539, t. XIV no 13 bis. — Demante, t. III, no 74 bis, IV. — Duranton, t. III, nos 255. — Valette, sur Proudhon, t. II, p. 161. — Baudry-Lacantinerie, *précis*, t, I, no 187 ; t. II, no 104. — Baudry-Lacantinerie et Wahl : *successions*, t. I, no 603. — Delvincourt, I, p. 90, note 4 et 2, p 21, note 3. — Laurent, IX, no 108. — Huc, V, no 92. — Vigié, II, no 134 — Aubry et Rau, VI, no 567, *in fine*. — Fuzier-Hermann : art. 341, no 15 ; art. 756, no 1.

2. Dalloz, J. G , Vo Succession — Caen, 7 avril 1832 ; Toulouse, 25 juillet 1863, S. 1864, 2, 137.

3. Sic, Ménard, Defrénois et tous les commentateurs.

faite pour qu'il puisse obtenir dans la succession de son père ou de sa mère les droits qui lui sont accordés par la loi. Les termes de l'article 756 du code civil avaient causé des hésitations. De ce que ce texte n'accordait de droit aux enfants naturels sur les biens de leurs père ou mère décédés que lorsqu'ils avaient été légalement reconnus, on pouvait penser que la déclaration de paternité ou de maternité prononcée après le décès du père ou de la mère n'autorisait point l'enfant ainsi reconnu à réclamer des droits dans leur succession. Mais, si l'on admet en principe que c'est le fait de génération dûment constaté qui crée le droit de succession, il paraît logique d'attribuer le même effet au jugement intervenu après l'ouverture de la succession qu'à celui qui l'aurait précédée. La reconnaissance proclame un lien de parenté jusque-là secret, elle ne le crée pas. Donc, ses effets remontent au jour où a commencé la parenté, c'est-à-dire au jour de la conception de l'enfant. En d'autres termes la reconnaissance possède un effet rétroactif au jour de la conception. Certains auteurs [1] écrivent que cet effet rétroactif remonte seulement au jour de la naissance. Il nous semble plus exact de dire, en matière de succession tout au moins que cet effet s'attache à la conception, par application de la règle *infans conceptus pro nato habetur, quoties de commodis ejus agitur* [2]. Bref, d'après l'opinion généralement admise les enfants naturels peuvent exercer leurs droits dans la succession de leurs père et mère, même si

1. Baudry-Lacantinerie et Wahl, notamment, — *Successions*, 1, n° 604.

2. Aubry et Rau, VI, § 568, 7° et la note 27.

leur reconnaissance est postérieure à l'ouverture de la succession [1].

La loi de 1896, n'ayant rien innové sur ce point la discussion peut subsister encore à l'heure actuelle ; toutefois l'esprit du texte nouveau permet de la trancher avec certitude conformément au système de la doctrine et de la jurisprudence ci-dessus exposé.

Pour que l'enfant naturel puisse exercer les droits que la loi lui confère sur les biens de ses père ou mère décédés, il faut encore que la reconnaissance dont il a été l'objet échappe à l'application de l'article 337 du code civil auquel la loi nouvelle n'a apporté aucune modification.

Aux termes de cet article, « la reconnaissance « faite pendant le mariage par l'un des époux au « profit d'un enfant naturel qu'il aurait eu avant son « mariage d'un autre que son époux, ne peut nuire « à celui-ci ni aux enfants nés de ce mariage ; néan- « moins elle produit son effet après la dissolution du « mariage s'il n'en existe pas d'enfants. »

« Il y a là, dit M. Demôle, un intérêt supérieur ; « c'est le respect des conventions ; et l'article 337, « de ce chef, est bien rédigé ; il ne doit pas être « modifié [2] ».

Donc, aujourd'hui comme autrefois, la reconnaissance d'un enfant naturel faite au cours d'un mariage contracté après sa naissance ne peut créer aucun droit de succession au profit de cet enfant lorsqu'il existe des enfants légitimes nés de ce mariage, et vis-à-vis du conjoint, l'enfant naturel ne peut élever

1. Demante, III, n° 74 bis, IV. —Demolombe, XIV, n° 15, 16 et 16 bis. — Fuzier-Hermann, art. 756, n° 5.

2. Séance du 18 mars 1895, au *Sénat : Journal Officiel*, p. 200.

aucune prétention dont le résultat serait de porter atteinte aux droits que lui confèrent ses conventions matrimoniales.

Trois conditions sont exigées pour que l'exclusion qui résulte de l'article 337 soit prononcée.

1° Il faut que la reconnaissance ait été faite pendant le mariage. La reconnaissance faite avant le mariage, alors même qu'elle n'eût point été révélée au conjoint ou qu'elle lui eût été dissimulée ne saurait entrainer cette exclusion ; une telle reconnaissance a fait naître au profit de l'enfant naturel des droits qui lui sont désormais acquis et que la célébration du mariage ne saurait modifier.

De même, l'article 337 ne serait point applicable au cas où la reconnaissance aurait été faite après la dissolution du mariage par un époux veuf ou divorcé quand bien même il existerait des enfants issus de ce mariage. C'est du moins l'opinion généralement admise, bien que la question soit controversée[1]. Le motif de l'exception qui consiste dans le respect dû aux conventions, le maintien de la bonne harmonie dans le ménage, n'existe plus dans ce cas. En vain objecterait-on que le législateur, mû par des considérations d'ordre public et par l'intérêt des familles, n'a pas voulu, qu'à une époque quelconque, des droits imprévus vinssent se manifester en opposition à ceux de l'un des époux ou des enfants légitimes ; que telle a bien été sa volonté, puisque dans le dernier paragraphe de l'article 337 il a soin de dire que la reconnaissance produira ses effets après le mariage s'il n'existe pas d'enfants de

3. Aubry et Rau, VI, § 568, p. 186 et note 15. = Laurent, IV, n° 129. — Douai, 29 janvier 1879, D. P., 80, 2, 213. — Dijon, 7 mai 1879, D. P., 80, 2, 213.

ce mariage, preuve que, s'il en existe, on ne pourra pas la leur opposer. Il est facile de répondre d'abord que toute discussion sur l'esprit de la loi est inutile son texte étant aussi précis que possible ; ensuite, que l'objection n'a point toute la portée qu'on veut lui donner. Supposons en effet, qu'une personne devenue veuve ou divorcée procrée alors un enfant naturel ; rien ne pourra l'empêcher de reconnaître cet enfant, et cette reconnaissance n'en produira pas moins ses effets vis-à-vis des enfants légitimes antérieurement nés. La situation de ces derniers n'est donc pas plus défavorable dans un cas que dans l'autre, et l'argument invoqué se trouve par là-même réfuté.

Quelques hésitations se sont produites sur le point de savoir si l'exclusion dont il s'agit devait être prononcée entre l'enfant naturel qui, reconnu pendant le mariage par l'un des conjoints comme étant né d'un autre que son époux avant ledit mariage, aurait fait l'objet d'une nouvelle reconnaissance de la part de son auteur devenu veuf ou divorcé. L'affirmative nous paraît certaine. D'abord cette seconde reconnaissance est juridiquement impossible. La filiation étant déja constatée par une reconnaissance valable, une nouvelle reconnaissance serait sans objet. Ensuite, un père ne peut modifier par sa seule volonté les droits acquis à ses enfants légitimes en vertu de l'article 337. Enfin, attacher à cette seconde reconnaissance les effets qu'elle devait produire indépendamment de la première, ce serait permettre de faire indirectement ce que la loi défend de faire directement. Et, si l'on vient dire que l'enfant pouvant être légitimé à cette époque, la reconnaissance peut a *fortiori* être faite à nouveau, nous répondrons que la légitimation a un caractère bien différent, qu'elle ne constate point une filiation déjà constatée, mais qu'elle change, en vertu de la loi elle-même, la nature de cette filiation, et que, par suite, on ne peut tirer argument de ce chef[1].

Autre question : un enfant naturel a été reconnu antérieurement au mariage, mais cette reconnaissance étant *annulable* par suite d'un vice du consentement, son auteur l'a ratifiée au cours du mariage ; l'article 337 doit-il alors être appliqué ? Nous croyons devoir répondre négativement. Il ne faut pas oublier en effet que notre texte contenant une disposition rigoureuse et exceptionnelle doit recevoir une interprétation restrictive ; or la reconnaissance reste bien antérieure au mariage, la ratification la validant rétroactivement. Il en serait autrement au cas où la première reconnaissance serait réputée *inexistante*, car alors le second acte fait au cours du mariage ne serait plus une simple ratification mais bien la véritable reconnaissance[2].

L'article 337 s'applique aussi bien qu'il s'agisse d'une reconnaissance volontaire ou d'une reconnaissncae forcée. De vives controverses ont été soulevées sur ce point. A l'encontre de la solution que nous proposons, on a objecté les termes de l'article 337 lui même « reconnaissance faite... *par* l'un des époux », lesquels, dit-on, ne sauraient viser le jugement déclaratif qui constate la filiation *contre* l'un des époux et *malgré* lui. On ajoute qu'il n'y a dans la reconnaissance forcée aucun fait volontaire, aucun

1. Demolombe, V. n° 463. = Pau, 2 juillet 1885, D. P., 86, 2, 165.

2. Demolombe, idem, n° 464.

manque de foi de la part de l'un ou l'autre des conjoints et que, par suite, les motifs qui ont inspiré l'article 337 font défaut au cas qui nous occupe. En outre, c'est un droit sacré et imprescriptible pour l'enfant que celui de rechercher ses auteurs ; rien ne saurait l'en empêcher. Enfin, certains juristes[1] invoquent l'effet déclaratif de la reconnaissance judiciaire pour prétendre qu'elle doit être considérée comme faite au moment de la naissance ou de la conception, par conséquent antérieurement au mariage[1]. Nous ne faisons aucune difficulté pour admettre cet effet déclaratif. Mais, la reconnaissance volontaire engendre justement la même rétroactivité. On ne saurait donc retenir cet argument. De même, nous ne contestons point à l'enfant le droit de rechercher ses auteurs quand la loi le lui permet ; nous disons seulement que la constatation qui est le résultat de cette recherche ne peut porter atteinte à des droits acquis tels que ceux des enfants légitimes nés du mariage et ceux du conjoint. Quant aux motifs qui ont inspiré l'article 337, ils subsistent dans les deux cas. Les causes de ressentiment de l'époux trompé contre son conjoint seront elles moins fondées, que ce dernier lui ait révélé tardivement sa faute ou bien qu'il ait laissé aux tribunaux le soin de la proclamer, après des débats forcément scandaleux ? Seule, l'objection tirée des termes de l'article 337, nous donnerait à réfléchir si nous ne l'avions en quelque sorte déjà réfutée, en assimilant la reconnaissance forcée à la reconnaissance volontaire dans ses effets quant à l'ouverture du droit de succession. Les raisons de décider sont ici les mêmes ; le légis-

1. Toullier, T. 2, n° 958 — Duranton, T. 3.

lateur a statué *de eo quod plerumque fit* ; le défaut de précision des termes dont il a usé, ne doit pas plus nous arrêter dans ce cas que dans l'autre[1].

2° La deuxième condition pour que l'article 337 soit applicable et que par suite l'enfant naturel soit exclu de la succession de son auteur est la suivante: il faut que l'enfant naturel reconnu par l'un des conjoints durant le mariage soit d'un autre que son époux. Si l'enfant ainsi reconnu est né des relations des deux conjoints, il est évident que les motifs qui ont inspiré l'article 337 ne subsistent plus et que, par conséquent, l'exclusion établie par ce texte ne doit plus être prononcée.

3° Enfin, troisième condition, l'enfant naturel alors même qu'il aurait été reconnu au cours du mariage ne sera écarté de la succession de son auteur qu'autant qu'il existera des enfants issus du mariage ou bien que le conjoint de son auteur survivra à celui-ci.

L'article 337 sauvegardant les droits *des enfants nés du mariage* durant lequel la reconnaissance aurait été faite, devra-t-il être appliqué en faveur des *enfants légitimés par ce mariage* ? A la vérité, ces derniers ne sont point, à proprement parler, nés du dit mariage. Mais, l'article 333, déclarant qu'ils ont les mêmes droits que s'ils étaient nés postérieurement à sa célébration, aucun doute ne semble permis ; ils doivent être complètement assimilés aux enfants légitimes.

Si le *de cujus*, auteur de la reconnaissance, ne laisse point d'enfants nés du mariage, mais si son

2. Demolombe, idem, n° 466. — Baudry-Lacantinerie : Précis — T. 1, n° 516 (contraire) ; Cassation, 16 décembre 1861, D. P., 62, 1, 39.

conjoint lui survit, l'enfant naturel ne pourra élever contre ce dernier aucune prétention, dont le résultat serait de porter atteinte aux droits que créent pour lui ses conventions matrimoniales ou la loi.

En l'absence de conventions matrimoniales, c'est l'exclusion partielle ou totale de la succession, selon qu'il existe ou qu'il n'existe pas de parents au degré successible. En effet, si le défunt laisse des parents au degré successible, le conjoint se trouvant réduit par la loi de 1891 à un droit d'usufruit sur la moitié des biens de la succession, l'enfant naturel peut, sans nuire à ses intérêts, recueillir la part qui eût été donnée aux autres héritiers, c'est-à-dire une moitié en pleine propriété et l'autre moitié en nue-propriété ; d'où il résulte que toute la succession se trouvera réunie entre ses mains au décès du conjoint de son auteur. Si, au contraire, il n'existe pas de parents au degré successible, le conjoint étant alors légalement appelé à recueillir la succession tout entière, l'enfant naturel sera complètement exclu par l'effet de l'article 337. — Ces solutions ont été contestées. Un doute peut naître à cet égard de la partie finale du dit article qui déclare que « la « reconnaissance produira son effet après la dis« solution du mariage, s'il n'existe pas d'enfants. » Or, comme il n'y a dans l'espèce aucun enfant né du mariage et que ce mariage est lui-même dissous par la mort du *de cujus*, le droit commun doit, dit-on, reprendre son empire, et l'enfant naturel succéder par préférence au conjoint. Mais, on estime plus généralement que cette partie finale de l'article 337 n'est qu'une déduction du principe posé par l'alinéa premier et que, d'ailleurs, sur ce point, *lex statuit de eo quod pterum que fit*[1].

Il est sans doute fort étrange que la vocation de l'enfant naturel soit, dans ce cas, subordonnée à l'existence de parents successibles du défunt. Le législateur de 1896 eût été bien inspiré, selon nous, en faisant disparaître cette anomalie. Dans le silence de la loi, les solutions antérieures nous semblent devoir être maintenues.

En résumé, deux conditions doivent être remplies pour que l'enfant naturel puisse exercer les droits que la loi lui concède sur la succession de ses père et mère.

Il faut :

1° Que cet enfant ait fait l'objet d'une reconnaissance légalement valable ;

2° Que cette reconnaissance échappe aux dispositions de l'article 337 du Code civil.

1. Cass., 18 mai 1878, D P., 78, 1, 401 — Baudry et Wahl, *Successions* 1, n°659. — Demolombe : *Successions* 1, n°475. — Aubry et Rau, VI, § 568. — Labbé, note sous l'arrêt ci-dessus cité. *Successions* 78, 1, 337.

CHAPITRE III

Caractère du droit successoral des enfants naturels

Le défaut de précision des textes du Code Civil relativement au caractère des droits de succession des enfants naturels avait jeté beaucoup d'obscurité sur tout ce sujet.

Le législateur de 1804, tout en prenant soin de déclarer dans l'article 756 que les enfants naturels n'étaient point héritiers, avait négligé de dire quelle était la nature du droit qu'il leur conférait. C'était là pourtant un point capital. « Car le droit des en- « fants naturels, suivant qu'il aura tel caractère ou « tel autre, produira des effets très différents, et la « plupart des questions si nombreuses que cette « difficile matière peut soulever, se rattachent « comme des corollaires à cette prémisse fonda- « mentale[1]. »

Dans le silence de la loi, il fallait bien rechercher la nature de ce droit successoral, et sur ce point de graves divergences s'étaient produites dans la doctrine et dans la jurisprudence.

La loi de 1896 a mis fin à toutes les hésitations et tranché définitivement la controverse antérieure. Néanmoins nous exposerons les principaux éléments

1. Demolombe : *Successions*, T. II, n° 24.

de cette discussion, estimant mettre ainsi mieux en lumière la réforme accomplie sur ce point et faire ressortir davantage les raisons qui ont inspiré la décision du législateur.

Certains auteurs suivis dans cette voix par certains tribunaux[1], avaient entrepris de soutenir que le droit des enfants naturels consistait seulement en une créance sur la succession. Cette solution leur semblait découler des termes mêmes de l'article 756, et ils raisonnaient de la façon suivante : tout droit est réel ou bien personnel ; or la loi refusant aux enfants naturels le titre d'héritiers, leur refuse par là même tout droit héréditaire, c'est-à-dire tout droit de propriété, tout droit réel, *jus in rė* ; ils ne peuvent donc avoir qu'un droit personnel, un *jus ad rem*, une simple créance. Et cela est logique, ajoutaient-ils ; car la base du droit de l'enfant naturel est uniquement l'obligation personnelle contractée envers lui par son père ou sa mère d'assurer son existence.

Cette théorie avait contre elle les travaux préparatoires du Code Civil. L'article 54 du projet de l'an VIII portait en effet : « les enfants naturels n'ont « qu'une créance sur les biens de leur père ou mère « décédés. » D'après l'article 60 du même projet, l'héritier légitime pouvait se libérer vis-à-vis d'eux à son choix en argent ou en fonds. Mais des discussions s'élevèrent sur ce point au cours de la confection du Code, et, à la demande de Cambacérès, la faculté de libération fut ôtée à l'héritier légitime,

1. Blondeau : *Traité de la séparation des patrimoines.* — Grenoble, 20 décembre 1858 ; *Journal de Grenoble*, 1859, p. 89. Tribunal Civil de la Seine : S. 52, 2 360.

le mot créance fut évité, et l'on se borna à déclarer que les enfants naturels ne seraient point héritiers mais que la loi leur accorderait des droits sur les biens de leurs auteurs[1]. Or, si les rédacteurs du Code avaient voulu que le droit des enfants naturels ne constituât qu'une créance, ils n'auraient eu qu'à maintenir les dispositions du projet de l'an VIII. En supprimant ces dispositions ils ont manifesté bien clairement leur volonté de refuser un tel caractère aux droits de l'enfant naturel.

D'un autre côté, il paraît bien difficile d'admettre, dans certains cas tout au moins, que ces droits consistassent en une simple créance. Si l'on peut concevoir, en effet, que l'enfant naturel ait un droit personnel vis-à vis des héritiers légitimes lorsqu'il en existe, on serait dans un grand embarras s'il fallait rechercher le débiteur dont le dit enfant serait créancier au cas où, par application de l'article 758, il recueille la totalité de la succession.

D'autre part, il ne semble pas impossible d'échapper au dilemme dans lequel les partisans de ce premier système cherchent à enfermer leurs adversaires. Certes, tout droit qui n'est point un droit réel est forcément un droit personnel. Mais le législateur a-t-il dit, comme ils l'affirment, que l'enfant naturel n'aurait aucun droit réel sur les biens de la succession ? Il a déclaré, à la vérité, que les enfants naturels ne seraient point héritiers, c'est-à-dire qu'ils ne seraient point héritiers tels que le sont les héritiers légitimes, se référant ainsi à la distinction posée dans les articles 723 et 724 entre les héritiers légitimes et les successeurs irréguliers, refusant à

1. Fenet, T. XII, p. 27 et suiv.

ces derniers la saisine héréditaire. Peut être l'expression énergique du législateur, désireux avant tout de protester contre l'assimilation faite par le droit intermédiaire entre les enfants naturels et les enfants légitimes, a-t-elle dépassé sa pensée! Mais il est certain que, dans son esprit, le droit qu'il créait avait bien le caractère d'un droit réel.

Est-il encore besoin d'autres preuves ? Les enfants naturels sont des successeurs irréguliers ; c'est au titre des successions que sont réglés leurs droits sur les biens de leurs père ou mère décédés ; — or, la succession est un mode d'acquisition de la propriété [1] ; donc le droit qui leur est concédé est bien un droit de propriété, un droit réel, et pour dire le vrai mot, un droit héréditaire.

Enfin aux termes mêmes du Code civil, ce droit consistait en une quote-part de la portion que l'enfant naturel aurait recueillie s'il eût été légitime. Comment eût-il pu se faire que ces deux droits, dont le premier était une quote-part du second, eussent été de nature différente ?

En présence d'objections aussi graves, la doctrine qui ne voulait voir dans le droit de l'enfant naturel qu'une simple créance, avait été de bonne heure abandonnée.

Mais, la théorie adverse, fondée sur les raisons qui précèdent n'était point pour cela universellement admise. Des transactions entre les deux systèmes opposés avaient été tentées et certains auteurs déclaraient « que la créance de l'enfant naturel est « une participation à la succession, créance de sa « portion elle-même, créance mixte, ou personnelle

1. Art. 711. C. civ.

« réelle[1] » — ou bien encore que « les droits de l'en-« fant naturel ne consistent pas dans une simple « créance, mais qu'ils diffèrent essentiellement des « droits de l'héritier, non seulement quant à la « quotité, mais quant à l'essence et à la nature[2] » ou bien que « ce n'est point un droit héréditaire pro-« prement dit mais un droit comparable à celui du « légataire universel[3] » — ou bien enfin que c'est une *délibation*, une *charge héréditaire*.

Néanmoins, la majorité des auteurs et les décisions les plus récentes de la jurisprudence avaient admis que les droits de l'enfant naturel dans la succession de ses père ou mère étaient absolument de même nature que le droit des héritiers légitimes[4], et que, si celui-ci n'était point héritier, il était du moins *loco heredis*.

Il restait encore entre l'enfant naturel et l'héritier légitime une importante différence. Etant un successeur irrégulier, l'enfant naturel n'était point saisi de plein droit des biens de la succession, et il devait, par conséquent, se faire envoyer en possession. C'est ce qui résultait clairement de l'article 724 du code civil. C'est sans doute cela qu'avaient voulu dire les rédacteurs du code en déclarant que les enfants naturels n'étaient point héritiers.

Bref, à la veille de la promulgation de la loi nouvelle, on reconnaissait en général aux enfants naturels sur la succession de leurs père ou mère

1. Loiseau : *Des enfants naturels*, p. 204.
2. Chabot, sur l'art. 756, n° 10.
3. Toullier, T. IV, n° 248 et suiv.
4. Baudry-Lacantinerie et Wahl : *Successions*, Tome I, p. 322 et tous les auteurs et arrêts cités en note.

décédés un véritable droit héréditaire et on leur faisait application des conséquences qu'entraînait la nature de ce droit ; mais, on ne pouvait, sans violer l'article 724, leur concéder la saisine héréditaire.

Le législateur de 1896 est allé plus loin, et modifiant sur ce point l'article 724, il a établi l'assimilation la plus complète entre les droits de l'enfant naturel et ceux de l'enfant légitime, quant à leur nature.

Désireux d'atténuer le plus possible l'inégalité existant entre le bâtard et l'enfant né du mariage, s'inspirant d'ailleurs des tendances manifestes de la doctrine et de la jurisprudence, le rédacteur de la loi du 25 Mars 1896 a concédé expressément aux enfants naturels légalement reconnus la qualité d'héritiers. Il a fait cesser de cette façon toutes les difficultés, toutes les équivoques qui naissaient de la distinction dépourvue d'intérêt pratique que le code avait établie, distinction qui n'était plus « qu'un stigmate et une manifestation législative de « mépris[1], » contraire par conséquent à l'esprit général de la loi. Cette concession du titre d'héritiers devait être faite aux enfants naturels d'autant plus volontiers, qu'elle ne pouvait porter atteinte à la famille légitime. « La perspective de conférer la « qualité d'héritier par la reconnaissance n'a rien « qui puisse encourager les unions libres plus que « le droit de reconnaissance lui-même, et ce n'est « pas la qualité d'héritier qui fera entrer plus avant « l'enfant naturel dans la famille, où sa place « dépendra de la volonté du père ou de la mère et « des sentiments des frères et sœurs plus que d'un

1. Rapport de M. Dauphin : *Journal Officiel*, p. 4.

« mot inséré dans un article du code civil[1]. »
Aucune discussion ne s'éleva sur ce point soit au Sénat, soit à la Chambre ; tout le monde fut d'accord pour reconnaître qu'il fallait ainsi trancher toutes les controverses antérieures.

La réforme a été accomplie d'abord par l'article premier de la loi nouvelle aux termes duquel « il « est créé au chapitre III du titre premier du livre « III du code civil une section VI avec le titre : « Des « successions déférées aux enfants naturels légale- « ment reconnus.... etc. » De cette disposition il résulte que les droits des enfants naturels autrefois réglés au chapitre IV, « des successions irrégulières » seront désormais établis dans une section spéciale du chapitre III, « des divers ordres de successions. » Dès maintenant, il apparaît donc bien que l'enfant naturel n'est plus un successeur irrégulier.

Mais, la réforme réside principalement dans la modification apportée à la rédaction de l'article 756. Effaçant cette proposition malheureuse du code civil « les enfants naturels ne sont point héritiers », il a été formellement déclaré que « les enfants « naturels légalemént reconnus sont appelés *en* « *qualité d'héritiers* à la succession de leur père ou « de leur mère. »

Cette déclaration condamne expressément l'opinion de ceux qui soutenaient que l'enfant naturel n'avait qu'un droit de créance ; elle condamne également les théories transactionnelles proposées par certains auteurs ; elle sanctionne la doctrine des auteurs les plus nombrenx et de la jurisprudence.

1. Rapport de M. Dauphin : *Journal Officiel*, p. 4.

Il en résulte que désormais les enfants naturels reconnus auront dans la succession de leur père ou de leur mère tous les droits attachés à la qualité d'héritiers légitimes.

Les conséquences de ce principe sont nombreuses et importantes.

1° L'enfant naturel peut réclamer sa part héréditaire en nature, chacun des cohéritiers pouvant, aux termes de l'article 826 du code civil, demander sa part en nature des meubles et immeubles de la succession. Les autres héritiers ne seraient donc pas fondés à lui offrir sa part en argent ou en valeurs estimatives, comme le déclarait le projet de l'an VIII, et comme le voulaient aussi les partisans du système du droit créance[1].

2° L'enfant naturel comme tout héritier peut conformément à l'article 815 du code civil provoquer le partage vis-à-vis de ses cohéritiers légitimes ou naturels, et il est soumis à l'action en partage à leur égard. S'il était créancier, au contraire, il n'aurait qu'une demande en délivrance, c'est-à-dire une demande en paiement à exercer[2].

D'autre part, cette action en partage est bien la véritable action en partage, l'ancienne action *familiæ erciscundæ*, et non pas l'action *communi dividundo*[3], puisqu'il s'agit de partager, non pas un objet indivi-

1. La plupart de ces solutions étaient déjà admises par la doctrine et la jurisprudence — Demante III, 74 bis, 2. — Demolombe : *Successions* II, n° 36. — Aubry et Rau, VI. p. 688, § 638, note 3. — Huc, V, n° 91. — Fuzier-Hermann, art. 756. n° 10. — Baudry et Wahl, n° 608.

2. *Cf.* Les mêmes auteurs aux numéros suivants et Cas. Civ. 1er mars 1875. D. P 75, 1, 153. Trib. civ. Périgueux, 9 août 1888 — Gas. Pal. 89, 1, suppl 30 ; — Contra : Toullier, IV, n° 281, Paris, 2 décembre 1872, D. P., 73, 2, 116.

3. *Cf.* Chabot. art. 757. n° 14.

duellement déterminé, mais bien une universalité juridique, la succession[1]. D'où il résulte d'abord que cette action en partage doit être portée devant le tribunal de l'arrondissement où la succession s'est ouverte, et non devant le tribunal du lieu où le défendeur est domicilié.

D'où il résulte ensuite que le partage doit avoir lieu dans les formes indiquées aux articles 815 et suivants du code civil ; que l'enfant naturel peut requérir l'apposition des scellés, que les lots doivent être tirés au sort et que l'héritier légitime ne peut, comme l'estimaient jadis certains auteurs[2], choisir le lot de ce dernier par application de l'adage, *electio debitoris est*[3].

Comme corollaire à cette règle, il faut penser que l'enfant naturel pourrait demander la nullité d'un partage auquel il n'aurait point participé[4].

3° L'enfant naturel jouit du droit d'accroissement en cas de renonciation ou d'indignité d'un autre enfant naturel ou d'un héritier légitime. L'article 786 faisant accroître la part de l'héritier renonçant à ses cohéritiers, il découle de ce que l'enfant naturel est héritier qu'il profite de cet accroissement Sous l'empire du code civil, on arrivait au même résultat si l'on admettait que l'enfant naturel quoique n'étant pas héritier était *loco heredis*[5]. Mais, il en était différemment pour ceux qui considéraient le droit

1. *Cf.* Les auteurs déjà cités, notamment Demolombe.

2. Toullier, T. 2, n° 282.

3. *Cf.* Les auteurs déjà cités, notamment Aubry et Rau, § 638, et note 2.

4. Baudry-Lacantinerie et Wahl, n° 612

5. Demolombe, *op. cit.*, n° 30 — Demante III, n° 76. — Laurent IX, n° 130.

de l'enfant naturel comme une simple créance ; n'étant point héritier, l'article 786 ne pouvait être appliqué à l'enfant naturel qui se trouvait par suite privé du bénéfice de l'accroissement[1]. Désormais, aucun doute n'est plus permis, l'accroissement lui est acquis comme à tous les héritiers légitimes ou naturels.

4° Une des conséquences les plus importantes de l'attribution de la qualité d'héritier aux enfants naturels consiste daus l'obligation qu'ils peuvent imposer à leurs cohéritiers de faire rapport à la succession des libéralités qui leur ont été faites. La doctrine et la jurisprudence s'accordaient en général sur ce point dès avant la loi nouvelle[2]. Mais, des dissidences nées de ce que l'enfant naturel était simplement *loco heredis* s'étaient produites sur des questions de détail. Certains auteurs enseignaient que l'enfant naturel avait droit au rapport en face des enfants légitimes et non pas en face des ascendants et des collatéraux[3], donnant seulement à l'enfant naturel contre ces derniers une action en réduction. Certains pensaient aussi que l'enfant naturel pouvait exiger le rapport des legs faits aux héritiers, mais non celui des donations à eux faites[4] ; d'autres enfin refusaient à l'enfant naturel le droit de réclamer le rapport des donations antérieures à sa reconnaissance[5].

1. Loiseau, p. 653.

2. Baudry-Lacantinerie et Wahl : *Successions*, T. 1, n° 613 et les auteurs et arrêts cités en note.

3. Demante III, 76 bis, 1.

4. Delvincourt II, p. 22. note 5.

5. Loiseau, *op. cit.*, p. 698 ; — Contra : Baudry et Wahl, *op. cit.*, n° 615.

Désormais, aucune difficulté ne saurait s'élever sur cette matière. L'enfant naturel étant héritier a le droit de demander le rapport à tous ses cohéritiers aussi bien s'il s'agit d'ascendants et de collatéraux que s'il s'agit d'enfants légitimes ; et le rapport peut être exigé par lui aussi bien en ce qui concerne les donations que les legs, alors même que ces donations seraient antérieures à sa reconnaissance ; le droit de l'enfant naturel s'ouvre en même temps que celui des héritiers légitimes ; la résolution qui donne lieu au rapport a nécessairement un effet rétroactif au profit de ces derniers ; elle a certainement le même effet au profit des premiers.

L'enfant naturel a droit au rapport suivant les règles ordinaires, tantôt en nature, tantôt en moins prenant. On ne saurait soutenir à l'heure actuelle, comme l'ont soutenu antérieurement certains auteurs[1], que l'enfant naturel n'étant soumis lui-même par l'article 760 qu'au rapport en moins prenant (ce qui était très discuté) ne pouvait jamais exiger un rapport en nature des héritiers légitimes. La loi nouvelle ayant abrogé l'article 760, le fondement même de cette théorie fait maintenant défaut.

5° De la qualité d'héritier concédée à l'enfant naturel, il résulte que celui-ci est lui-même tenu au rapport vis-à-vis de ses cohéritiers, et ce rapport est tel, quant à sa nature tout au moins, que le Code civil l'ordonne dans ses articles 843 à 849.

La loi de 1896 a accompli à cet égard une importante réforme. Sous l'empire du Code Civil, en effet, l'enfant naturel était astreint, non pas au rapport de droit commun entre cohéritiers, mais à une imputa-

1. Demante III, 76 bis, 2.

tion spéciale des biens qu'il avait reçus de ses père ou mère, imputation réglée par l'article 760. Certes cette imputation n'était point sans présenter avec le rapport d'évidentes analogies; mais il existait aussi entre ces deux institutions de graves différences . Le législateur de 1896, en abrogeant l'article 760 a fait disparaître l'imputation. Aujourd'hui l'enfant naturel n'est plus soumis qu'au rapport du droit commun, sauf à tenir compte des incapacités particulières dont il est frappé, selon les règles que nous étudierons plus tard [1].

Le rapport est dû par les enfants naturels aux héritiers légitimes ; il est également dû par eux aux autres enfants naturels. S'il y avait jadis quelques raisons d'en douter, étant donné que les enfants naturels n'étaient point considérés par tous comme des cohéritiers, il n'en saurait être de même à l'heure actuelle, après la concession formelle faite aux enfants naturels de la qualité d'héritiers.

6° Le retrait successoral pouvant être exercé par tout héritier [2], il résulte de la qualification donnée par la loi nouvelle au droit successoral de l'enfant naturel que ce dernier peut exercer le retrait à l'égard des cessionnaires des droits successifs de l'un des héritiers ; de même que les cohéritiers de l'enfant naturel peuvent exercer le retrait successoral contre les cessionnaires de ses propres droits successifs.

7° Etant héritier, l'enfant naturel peut exercer la revendication des biens héréditaires entre les mains d'un tiers, et la pétition d'hérédité.

1. Voir *Infra*.
2. Art. 841 du Code civil.

Supposons, en effet, que l'un des héritiers ait vendu tout ou partie des biens de la succession, sous l'empire du Code civil, Toullier refusait à l'enfant naturel toute revendication contre les acquéreurs, à moins qu'il n'ait préalablement discuté les biens de l'héritier vendeur et que l'insolvabilité de celui-ci n'ait été établie. MM. Demolombe, Aubry et Rau permettaient au contraire, en ce cas, et sans aucune distinction, la revendication de l'enfant naturel. Aujourd'hui, cette solution ne saurait être discutée ; les biens héréditaires appartiennent à tous les héritiers, aux enfants naturels comme aux autres, et par suite l'action en revendication est ouverte à leur profit[1].

La pétition d'hérédité, c'est-à-dire l'action accordée à l'héritier « contre toute personne qui lui conteste cette qualité à raison des choses qu'elle detient[2] » appartient à l'enfant naturel, par ce fait même qu'il est héritier.

8° L'enfant naturel a droit aux fruits des biens qui composent sa part à dater de l'ouverture de la succession. C'est, en effet, le droit commun, les fruits échus ou perçus a *die mortis* étant incontestablement l'un des éléments de l'actif héréditaire partageable.

9° Tout ce qui augmente la masse héréditaire, augmente la portion indivise de l'enfant naturel dans cette masse ; tout ce qui diminue la masse doit diminuer la portion de l'enfant naturel.

Il résulte de là que l'on doit déduire de cette

1. Toullier III, 283, 289. — Aubry et Rau, IV, p. 515. — Demolombe : *Successions* 2, n° 40.

2. Dalloz. J. G., suppl. V° *Successions*. n° 464.

masse héréditaire, pour calculer la part de l'enfant naturel, non seulement les dettes de la succession, mais encore les legs.

La solution contraire, d'après laquelle les quotités déterminées par l'article 757 devaient se calculer sans avoir égard aux legs qui pourraient en diminuer le chiffre, découlait logiquement du système qui tenait pour la personnalité du droit de l'enfant naturel ; aussi a-t-elle été jadis enseignée, mais sans succès[1].

10° On sait qu'aux termes de l'article 790 « tant « que la prescription n'est pas acquise contre les « héritiers qui ont renoncé, ils ont la faculté d'ac- « cepter encore la succession, si elle n'a pas déjà été « acceptée par d'autres héritiers. » Ce texte devant recevoir une application restrictive à raison de l'exception qu'il apporte à la règle de l'irrévocabilité des renonciations, on pouvait autrefois se demander si un héritier renonçant avait encore la faculté d'acceptation lorsque l'enfant naturel avait obtenu ou seulement même demandé l'envoi en possession. Aucune hésitation n'est plus permise, et l'acceptation d'un enfant naturel met aujourd'hui obstacle à la révocation d'une renonciation antérieure faite par un autre héritier.

11° De même, il est certain que l'enfant naturel peut se faire envoyer en possession des biens de ses père ou mère absents. Il semblait bien résulter des articles 115 et 123 que le droit de provoquer la déclaration d'absence et d'obtenir l'envoi en possession appartenait à toutes personnes ayant sur les biens de l'absent, des droits subordonnés à la condition

1. Benoist-Jolimont sur Chabot, T. I, p. 494.

de son décès à quelque titre que ce soit. Cependant, Toullier refusait ce droit aux enfants naturels.

12° Comme l'on peut toujours renoncer à un droit de créance, on était arrivé, dans le système de la personnalité du droit, à permettre à l'enfant naturel de renoncer, du vivant de son auteur, aux droits que la loi lui accordait sur les biens de celui-ci lorsqu'il est décédé. A la vérité, l'article 761 pouvait peut-être fournir un argument aux partisans de cette théorie ; car, si l'on estime que pour avoir effet, la réduction de l'article 761 devait être acceptée par l'enfant, l'acceptation de cette réduction constituait alors un véritable pacte sur succession future, ou plutôt, sur la créance future. Mais, dès avant la loi de 1896 il était généralement admis, comme cela est certain depuis, que les actes passés au sujet de la succession avant son ouverture par l'enfant naturel sont nuls comme pactes sur succession future.

13° Enfin, l'article 1013 du Code de procédure civile est applicable à l'enfant naturel mineur et le décès d'une personne laissant des héritiers mineurs met fin au compromis, sans qu'il y ait lieu de distinguer si ses héritiers sont légitimes ou naturels.

En résumé, si l'on compare aux solutions qu'engendre la loi nouvelle, les solutions adoptées généralement dans les années qui ont précédé sa promulgation et même, pour certaines, longtemps auparavant, on remarque que cette loi n'a fait que consacrer un état de choses déjà admis.

Mais, il restait alors entre les enfants légitimes et les enfants naturels une notable différence. Les premiers avaient la saisine héréditaire, les seconds ne l'avaient point.

On connaît l'ancienne formule écrite dans la coutume de Paris[1] : « le mort saisit le vif, son hoir le plus proche habile à lui succéder. » — « De cette « règle, disait Bourjon[2], il s'ensuit que l'héritier « commence à posséder dans l'instant même que la « possession du décédé cesse ; il n'y a aucun vide « entre l'une et l'autre de ces possessions, l'une « commence dans le même point de temps que « l'autre finit. »

Telle est aussi la fiction que le législateur de 1808 a voulu exprimer dans l'article 724 en disant que les héritiers « sont saisis de plein droit des biens, « droits et actions du défunt, sous l'obligation d'ac- « quitter toutes les charges de la succession. » Mais, aux termes de ce même article, les héritiers légitimes seuls bénéficiaient de cette fiction dont l'application était formellement refusée aux successeurs irréguliers[3]. D'où, pour ces derniers, la nécessité de demander aux tribunaux l'envoi en possession des biens héréditaires s'ils étaient appelés à défaut de parents, de solliciter des héritiers avec lesquels ils venaient en concours la délivrance de leur quote-part. En conséquence, ils ne pouvaient exercer les actions héréditaires et on ne pouvait les exercer contre eux qu'après la délivrance ou l'envoi en possession.

La loi de 1896 a opéré sur ce point une réforme importante. Estimant que la demande d'envoi en possession ne présentait aucune utilité pour les enfants naturels dont la filiation paraît devoir être

1. Art. 315 de la Coutume de Paris.

2. Bourjon : *Le Droit commun de la France, Successions*, chap. I, Sect. I, n° 2.

3. Art. 724 *in fine*.

certaine à raison des garanties dont sont entourés les modes de preuves employés pour l'établir, les législateurs contemporains ont élargi le texte de l'article 724 et ont étendu son application à ceux qui nous occupent. De telle sorte que cet article se trouve ainsi modifié : « Les héritiers légitimes et « les *héritiers naturels*, sont saisis de plein droit « des biens, droits et actions du défunt, sous l'obli- « gation d'acquitter toutes les charges de la succes- « sion. L'époux survivant et l'Etat doivent se faire « envoyer en possession. »

Logiquement, il devait en être ainsi. Le nouvel article 724 est, en somme, la conséquence nécessaire de la réforme opérée dans l'article 723 qui donne à l'enfant naturel la qualité d'héritier. Le législateur n'eût pas pris soin de déclarer que l'enfant naturel aurait désormais la saisine, que l'interprétateur eût été forcé de le décider.

Par l'effet de cette réforme disparaissent les différences que la doctrine et la jurisprudence antérieures étaient forcées de maintenir entre l'enfant naturel, *loco heredis*, et le véritable héritier.

L'enfant naturel peut maintenant, dès l'ouverture de la succession, se mettre en possession de l'hérédité comme un héritier légitime, sans aucune demande préalable.

Il peut immédiatement exercer toutes les actions héréditaires, par exemple, poursuivre les créanciers de la succession, revendiquer les immeubles, plaider en annulation des testaments du *de cujus*, etc. Mais, il est de même immédiatement tenu de l'obligation aux dettes de la succession, et soumis à toutes les charges qu'elle entraîne. Il aurait seulement à sa disposition, comme tout héritier, l'exception dilatoire résultant des délais pour faire inventaire et délibérer: Les titres exécutoires contre le défunt le seront contre lui-même après la signification préalable exigée par l'article 877 du Code civil. En un mot, il subit, avec toute la rigueur qu'elle comporte, la maxime : *heres sustinet personam defuncti*.

Aux termes de l'article 724, les héritiers légitimes étant saisis sous l'obligation d'acquitter toutes les charges de la succession se trouvaient obligés de supporter ces charges *etiam ultra vires hereditatis*, c'est-à-dire alors même qu'elles eussent excédé la valeur des biens héréditaires, tandis que, d'après l'opinion généralement admise, les successeurs irréguliers, n'étant point saisis, ne pouvaient être poursuivis à raison des dettes et charges de la succession que jusqu'à concurrence seulement de la valeur des biens qui la composaient. En effet ces derniers ne devaient supporter les dites charges qu'en vertu de la maxime *bona non sunt nisi deducto ære alieno*, et par conséquent une fois les biens épuisés ils ne pouvaient en être tenus personnellement[1]. En acquérant la qualité d'héritiers, les enfants naturels ont perdu cet avantage, et, aujourd'hui il résulte bien clairement du nouvel article 724 qui les assimile complètement aux héritiers légitimes que comme ces derniers, ils sont tenus même *ultra vires* des dettes de la succession.

Mais ils ont toujours la ressource d'accepter sous bénéfice d'inventaire.

1. Voir notamment Demolombe : *Successions*, T. 1, nos 119, 132, 160 ; T. 2, n° 258 ; T. III, n° 115, s. ; T. IV, n° 160 et suiv. — Vigié II, n° 161, — Cass. 13 août 1851 ; D. P., 51, 1, 281 — Tribunal de la Seine, 6 mai 1893, *Recueil de l'Enregistrement*, art. 8085.

Sont-ils tenus du paiement des legs *estiam ultra vires hereditatis ?* La question est générale et se pose aussi bien pour les héritiers légitimes que pour les enfants naturels. La solution qu'elle recevra à l'égard des premiers devra s'appliquer aux seconds. De graves controverses divisent les auteurs sur ce point et la jurisprudence est encore hésitante. Nous ne saurions exposer ici ces discussions qui, par la généralité de leurs termes, se trouvent en dehors de notre sujet. Il nous suffira donc de dire que, d'après l'opinion la plus accréditée[1], les héritiers, et par suite les enfants naturels, sont tenus indéfiniment de l'acquit des legs aussi bien que des dettes.

Enfin, avant la loi de 1896, on décidait en général que l'enfant naturel qui restait trente ans à partir de l'ouverture de l'hérédité sans demander l'envoi en possession, voyait son action prescrite et ses droits successoraux anéantis[2]. Depuis cette loi, l'enfant naturel devenu héritier se trouve, en cas d'inaction pendant trente années, dans la situation qu'aurait dans le même cas un héritier légitime. Or quelle est cette situation ? Ici encore s'élèvent des controverses qui nous entraîneraient au-delà des limites que nous avons tracées à notre étude. Il nous paraît bien que la prescription trentenaire fera perdre à l'héritier et, par conséquent, à l'enfant

1. Demolombe : *Successions*, T. 2, n° 522. — Aubry et Rau, VI, p. 381, § 611, note 12 et page 442, § 617, note 5. — Laurent XIV, n°s 108 et 109. — Huc, V. 208. — Fuzier-Hermann, art. 1017, n° 26. — Baudry-Lacantinerie et Wahl : *Successions*, T. 1, n° 184. — En sens contraire : un arrêt fortement motivé de la Cour d'Orléans du 14 mai 1891, D. P. 91, 2, 213 ; et aussi Demante III, n° 24 bis, n° 103 bis, n° 124 bis. et IV, n° 152 bis.

2. Demolombe : *Successions*, I, n° 156. — Demante IV, 23 bis.

naturel, non pas la faculté d'accepter la succession, mais bien celle de renoncer ou d'accepter bénéficiairement, et que s'il reste durant ce temps sans prendre parti, il devient irrévocablement héritier pur et simple[1].

La réforme apportée par la loi nouvelle à la nature des droits de l'enfant naturel à une importance considérable, on le voit ; ses conséquences s'étendent sur tous les chapitres du titre des successions. Et pourtant cette réforme se résume dans ce seul mot : héritier. L'enfant naturel est héritier. D'où il résulte que l'enfant naturel est complètement assimilé à l'enfant légitime quant au caractère de son droit de succession. C'est donc là une victoire remportée par les partisans de l'assimilation. Mais nous allons voir dans le chapitre suivant quelle revanche ont pris leurs adversaires, et nous constaterons alors que si les droits des enfants naturels sont de la même nature que ceux des enfants légitimes, la logique exigeait qu'il en soit ainsi puisqu'ils ne constituent en général qu'une quotepart des droits de ces derniers.

1. Baudry-Lacantinerie : *Précis de Droit civil*, II, n° 188. — Demolombe : *Successions*, T. 2, n° 316. — Demante, III, n° 110.

CHAPITRE IV

Du montant du droit héréditaire de l'enfant naturel

De même que les dispositions du Code civil constituaient un régime de transaction entre les rigueurs de l'ancien droit et les prescriptions égalitaires du droit intermédiaire, de même les articles 758 et suivants apportent à la condition des enfants naturels une sensible amélioration sans toutefois consacrer « les hardiesses auxquelles on voulait entraîner le législateur », selon l'expression de M. Dauphin [1].

Nous l'avons vu [2], deux systèmes se trouvaient en présence au début des travaux législatifs. Dans l'idée de certains membres du Parlement, il fallait supprimer toute distinction entre les enfants légitimes et les enfants naturels et les assimiler complètement les uns aux autres. Certains, au contraire, tenaient pour le maintien pur et simple des dispositions du Code civil. Entre ces deux opinions, la majorité des représentants de la nation pensa qu'il était nécessaire de conserver comme base de cette partie de notre législation les principes posés en 1804, et de sauvegarder avant tout l'institution du mariage, fondement de notre société moderne ; mais elle estima qu'il existait dans le Code civil des

1. *Journal Officiel.* Sénat : Débats 1895, p. 201.
2. Voir *Supra*, 2e partie, section 1. chap. 1.

injustices regrettables, qu'il était urgent de faire disparaître, et cédant au mouvement de l'opinion publique, elle décida d'améliorer la condition successorale des enfants nés en dehors de l'union légale, et pour cela d'augmenter leur part de droits héréditaires.

Les principes anciens ayant été conservés et les chiffres seuls ayant reçu des modifications, le commentaire du texte nouveau ne différera guère que par des chiffres du commentaire des anciens articles. Pour le reste, la même interprétation s'imposera, sauf peut être quelques changements à raison de la qualité d'héritiers conférée aux enfants naturels, les mêmes controverses s'élèveront, avec toutefois, quelques éléments nouveaux de discussion.

Ce qui précède résulte clairement, nous semble-t-il, de la comparaison des articles 757 et 758 du Code civil avec les nouveaux articles 758, 759 et 760.

TEXTE ANCIEN

757. — Le droit de l'enfant naturel sur les biens de ses père ou mère décédés, est réglé ainsi qu'il suit : Si le père ou la mère a laissé des descendants légitimes, ce droit est *d'un tiers* de la portion héréditaire que l'enfant naturel aurait eue s'il eut été légitime ; il est *de la moitié* lorsque les père ou mère ne laissent pas de descendants, mais bien des ascendants ou des frères et sœurs ; — il est des *trois quarts* lorsque les père ou mère ne laissent ni descendants ni ascendants, ni frères ni sœurs.

758. — L'enfant naturel a droit à *la totalité* des biens, lorsque ses père ou mère ne laissent pas de parents au degré successible.

TEXTE NOUVEAU

758. — Le droit héréditaire de l'enfant naturel dans la succession de ses père ou mère est fixé ainsi qu'il suit :

Si le père ou la mère a laissé des descendants légitimes, ce droit est *de la moitié* de la portion héréditaire qu'il aurait eue s'il eût été légitime.

759. — Le droit est *des trois quarts* lorsque les père ou mère ne laissent pas de descendants, mais bien des ascendants ou des frères ou sœurs ou des descendants légitimes de frères ou sœurs.

760. — L'enfant naturel a droit à *la totalité des biens,* lorsque ses père ou mère ne laissent ni descendants, ni ascendants, ni frères ou sœurs, ni descendants légitimes de frères ou sœurs.

Du nouveau texte, comme de l'ancien, ressortent les trois idées suivantes.

Première idée. — *L'enfant naturel a un droit dans la succession de ses parents même en présence des héritiers légitimes les plus favorables.*

Il n'est jamais exclu par aucun d'eux, même par ceux de la première classe, par les descendants légitimes du défunt. L'égalité du droit naturel ainsi que l'affection présumée du défunt commandaient qu'il en soit ainsi. On peut, en effet, au nom de l'intérêt social, restreindre les droits du bâtard ; on ne peut les supprimer.

Mais, alors que sous l'empire du code Napoléon, l'enfant né hors mariage n'excluait jamais complètement aucun héritier légitime pas même les parents au douzième degré, il exclut désormais toute la catégorie des collatéraux, à l'occasion des frères et sœurs et des descendants de frères et sœurs.

Deuxième idée. — *La quotité du droit de l'enfant naturel varie suivant la qualité, et parfois suivant le nombre des parents que son auteur a laissés ; la loi en élève ou en abaisse la proportion eu égard à l'ordre de parenté auxquels ceux-ci appartiennent.*

D'une part, en effet, « l'intérêt des parents est « plus ou moins légitime et respectable suivant leur « qualité et leur degré : et d'autre part aussi les « convenances sociales autorisent elles-mêmes à « faire à l'enfant naturel une part plus ou moins « forte, en raison de la qualité et de la proximité « des parents avec lesquels il concourt[1]. »

Cette quotité varie parfois aussi suivant le nombre des héritiers. Nous verrons, en effet, bientôt, qu'il

6. Demolombe: *Successions*, T. II, n° 49.

résulte des textes que si les héritiers avec lesquels l'enfant naturel vient en concours sont des descendants légitimes, leur nombre fait varier ce qu'il doit prendre.

Mais ici se pose une question controversée. Faut-il, pour déterminer les droits de l'enfant naturel, s'attacher seulement au fait même de l'existence des parents *laissés* par le défunt, ou bien, au contraire, ne doit-on considérer que les parents qui sont et qui demeurent héritiers ? En d'autres termes, doit-on tenir compte des héritiers renonçants ou légalement indignes de succéder ? Un exemple fera mieux comprendre l'importance de cette question. Supposons que le défunt laisse en premier ordre un enfant légitime et un enfant naturel, mais que l'enfant légitime renonçant à la succession ou bien étant déclaré indigne de la recueillir, un frère légitime du de cujus se trouve appelé en concours avec l'enfant naturel ; la part de ce dernier sera-t-elle de la moitié ou des trois quarts de la portion qu'il aurait reçue s'il eût été légitime ?

La jurisprudence et la doctrine ont toujours été en conflit sur ce point.

De nombreux arrêts ont déclaré que seul le fait de l'existence des parents laissés par le défunt devait être pris en considération, et que par suite les droits de l'enfant naturel devaient être invariablement réglés en égard à l'état de famille du de cujus à l'époque de son décès, les décisions se fondent sur le texte de la loi qui vise seulement la qualité des parents que les père ou mère a *laissés*. Un arrêt de cassation ajoute que « si le législateur eût voulu le « concours de la qualité d'héritier avec la qualité de « parent à tel ou tel degré, il eût admis le principe

« de la représentation en faveur des neveux ou
« nièces.... que cependant le droit de l'enfant natu-
« rel qui est de moitié lorsque les pères ou mère
« laissent des frères ou sœurs, est de trois quarts,
« lorsqu'ils ne laissent que des neveux ou nièces....;
« qu'il en résulte évidemment que ce n'est pas
« eu égard aux droits successifs des héritiers
« légitimes, mais à leur qualité de parents à tel ou
« tel degré qu'ont été déterminés les droits de l'en-
« fant naturel ; que le législateur, dans un intérêt
« d'ordre public, n'a eu en vue que l'état de la
« famille des père ou mère, au moment de l'ouver-
« ture de la succession[1].... »

Ce dernier argument ne saurait plus être invoqué depuis la loi de 1896, les neveux ou nièces ayant été, nous le verrons, assimilés aux frères et sœurs vis-à-vis des enfants naturels. Le système de la jurisprudence a donc pour unique étai, à l'heure actuelle, l'expression « *parents laissés* » qui subsiste dans les nouveaux articles. Et cet étai résistera-t-il au choc d'une discussion sérieuse ? Nous ne le pensons pas.

En effet, si le législateur a élevé ou abaissé la quotité des droits de l'enfant naturel en raison de la qualité des parents laissés par le défunt, c'est parce qu'il a voulu réserver aux parents légitimes en présence d'un enfant naturel une part plus ou moins forte selon la faveur plus ou moins grande que leur

1. Cass. 31 août 1847 ; Dev. 1847, 1. 785, cité par Demolombe *op. cit.*, n° 52. Voyez dans le même sens, Cass. 17 février 1865. S. 1, 105. — Lyon 21 janvier 1869, S. 69, 2, 296. — Paris 6 août 1872, S. 72, 2, 311, D. 74, 2, 94. — Paris, 2 décembre 1872, D. 73, 2, 116. — Douai, 28 avril 1874, S. 74, 2, 195 ; D. 75. 2, 49. — Paris, 24 juin 1886. Gas. Pal., 86, 2, 231. — Limoges, 7 décembre 1886, Gas. Pal. 87, 1, 161.

qualité méritait, or les parents qui renoncent ou qui sont exclus ne se trouvent pas en présence de l'enfant naturel, ils sont étrangers à la succession, et par conséquent ce n'est point à leur préjudice que l'enfant naturel pourra obtenir une portion plus ou moins importante. D'autre part, il est beaucoup d'autres cas[1] où le législateur a employé le mot « *laissé* » dans le sens de « *laissé pour héritiers* », c'est-à-dire pour héritiers effectifs, et tel est bien aussi la signification de cette expression dans les articles qui nous occupent.

D'ailleurs, comment faire si tous les héritiers sont renonçants ou indignes ? Il faudra bien alors accorder à l'enfant naturel la totalité de la succession, car, en le réduisant à une fraction, on ne saurait à qui attribuer le surplus. Et cependant, on se met ainsi en contradiction avec le principe suivant lequel les parents renonçants ou indignes doivent être comptés.

C'était donc à bon droit, selon nous, que la majorité des auteurs prétendait que, sous l'empire du Code Napoléon, on ne devait point tenir compte des héritiers renonçants ou indignes en cette occasion.

Mais, aujourd'hui, cette doctrine nous paraît encore plus solidement établie. Autrefois, lorsque les partisans de notre système invoquaient l'article 785 qui déclare que « l'héritier qui renonce est censé n'avoir jamais été héritier », on leur objectait que cette disposition avait été écrite pour les successions régulières et ne pouvait être transportée dans les successions irrégulières ; à cela, ils répon-

1. Voir notamment les articles 746, 750, 753 du Code civil.

daient, avec quelque subtilité peut-être, que s'il s'agissait d'un côté d'une succession irrégulière, d'un autre côté la part de succession dévolue aux héritiers légitimes était régulière. Plus n'est besoin de cette subtilité. En effet, l'objection ne saurait être faite maintenant, l'enfant naturel n'étant plus un successeur irrégulier, mais un véritable héritier. Il n'existe donc plus aucune raison qui permette de repousser en cette matière l'application de l'article 785.

Nous concluons donc qu'on ne doit pas prendre en considération les héritiers renonçants pour le calcul de la part de l'enfant naturel.

Pour les mêmes raisons on n'a pas à tenir compte des héritiers indignes, qui, eux aussi, sont réputés n'avoir jamais été héritiers[1] ; il en est de même des héritiers entièrement exclus par un testament[2].

TROISIÈME IDÉE. — *La loi mesure dans tous les cas le droit de l'enfant naturel sur celui d'un enfant légitime ; elle lui attribue toujours une fraction de la part qu'il aurait recueillie s'il eût été légitime.*

Il résulte de là que c'est sur la totalité des biens de la succession que doit être calculée la part de l'enfant naturel et non pas seulement sur la quotité qui lui serait revenue à titre de réserve dans le cas où il eût été légitime, comme on a parfois entrepris de l'enseigner[3].

Ces idées générales étant connues, arrivons à

1. *Cf.* Baudry-Lacantinerie et Wahl : *Successions.* T. I, n° 351 et les auteurs cités en note.

2. Idem, n° 636.

3. Merlin, Rép. V° *Succession*, Sect. I, § 2, art. 1, n° 4. — Aubry et Rau, T. VI, p 323. — Demolombe : *Successions*, T. II, n° 51. Baudry-Lacantinerie et Wahl : *Successions*, T. I, n° 637.

l'étude des diverses hypothèses prévues par nos articles.

§ I. — Concours de l'enfant naturel avec des descendants légitimes.

Aux termes de l'ancien article 757, l'enfant naturel en concours avec des descendants légitimes devait recevoir le *tiers* de la portion qu'il aurait eue s'il eût été légitime. Suivant le nouvel article 758, il a droit à *la moitié* de cette même portion.

Cette disposition d'une application très simple lorsqu'il n'existe qu'un seul enfant naturel, quel que soit d'ailleurs le nombre des héritiers légitimes, soulève au contraire de graves difficultés lorsqu'il existe plusieurs enfants naturels en concours avec un ou plusieurs enfants légitimes.

Il est donc nécessaire de distinguer nettement ces deux hypothèses.

Première hypothèse. — *Il n'existe qu'un seul enfant naturel.*

Il suffit alors, pour déterminer la portion qui lui échoit, de supposer que cet enfant naturel est légitime, de calculer les droits qu'il aurait eus en ce cas et de lui en attribuer la moitié, en partageant le reste de la succession entre les enfants légitimes[1].

Exemples : — 1° Soit un actif successoral de 200.000 francs à répartir entre un enfant naturel et un enfant légitime ; la part du premier eût été de

1. Demolombe : *Successions*, T. II, n° 58. — Baudry-Lacantinerie et Wahl : *Successions*. T. I, n° 638. — Gros, 4. — Defrénois, p. 122. — Ménard, n° 49.

100.000 francs s'il eût été légitime ; elle sera donc en réalité de 50.000 francs, et l'enfant légitime recueillera 150.000 francs, c'est-à-dire le triple de ce qui revient à l'enfant naturel.

2° Soit encore un enfant naturel en concours avec cinq enfants légitimes pour une succession évaluée à 60.000 francs ; d'après le même calcul, l'enfant naturel recueillera 5.000 francs et chacun des enfants légitimes 11.000 francs, un peu plus du double de la part de l'enfant naturel.

On arrive à un résultat identique par un autre procédé. On double le nombre total des enfants légitimes et naturels ; le chiffre ainsi obtenu fournit le dénominateur de la fraction de succession revenant à l'enfant naturel.

Reprenons les deux exemples précédents.

1° Il y a un enfant naturel et un enfant légitime, soit au total deux enfants ; le double de deux est quatre ; la part de l'enfant naturel est du quart de la succession, soit 50.000 francs, la succession s'élevant à 200.000.

2° Il existe un enfant naturel et cinq enfants légitimes, soit en tout six enfants ; le double de six est douze ; la part de l'enfant naturel est donc du douzième, c'est-à-dire de 5.000 francs, en évaluant le montant de la succession à 60.000 francs.

Par ces calculs on obtient les résultats suivants :

Un seul enfant naturel reçoit 1/4 de la succession s'il vient en concours avec un seul enfant légitime.

Un seul enfant naturel reçoit 1/6 de la succession avec 2 enfants légitimes.

Un seul enfant naturel reçoit 1/8 de la succession avec 3 enfants légitimes.

Un seul enfant naturel reçoit 1/10 de la succession avec 4 enfants légitimes, etc [1].

Tels sont les modes de calcul qui peuvent être indifféremment employés, et que la doctrine et la jurisprudence ont constamment adoptés.

La commission de la Chambre des députés chargée de préparer la loi nouvelle avait consacré un troisième système dont les conséquences différaient singulièrement des solutions précédentes. C'était le système que M. Blondeau avait autrefois proposé en ces termes, dans son *Traité de la séparation des patrimoines* : « Il consiste à considérer la portion « héréditaire comme une action sociale ; les enfants « légitimes ont chacun une action totale, et les « enfants naturels n'ont chacun qu'un tiers d'ac- « tion [2] ». L'article 757 du projet de loi portait en effet : « pour opérer ce partage, il suffira de supposer « le nombre des enfants légitimes double de ce qu'il « sera réellement, d'y ajouter celui des enfants « naturels et de faire autant de parts égales qu'il « sera censé alors y avoir d'enfants ; chaque enfant « naturel prendra une part, chaque enfant légitime « en prendra deux. »

Revenons à notre premier exemple ; il y a 200.000 francs à partager entre un enfant légitime et un enfant naturel ; on fera trois parts de chacune 66.666 fr. 66 ; l'enfant légitime en prendra deux, soit

1. Il suffit de diminuer la part de deux centièmes à mesure que le nombre des enfants légitimes augmente d'une unité. Il est à remarquer que plus le nombre d'enfants légitimes est considérable, plus la part de l'enfant naturel tend à se rapprocher de la part de l'enfant légitime.

2. Blondeau ; *Traité de la séparation des patrimoines*, p. 528, note 2.

133.333 fr. 32, et il restera 66.666 fr. 66 à l'enfant naturel, soit le tiers de la succession.

A la vérité, ce système était en contradiction formelle avec le texte de la loi. Celle-ci n'attribue pas, en effet, à l'enfant naturel, la moitié de la portion héréditaire revenant à un enfant légitime, mais, ce qui est bien différent, la moitié de la portion qu'il aurait eue s'il eût été légitime. Dans l'espèce, l'enfant naturel aurait eu la moitié de la succession, soit 100.000 francs, s'il eût été légitime ; il doit donc recevoir 50.000 francs. Le procédé consacré par la commission lui donnant 66.666 francs, il recueillerait donc beaucoup plus de la moitié qu'il aurait reçue au cas où il eût été légitime.

La Chambre des députés elle-même ne remarqua pas cette contradiction. Mais, la Commission du Sénat la constata et la supprima, sans toutefois tenter de substituer au procédé qu'elle repoussait, un autre mode de calcul ni de codifier celui que la jurisprudence et la pratique avaient adopté. « Sur ce point, comme sur beaucoup d'autres », dit M. Dauphin dans son rapport au Sénat « votre com« mission a admis comme certains les résultats « acquis. » C'était consacrer tacitement mais formellement les systèmes employés par la doctrine et les arrêts.

La façon de calculer la quote-part héréditaire de l'enfant naturel étant ainsi déterminée d'une façon certaine, il nous faut rechercher les éléments de ce calcul.

Les descendants d'enfants légitimes prédécédés viendront en concours avec l'enfant naturel par représentation de leur auteur, et par suite, ne compteront que pour une tête ; car, au cas où l'enfant naturel eût été légitime, ceux ci auraient usé de la représentation et n'auraient compté contre lui que pour une seule tête [1].

Mais, qu'arrivera-t-il lorsque les enfants légitimes du premier degré ayant tous renoncé à la succession, ou bien étant exclus comme indignes, l'enfant naturel se trouvera en présence des enfants de ces derniers, venant non plus par représentation, mais de leur propre chef ? Ici, comme partout ailleurs, contentons-nous d'appliquer les principes. Si, en pareil cas, l'enfant naturel eût été légitime, se trouvant d'un degré plus rapproché que les petits enfants, il les eût exclus complètement et eût recueilli la succession tout entière. Ce sera donc la moitié de la succession qui devra lui être attribuée [2]

De même, si l'enfant naturel rencontre en face de lui un fils légitime de son auteur et les descendants d'un autre fils renonçant ou indigne, sa part sera calculée comme si le défunt n'avait laissé qu'un seul enfant légitime ; il aura donc droit au quart de la succession [3].

Certains auteurs ont contesté ces solutions [4] et ont enseigné que le principe de la représentation doit être appliqué, ce qui serait exact si l'on admet que la part de l'enfant naturel doit être calculée eu égard aux héritiers légitimes existant au moment du décès. Ayant repoussé cette solution, nous ne sau-

1. Baudry-Lacantinerie et Wahl : *Successions*. I, n° 640. — Ménard, *op. cit.*, 55. — Defrénois, n° 66.

2. Baudry-Lacantinerie et Wahl, n° 641. — Defrénois, n° 70. — Ménard, n° 59.

3. Baudry-Lacantinerie et Wahl, n° 641.

4 Chabot, art. 757, n° 6. — Duranton, VI, n° 274. — Taulier, III, p. 173.

rions admettre ses conséquences, et nous estimons que, pas plus dans ce cas que dans l'autre, les héritiers renonçants ou indignes ne doivent être pris en considération.

Quant aux enfants adoptifs, en cette matière comme en toutes autres, ils doivent être assimilés aux enfants légitimes[1], même s'ils sont enfants naturels[2]. Il en est également ainsi des enfants légitimés[3].

Deuxième hypothèse. — *Il existe plusieurs enfants naturels.*

De graves divergences se sont produites dans la doctrine, relativement au mode de calcul qui doit être employé dans ce cas. La difficulté vient du point de savoir qui, des enfants légitimes ou des enfants naturels, doit bénéficier de l'illégitimité de chaque enfant naturel, on se demande si les uns et les autres doivent en bénéficier.

Un rapide coup d'œil sur les différents systèmes proposés fera mieux comprendre la question.

D'après une jurisprudence qui n'a jamais varié[4], approuvée par de nombreux auteurs[5], il faut supposer pour un moment que tous les enfants naturels sont

1. Aubry et Rau, VI, p. 323. — Baudry-Lacantinerie et Wahl : *Successions*, I, n° 642.

2. Cass. 3 juin 1861. S. 61, 1, 390 ; D. 61, 1, 336.

3. Baudry-Lacantinerie et Wahl : *Successions*, 1, n° 642,

4. Voir Dalloz, Rép. V° *Successions*, n° 284.

5. Toullier IV, n°s 234. 236 et 252. — Merlin : *Questions*, V° Réserve, §§ 1 et 2. — Demante III, n° 75 bis, 4 et 5. — Hureaux, V, n°s 211 et 214. — Demolombe : *Successions*, T. II, n° 67, s. — Aubry et Rau, T. VI, § 605, note 9, — Massé et Vergé, II, p. 272. — Huc, V, n° 96. — Vigié, II, n° 140. — Baudry-Lacantinerie et Wahl : *Successions*, I, n°s 644. — Baudry-Lacantinerie : *Précis*, T. II.

légitimes collectivement, rechercher ce qui serait revenu à chacun d'eux dans cette hypothèse et leur attribuer ensuite la quote-part fixée par la loi.

Exemple : Il s'agit de partager entre deux enfants légitimes et deux enfants naturels une succession de 200.000 francs ; si les deux enfants naturels étaient légitimes, ils prendraient chacun 50.000 francs ; aux termes de la loi nouvelle, leur part étant de la moitié de ce qu'ils auraient recueilli s'ils eussent été légitimes, c'est 25.000 francs qu'il faudra leur attribuer, tandis que chacun des enfants légitimes recevra 75.000 francs ; — soit encore 90.000 francs à partager entre un enfant légitime et deux enfants naturels ; chacun de ces derniers prendra 15.000 fr., et l'enfant légitime, à lui seul, recueillera 60.000 fr.

Une grave objection est soulevée contre cette solution. Chaque enfant naturel, peut-on dire, ne recueillera pas, comme le veut la loi, la moitié de ce qu'il aurait eu, s'il eût été légitime, car dans ce cas il aurait profité de la réduction subie par son frère naturel ; or, d'après ce système, cette réduction profite seulement aux enfants légitimes.

Aussi, d'autres modes de calcul ont-ils été proposés. M. Gros[1] ayant remarqué que sous l'empire du Code civil, un enfant légitime en présence d'un enfant naturel, avait droit à une portion quintuple de celle afférant à ce dernier, concluait de là qu'un enfant légitime devait toujours avoir cinq fois ce que recueille chaque enfant naturel ; un enfant légitime, selon lui, aurait donc reçu cinq septièmes en présence de deux enfants naturels, cinq huitièmes

1. *Recherches sur les droits successifs des enfants naturels* par L. Gros, conseiller à la Cour d'appel de Lyon.

en présence de trois, etc... ; et, si l'on veut faire application de cette théorie à la loi nouvelle, il en résultera qu'à l'heure actuelle un enfant légitime en présence de deux enfants naturels recueillera le triple de la portion attribuée à chacun de ces derniers, soit trois cinquièmes, en présence de deux deux enfants naturels, trois sixièmes en présence de trois, etc...

Un auteur allemand, M. Unterholzner[1] a proposé de n'assimiler les enfants naturels aux enfants légitimes que successivement, et non simultanément. Ainsi, en supposant qu'un enfant légitime vienne en concours avec deux enfants naturels, on raisonnera de la façon suivante : si l'un des enfants naturels était légitime et qu'il se trouvât en présence d'un enfant légitime et d'un enfant naturel, ce dernier prendrait d'abord la fraction que la loi lui attribue, puis le reste se partagerait entre les deux autres par égales portions ; c'est donc la quote-part d'une de ces portions qui doit, en définitive, être attribuée à ce premier enfant naturel. On ferait ensuite le même raisonnement pour le second enfant naturel[2].

Enfin, le système de M. Blondeau[3] adopté par la commission de la Chambre, présentait l'avantage de s'appliquer aussi bien à l'hypothèse où il existe plusieurs enfants naturels, qu'au cas où il n'en existe qu'un seul, et, s'il eût triomphé, il eût suffi de diviser la succession en un nombre de parts

1. Cité par Aubry et Rau, VI, p. 326, en note.

2. La question ayant perdu la plus grande partie de son importance depuis le vote de la loi de 1896, nous passons sous silence divers autres systèmes, notamment celui de M. Thiry (Cours de Code civil II, n° 81), rappelant seulement les principaux.

3. Voir *Supra*.

égales au total obtenu en doublant le nombre des enfants légitimes et en y ajoutant celui des enfants naturels, de donner deux de ces parts à chacun des enfants légitimes et une seule à chaque enfant naturel. Mais, nous savons que le Sénat a repoussé ce système, le jugeant en contradiction avec les textes, et, par suite, il ne peut mériter la préférence.

Nous n'admettrons pas davantage la doctrine de M. Unterholzner qui nous paraît reposer sur une véritable pétition de principes, en supposant que la part d'un des enfants naturels se trouve déjà fixée tandis que c'est justement cette part que l'on recherche.

Le système de M. Gros est certainement très ingénieux, mais il doit être repoussé, car il conduit à ce résultat qu'au cas (bien rare il est vrai) où il existerait plus de neuf enfants naturels en présence d'un seul enfant légitime, ce dernier serait moins favorisé que les ascendants ou les collatéraux privilégiés, les enfants naturels prenant alors plus des trois quarts de la succession.

Enfin, le législateur de 1896 s'étant expressément référé au système de la jurisprudence, aussi bien dans cette hypothèse que pour le cas où il n'existe qu'un seul enfant naturel, aucune autre théorie ne saurait prévaloir actuellement.

D'ailleurs, cette solution est-elle, comme on l'a dit, en contradiction avec le texte ? A ne considérer que les mots, cela ne saurait être douteux. Mais si l'on recherche l'esprit dont s'est inspiré le législateur, il peut être permis de penser qu'il a usé dans l'article 758 du singulier pour le pluriel, qu'il a dit « un enfant naturel, songeant aux enfants naturels *in globo*[1] ». C'est donc là plutôt une querelle de mots qu'une objection vraiment sérieuse.

On a encore reproché à ce système de n'être point équitable en ne traitant pas mieux un enfant naturel en concours avec un enfant légitime et un autre enfant naturel qu'un enfant naturel en concours avec deux enfants légitimes, et en faisant bénéficier dans ce cas l'enfant légitime seul de la réduction opérée. C'est vrai ; mais cela nous semble tout naturel le retranchement étant opéré dans l'intérêt de la famille légitime seule. Quelle que soit la bienveillance des auteurs de la loi de 1896 pour les enfants naturels, elle n'est cependant pas sans limites, et en « admettant comme certains les résultats acquis », ils ont clairement montré leur volonté devant laquelle le commentateur doit s'incliner avec respect.

Voici maintenant quelques résultats pratiques de ce système :

Deux enfants naturels en concours avec un enfant légitime ont chacun 1/6 de la succession.

Deux enfants naturels en concours avec deux enfants légitimes ont chacun 1/8 de la succession.

Deux enfants naturels en concours avec trois enfants légitimes ont chacun 1/10 de la succession, etc.

Trois enfants naturels en concours avec un enfant légitime ont chacun 1/8 de la succession.

Trois enfants naturels en concours avec deux enfants légitimes ont chacun 1/10 de la succession.

Trois enfants naturels en concours avec trois enfants légitimes ont chacun 1/12 de la succession, etc.

De même que les enfants légitimes renonçants ou indignes ne doivent pas être pris en considéra-

1. Baudry et Wahl : *Successions*, T. 1, n° 644.

tion pour le calcul de la part des enfants naturels, de même au cas de renonciation ou d'indignité d'un enfant naturel, la succession doit être partagée comme si cet enfant naturel n'avait jamais existé. Un seul auteur[1] a prétendu que la part de l'enfant naturel renonçant devait accroître seulement aux autres enfants naturels, se fondant sur ce que les enfants légitimes n'étaient point ses cohéritiers. La doctrine, en général, a toujours repoussé cette solution, en répondant que les enfants naturels ne sont pas davantage ses cohéritiers[2]. Après la réforme accomplie, cette théorie ne saurait plus être soutenue les enfants légitimes et les enfants naturels étant tous héritiers au même titre, et par conséquent cohéritiers[3].

§ II. — Concours de l'enfant naturel avec des ascendants, des frères et sœurs, ou des descendants de frères ou sœurs.

Le droit de l'enfant naturel, lorsqu'il vient en concours avec des ascendants ou des frères et sœurs légitimes, ou bien avec des descendants de frères ou sœurs légitimes, est fixé par la loi nouvelle aux *trois quarts* de la portion qu'il aurait eue s'il eût été légitime, alors que ce droit était seulement de la moitié sous l'empire du Code civil.

Ainsi, dans cette hypothèse comme dans celle où le concours existe avec des descendants légitimes,

2. Hureaux : *Traité des Successions*, T. V., p. 219.
2. Baudry et Wahl, 646 bis.
3. Defrénois, 70. — Ménard, n° 57.

la pensée du législateur a été d'attribuer à l'enfant naturel une portion de ce qu'il aurait eu s'il eût été légitime. Seulement, comme, en ce cas, il aurait eu la totalité de la succession, à l'exclusion de tous ascendants ou collatéraux, sa part doit être calculée sur la totalité et non plus sur une fraction de l'hérédité.

Il résulte de là que, dans cette hypothèse, le nombre des héritiers légitimes en présence desquels se trouve l'enfant naturel, reste sans influence sur sa part héréditaire. « La loi établit alors une sorte de « forfait entre la parenté naturelle et la parenté « légitime ; elle divise, elle fend, pour ainsi dire, la « succession à peu près de la même manière que « l'article 733 fend et divise la succession légitime « entre les parents paternels et les parents mater- « nels[1] »

De telle sorte que le nouvel article 759 s'appliquera tout aussi bien s'il n'existe qu'un seul ascendant, qu'un seul frère ou une seule sœur, ou bien un seul neveu, que s'il en existe plusieurs[2], de même qu'il s'appliquera encore quel que soit le nombre des enfants naturels.

D'où il suit encore que la quotité des droits des enfants naturels considérés en bloc ne varie pas si certains d'entre eux sont renonçants ou indignes, et que la part de ces derniers accroît seulement aux autres enfants naturels[3].

La part attribuée aux enfants naturels se partagera entre eux par tête, lorsqu'il en existe plusieurs.

1. Demolombe : *Successions*, T. II, n° 73.
2. Idem. — Baudry et Wahl, n° 649.
3. Demolombe, n° 77. = Baudry et Wahl, n° 649. — Huc, V. 98.

Il importe peu qu'ils soient nés du même père et de la même mère, ou de la même mère ou de pères différents, ou du même père et de différentes mères ; ils ont tous les mêmes droits lorsqu'il s'agit de partager la succession de leur auteur commun [1].

Nous verrons bientôt que si l'un d'eux est prédécédé, ses enfants ou descendants peuvent le représenter et recueillir la portion à laquelle il aurait eu droit s'il eût vécu [2].

D'un autre côté, le quart attribué aux parents légitimes sera réparti entr'eux suivant les règles ordinaires comme l'eût été la succession tout entière en l'absence d'enfants naturels.

On a toutefois contesté que ce principe fût applicable au cas où l'auteur de l'enfant naturel aurait laissé à la fois son père ou sa mère et des frères ou sœurs, et, en se fondant sur ce que les ascendants seuls ont une réserve, on a voulu exclure les frères et sœurs au profit de ces derniers par application de l'ancien article 915 (914 nouveau). Mais il faudrait pour cela assimiler le droit héréditaire de l'enfant naturel à une libéralité faite sur la quotité disponible, ce qui est impossible, à l'heure actuelle plus que jamais auparavant, le nouvel article 758 accordant à l'enfant naturel un véritable droit héréditaire et les articles 912 et suivants ne réglant que l'effet des libéralités du *de cujus*. Il résulte d'ailleurs clairement de la discussion de la loi que l'on s'est référé implicitement sur ce point aux règles ordinaires du Code civil [3]. En conséquence, les frè-

1. Demolombe : *Successions*, II, n° 77.

2. Voir *Infra*, chapitre suivant.

3. *Journal Officiel*. Sénat : Débats 1895, p. 208 et 229. — Réponse de M. Dauphin à M. Demôle. « Reportez-vous au Code Civil ».

res et sœurs prendront, dans cette hypothèse, un huitième de la succession et le père et la mère se partageront l'autre huitième recueillant ainsi chacun un seizième[1].

Par application du même principe, si le père ou la mère étant décédés le survivant d'eux vient en concours avec des frères et sœurs ou des descendants de frères ou sœurs, sa part ne sera encore que d'un seizième[2].

De même, la part des parents légitimes renonçants ou indignes accroîtra seulement aux héritiers légitimes[3].

Sous l'empire du Code civil, la plus grave difficulté de la matière consistait à rechercher quelle serait la part de l'enfant naturel en présence uniquement de neveux ou nièces du défunt. En d'autres termes on se demandait si les neveux ou nièces qui, en l'absence d'ascendants et de frères ou sœurs du *de cujus*, concouraient avec l'enfant naturel, devaient pour la détermination de la part de succession revenant à celui-ci être assimilés aux frères ou sœurs desquels ils descendaient ou bien s'il fallait les envisager comme des collatéraux ordinaires.

La question était très controversée.

Sous prétexte d'interpréter logiquement le principe suivant lequel la part de l'enfant naturel augmente en raison inverse de la proximité du

1. Demolombe : *Successions*, II, n° 79.— Aubry et Rau, VI, § 605. — Huc, V, 98. — Baudry-Lacantinerie et Wahl, n° 633. — Defrénois, n° 81. — P. Alard, p. 153. — Ménard, n°s 83 et 84.

2. Application de l'article 733 du Code civil. — Ménard, n° 85.

3. Baudry-Lacantinerie et Wahl, n° 682. — Ménard, 86. — Defrénois, 80.

degré auxquels se trouvent dans l'échelle de la parenté les héritiers légitimes concurrents, appliquant strictement le texte à raison du caractère exceptionnel des dispositions concernant les successions irrégulières, la jurisprudence décidait que les neveux et nièces devaient être considérés en ce cas comme des collatéraux ordinaires et que, par suite, la portion de l'enfant naturel en concours avec eux devait être fixée aux trois quarts de la succession[1].

La majorité des auteurs au contraire s'inspirant de l'esprit du code plutôt que de son texte, enseignaient que les descendants de frères ou sœurs devaient réduire l'enfant naturel à la moitié de la succession, par cette raison que, partout ailleurs, ils jouissaient des mêmes privilèges que les frères et sœurs eux-mêmes, et que cela résultait des travaux préparatoires. D'autre part, disait-on, il était difficile de concevoir que, succédant, de l'avis de tout le monde, par représentation lorsqu'ils venaient à la place de leur auteur prendre leur part à côté des frères et sœurs survivants, ils fussent exclus de cette catégorie d'héritiers par cela seul qu'aucun de ces derniers ne survivait[2].

La loi nouvelle a tranché la question en consacrant le système de la doctrine. Les mots « *ou des descendants légitimes de frères ou sœurs* » ont été ajoutés au texte ancien, et à l'heure actuelle aucun doute n'est plus permis à cet égard : les neveux ou nièces sont complètement assimilés aux frères et sœurs.

1. Cass. Civ. 2 mai 1888, *S.* 88, 1. 209, D. P. 88, 1, 209, et les renvois.

2. Demolombe : *Successions*. II, n° 75. — Aubry et Rau, VI, p. 326, § 605, note 10. — Baudry-Lacantinerie et Wahl : *Successions*, I, n° 650.

Les règles de la représentation sont en tous points applicables. Donc, lorsqu'il existe au moment de l'ouverture de la succession à la fois des frères ou sœurs et des descendants légitimes de frères ou sœurs décédés, ces derniers viennent au partage par représentation de leurs auteurs en concours avec les frères et sœurs survivants. Mais, si parmi les frères et sœurs survivants quelques-uns renoncent ou sont déclarés indignes les descendants de ceux-ci ne peuvent les représenter et seront écartés de la succession.

Lorsque tous les frères et sœurs sont décédés leurs descendants légitimes les représentent et tous les enfants issus d'un frère ou d'une sœur décédé ne comptent que pour une tête.

Si tous les frères ou sœurs sont renonçants ou indignes, leurs descendants venant alors, non plus par représentation, mais de leur propre chef, se partagent le quart dévolu à la famille légitime.

En résumé, le nouvel article 759 contient deux réformes importantes.

1° Conformément au système général de la loi de 1896 il élargit la part de l'enfant naturel en présence d'ascendants ou de collatéraux privilégiés et la porte de la moitié aux deux tiers de la succession.

2° Consacrant la doctrine antérieurement établie il assimile les descendants de frères et sœurs aux frères et sœurs eux-mêmes.

Cette dernière disposition était logique, elle aussi. La qualité d'héritiers appartenant aux enfants naturels devait en effet entraîner l'application des règles du droit commun à leur égard. Ajoutons que cette disposition était nécessaire ; la solution contraire eut en effet conduit à décider que les neveux et nièces devaient être complètement exclus.

§ IV. — Droits de l'enfant naturel en présence des collatéraux ordinaires ou en l'absence de tous parents.

Sous l'application du code civil, la présence d'un collatéral du défunt, fût-ce un parent au douzième degré, réduisait la part de l'enfant naturel aux trois quarts de la succession. C'était là un vestige des rigueurs dont le droit coutumier avait usé à l'encontre des bâtards.

Déposant toute haine contre l'enfant illégitime, désireux au contraire d'effacer dans la mesure du possible les conséquences de sa tâche originelle, le législateur de 1896, devait forcément faire disparaître de notre code cette injustifiable disposition.

« Quant à tous les autres collatéraux, » a dit M. Dauphin, « aucun des motifs de philosophie ou de « droit qui militent pour les descendants légitimes, « les frères et sœurs et leurs descendants, ne peut « être invoqué ; les liens de la paternité ou de la « maternité naturelle reconnus apparaissent sans « conteste ; il est contraire à la nature et à la pré- « somption d'affection et de volonté de détourner « quelque chose du patrimoine de l'enfant du sang « au profit d'héritiers jusqu'au douzième degré, « souvent inconnus et ignorant eux-mêmes leur « généalogie. Dans ce cas la totalité des biens doit « appartenir à l'enfant naturel[1]. »

Cette pensée fut traduite dans la loi nouvelle par

1. Rapport de M. Dauphin, déjà cité.

l'article 760 qui dispose que « l'enfant naturel a « droit à la totalité des biens lorsque ses père ou « mère ne laissent ni descendants, ni ascendants, « ni frères ou sœurs, ni descendants légitimes de « frères ou sœurs. »

C'est là une des innovations les plus considérables de la loi nouvelle.

Il en résulte que tous les collatéraux autres que les frères et sœurs ou descendants de frères ou sœurs sont exclus par l'enfant naturel. Les oncles et tantes du de cujus et ses cousins dits germains, pas plus que ses cousins au douzième degré, ne sont appelés maintenant à succéder.

L'enfant naturel exclut aussi le conjoint survivant qui sans lui serait appelé à recueillir la succession tout entière en pleine propriété en l'absence de parents au degré successible[1]. Cependant, nous avons antérieurement admis[2] qu'il doit en être autrement lorsque l'enfant né du défunt et d'une tierce personne n'a été reconnu que pendant le mariage; une pareille reconnaissance ne pouvant nuire à l'époux survivant, celui-ci recueillera la totalité de la succession, excluant l'enfant naturel lequel aura seulement droit aux aliments que l'humanité la plus élémentaire commande de lui accorder.

L'enfant naturel exclut complètement l'Etat.

Dans le cas où la succession tout entière est dévolue aux enfants naturels, ceux-ci la partagent entre eux d'après les règles ordinaires.

1. Voir *Infra* pour le droit d'usufruit du conjoint survivant.
2. Voir *Supra*, 2e partie, sect. II, chap. II.

APPENDICE

Atteinte portée aux droits de l'enfant naturel par l'usufruit du conjoint survivant

Nous venons de voir que l'enfant naturel exclut le conjoint survivant de la succession en pleine propriété.

Mais il devra, dans tous les cas, subir l'usufruit que la loi du 9 mars 1891 a créé au profit de l'époux sur les biens de son conjoint prédécédé. Cet usufruit porte, on le sait, sur une fraction de la succession. Or, le calcul de cet usufruit devant être opéré sur la masse de tous les biens composant cette succession, la part de l'enfant naturel prise dans cette masse, s'en trouve forcément grevée dans la proportion de ce qu'elle est elle-même par rapport à la succession.

L'enfant naturel se trouve-t-il en concours avec des enfants légitimes issus du mariage de son auteur avec le conjoint survivant ? Le droit d'usufruit de ce dernier sera d'un quart de la succession [1]. Il portera donc sur le quart de la part revenant à l'enfant naturel.

Exemple : il s'agit de partager une succession de 120.000 francs entre deux enfants légitimes et un enfant naturel en présence du conjoint survivant. Le droit d'usufruit de celui-ci portera sur 30.000 fr. L'enfant naturel ayant recueilli 1/6 de la succession, soit 20.000 francs, supportera l'usufruit sur

1. Art. 767, § 2, al. 1.

5.000 francs, et recueillera, en définitive 15.000 fr. en pleine propriété et 5.000 francs en nue propriété seulement. En d'autres termes, héritant d'un sixième de la succession, l'enfant naturel supportera aussi un sixième de l'usufruit du conjoint survivant, 5.000 francs en l'espèce.

L'enfant naturel se trouve-t-il en concours avec des enfants légitimes nés d'un premier mariage de son auteur et en présence du second conjoint de ce dernier? L'usufruit de celui-ci portant alors sur une part d'enfant légitime, le moins prenant[1], la portion de l'enfant naturel se trouvera plus ou moins grevée selon que cette portion sera plus ou moins forte. Il faudra donc d'abord calculer la part de l'enfant légitime le moins prenant, telle qu'elle se trouve en réalité, c'est-à-dire en tenant compte de la présence des enfants naturels, rechercher quelle fraction de la succession elle représente, diminuer d'une pareille fraction la part de l'enfant naturel en pleine propriété et lui attribuer cette dernière fraction en nue-propriété. Enfin, dans l'hypothèse où il n'existe aucun enfant légitime du défunt, l'usufruit du conjoint étant de moitié[2] portera pour moitié sur la part de l'enfant naturel.

Ainsi, au cas où l'enfant naturel se trouve seul vis-à-vis du conjoint survivant, il recueillera la pleine propriété de la moitié de la succession et la nue-propriété seulement de l'autre moitié.

S'il existe des ascendants des frères et sœurs ou des descendants de frères et sœurs, l'usufruit du conjoint devrait porter pour moitié sur la part de

1. Art. 767, § 2, al. 2.
2. Art. 767, § 2, al. 3.

l'enfant naturel et pour moitié sur la part afférant aux frères et sœurs. Mais, le droit de l'époux survivant ne pouvant jamais préjudicier aux droits de réserve[1], cet usufruit subira une réduction toutes les fois qu'il aurait pour effet de porter atteinte à la pleine propriété de la réserve héréditaire des enfants naturels et qu'il ne pourra trouver une autre base par suite de la présence du père ou de la mère du *de cujus* lesquels sont également héritiers réservataires. Au contraire, si l'enfant naturel a vis-à-vis de lui des frères et sœurs ou des descendants de frères et sœurs, ces derniers n'ayant aucun droit de réserve, devront subir parfois pour la totalité l'usufruit du conjoint survivant[2].

1. Art. 767, § 4.
2. Voir *Supra*, chap. VII.

CHAPITRE V.

Droits des descendants de l'enfant naturel

L'article 759 du code civil disposait qu' « en cas « de prédécès de l'enfant naturel, ses enfants ou « descendants pouvaient réclamer les droits fixés « par les articles précédents. »

Le législateur de 1896 s'est borné à reproduire presque littéralement cette disposition. Le nouvel article 761 est en effet ainsi conçu :

« En cas de prédécès des enfants naturels, leurs « enfants et descendants peuvent réclamer les droits « fixés par les articles précédents. »

Le principe de cette disposition ne saurait faire difficulté. Il existe en effet une parenté civile entre le père ou la mère de l'enfant naturel reconnu et les enfants légitimes de celui-ci. Car, si l'on conçoit que les parents de celui qui a reconnu un enfant naturel étant étrangers à cette reconnaissance, il ne résulte de cette reconnaissance aucun lien légal entre l'enfant naturel et eux-mêmes, il n'existe au contraire aucune raison qui empêche les rapports d'union entre les père et mère naturels et leur enfant de s'étendre aux enfants légitimes de ceux-ci[1].

L'équité et la logique commandaient donc d'appe-

1. Demolombe : *Paternité et filiation*, n° 550.

ler les descendants de l'enfant naturel à exercer dans la succession du père ou de la mère qui l'a reconnu les droits qu'il aurait pu lui-même y exercer.

Les descendants des enfants naturels recueillant la part qui serait échue à leur auteur s'il eût existé lors de l'ouverture de la succession bénéficieront de toutes les réformes apportées par la loi nouvelle à la fixation de cette part.

Les règles de la représentation leur seront applicables. Cette solution n'est pas douteuse ; l'article 761 ne saurait avoir d'autre sens. Il en résulte que si de deux enfants naturels reconnus par le défunt l'un est prédécédé laissant des enfants légitimes, ceux-ci viendront par représentation prendre la portion qui aurait été dévolue à leur père concurremment avec l'enfant naturel survivant ; — et encore que si tous les enfants naturels reconnus par le défunt sont décédés les enfants laissés par chacun d'eux viendront à la succession de leur aïeul pour une seule tête[1].

Mais, est-ce seulement par représentation et en cas de prédécès de l'enfant naturel que ses descendants sont appelés à la succession de leur aïeul ? — En d'autres termes, les descendants de l'enfant naturel peuvent-ils venir à cette succession de leur propre chef au cas de renonciation ou d'indignité de leur auteur ? — Telle est la question qui se po sait à l'époque où le code civil était en vigueur et qui se pose encore à l'heure actuelle.

1. Baudry-Lacantinerie et Wahl : *Successions*, 1, nº 661. — Demolombe : *Successions*, II, nº 85. — Demante III, nº 78 bis — Ménard, nºˢ 102 et 103.

La controverse naît de ce que le texte ne prévoit que le cas de prédécès de l'enfant naturel.

Il est regrettable que la loi nouvelle n'ait point définitivement tranché cette difficulté très réelle.

Pour soutenir que les descendants de l'enfant naturel renonçant ou indigne ne sauraient succéder de leur propre chef à leur aïeul, on dit d'abord que, tout étant de droit étroit, en cette matière, une interprétation restrictive doit être donnée au texte. On ajoute qu'il est de règle que les vocations héréditaires sont réciproques et que, de l'avis général [1], les parents de l'enfant naturel ne succèdent pas aux descendants de celui-ci. Certains auteurs [2] font enfin observer qu'étendre cette disposition au cas de renonciation ou d'indignité, ce serait rendre illusoire la prohibition de l'article 908 ; car, venant de leur propre chef, les descendants de l'enfant naturel ne seraient pas tenus au rapport des dons faits à leur père, et, après que celui-ci aurait déjà reçu par donation sa part héréditaire, ils pourraient venir la réclamer une seconde fois.

Ces arguments ne manquent pas de force et ont entraîné l'opinion de savants jurisconsultes [3].

Néanmoins, la doctrine contraire a été plus généralement adoptée et nous croyons qu'elle doit être suivie encore aujourd'hui.

D'abord, il est certain qu'en de nombreuses circonstances, au titre des successions, l'expression « *en cas de prédécès* » a été employée comme syno-

1. Demolombe : *Successions*. II, n° 142.

2. Campistron : *Commentaire de la loi du 25 Mars 1896*, n°s 35 et 61.

3. Duranton, VI, n° 294. — Toullier II, n° 259. — Dalloz J. G. V° *Successions*, n°s 347 et 34<,

nyme de « à *défaut de* » ; on peut en citer comme exemple les articles 750 et 766 du code civil. Il n'y a donc aucun argument à tirer de là.

D'autre part, s'il est vrai que, en général, les vocations héréditaires sont réciproques, ce n'est pas cependant là une règle absolue. C'est ainsi que l'adopté succède à l'adoptant sans que l'adoptant succède à l'adopté. Il peut donc en être de même dans notre hypothèse.

Reste l'argument tiré de l'article 908. Cet article, nous le verrons plus tard, détermine la portion la plus considérable qui puisse être prélevée sur la succession au profit de la filiation naturelle du défunt. Or, nous concédons que, si les donations faites à l'enfant naturel renonçant ont atteint ce maximum, on ne pourrait rien attribuer à ses descendants, la part réservée aux parents naturels étant épuisée. Mais il nous semble que si, sur cette part, il reste encore quelques biens disponibles, les descendants du renonçant devront être appelés pour la recueillir On objectera sans doute que c'est imposer à l'enfant naturel un rapport fictif à l'obligation duquel sa renonciation le soustrait. Nous répondrons que, si, comme on le décide en général [1], les libéralités faites à l'enfant naturel peuvent être réduites malgré sa renonciation, elles peuvent être aussi fictivement rapportées dans le cas qui nous occupe, car, dans les hypothèses dont s'agit, ces libéralités sont réductibles ou rapportables, non parce que le bénéficiaire est héritier, mais parcequ'il est enfant naturel.

D'ailleurs, la solution proposée par la doctrine à laquelle nous nous rallions paraît contenue, impli-

1. Voir *Supra*, chap. VI.

citement tout au moins, dans le texte. En effet, c'est un principe constant en matière de représentation que le représentant doit avoir personnellement l'aptitude requise pour succéder de son propre chef. En appelant les descendants de l'enfant naturel prédécédé à représenter celui-ci, la loi leur reconnaît donc le droit de venir de leur chef à la succession de leur aïeul[1].

Il ne faut pas toutefois oublier que pour que les descendants d'un enfant naturel renonçant ou indigne puissent venir à la succession il faut qu'il n'existe pas d'autres enfants naturels du défunt, ou que ceux-ci soient tous renonçants ou indignes. Sinon les descendants du renonçant ou de l'indigne se trouveraient écartés par les autres enfants naturels selon le droit commun.

Reste à savoir ce que notre article comprend sous l'expression « *enfants et descendants* » ?

Il n'est pas douteux que ces mots ne s'appliquent à tous les enfants et descendants légitimes et légitimés de l'enfant naturel prédécédé. Mais, faut-il leur joindre les enfants naturels de ce dernier ?

Se fondant sur une observation de Cambacérès au cours des travaux législatifs, plusieurs jurisconsultes ont prétendu qu'il fallait étendre cette disposition aux enfants naturels[2].

Mais, guidés par le bon sens et la logique, le plus grand nombre a pris parti sans hésitation pour la solution adverse, et la loi nouvelle ne contient aucun principe qui soit de nature à modifier cette

1. Demolombe, II, n° 86. — Demante III, 78 bis. — Huc, V n° 101. — Vigié II, 145. — Aubry et Rau, VI, p 331, § 605, note 18. — Fuzier-Hermann, art 759, n° 1. — Ménard, n° 102.

2. Duranton, VI, 295. — Delvincourt II, p. 22.

solution. Le nouvel article 757, aussi bien que l'ancien article 756, pose en effet le principe que les enfants naturels n'ont aucun droit sur la succession des parents de leur auteur. S'il en est ainsi pour les enfants naturels d'un fils légitime à plus forte raison doit-on faire application de ce principe lorsqu'il s'agit des enfants naturels d'un fils naturel.

En résumé, la loi de 1896 n'a rien changé aux droits des descendants de l'enfant naturel et les commentaires de l'ancien article 759 conservent toute leur autorité.

CHAPITRE VI

Des libéralités permises en faveur des enfants naturels et des libéralités prohibées

Soucieux d'assurer le respect des restrictions qu'ils avaient apportées aux droits de succession de l'enfant naturel, les rédacteurs du Code civil avaient pris soin de donner une sanction aux règles de la succession ab intestat. Afin d'éviter que la tendresse des pères naturels n'éludât ces rigoureuses dispositions, ils avaient déclaré que la fixation par eux faite des droits appartenant aux enfants nés hors mariage serait définitive et invariable et que rien, pas même la volonté clairement manifestée du *de cujus*, ne saurait faire échec à cette limitation. Cette sanction, elle était contenue dans les articles 760 et 908 du Code civil, le premier obligeant l'enfant naturel à imputer sur sa part héréditaire toutes les libéralités à lui faites par le défunt, le second frappant l'enfant naturel d'une incapacité relative de recevoir de ses père ou mère au delà de ce que la loi elle-même lui attribuait dans leur succession. De ces articles, il résultait qu'un père était dans l'impossibilité de traiter son enfant naturel aussi bien qu'il pouvait traiter un étranger. Pour qu'il lui soit permis d'être généreux vis-à-vis de son bâtard, le père devait s'abstenir de le reconnaître. Il faut avouer que si c'était là « honorer le mariage », c'était certainement outrager la morale. Aussi ces règles faisaient-elles l'objet des plus vives attaques et, de l'avis général, elles étaient au nombre de celles qui nécessitaient une réforme. « Cette dispo-« sition ne saurait être maintenue », disaitM. Dauphin au sujet de l'article 908. « Elle est une atteinte « à la liberté et à l'autorité paternelles, souvent une « injustice, plus souvent encore une objection et un « obstacle aux reconnaissances des enfants natu-« rels que la loi doit encourager. [1] »

D'autre part, les législations étrangères étaient en progrès sur la nôtre à cet égard, et celles-là même qui avaient puisé dans le Code civil français leur inspiration n'avaient point reproduit ces étroites limitations[2], ou bien en avaient singulièrement atténué la rigueur[3].

Enfin, il y avait là une disposition qui n'était plus « en harmonie avec les mœurs d'une société où tend à s'effacer de plus en plus l'injuste défaveur qui a si longtemps pesé sur les enfants naturels ».

Disons de suite que l'article 760 a été complètement abrogé et que l'article 908 a subi de profondes modifications.

Il était inutile de reproduire l'article 760 : l'enfant naturel étant déclaré héritier, l'obligation du rapport pèse aujourd'hui sur lui comme sur tout héritier légitime et de la même manière. Son maintien aurait eu pour seul résultat d'entretenir des controverses sur la nature de l'imputation.

1. *Journal Officiel*. Sénat : Documents 1895, p. 5.

2. Code civil espagnol et Code civil portugais. — *Supra*, 1re partie, Ch. VI, Législations etrangères.

3. Code civil Italien, — l'art. 708 reproduit, il est vrai, l'art. 908 du code français, mais seulement au cas où il existe des descendants légitimes ou un conjoint.

Quant à l'article 908 on en a complètement changé les principes.

Nous ne reviendrons pas ici sur les discussions générales auxquelles cet article a donné lieu au cours des travaux législatifs, nous les connaissons déjà[1]. Il convient maintenant d'examiner les réformes accomplies.

Ces réformes se résument de la façon suivante :

Le nouvel article 908 maintient pour les enfants naturels la prohibition de recevoir par donation entre vifs au delà de leur part successorale, mais il fait cesser entièrement cette prohibition pour les libéralités testamentaires lorsqu'ils ne sont pas en concours avec des descendants légitimes du *de cujus*, et dans ce dernier cas il laisse encore au père ou à la mère la faculté d'avantager l'enfant naturel au delà de ses droits héréditaires, pourvu que sa part ne dépasse pas celle d'un enfant légitime le moins prenant.

Bref, les donations entre vifs demeurent interdites, mais les dispositions testamentaires sont permises en faveur des enfants naturels sous cette seule limitation que dans aucun cas elles ne dépassent une part d'enfant légitime le moins prenant.

Entre quelles personnes sont applicables les prohibitions de l'article 908

La capacité des personnes et la libre disposition des biens étant des règles générales, l'article 908 devra recevoir une interprétation de droit étroit, puisqu'il apporte une exception à ces règles. Par suite, les prohibitions décrétées par ce texte devront

1. *Supra*, 2e partie, section 1, chap. 1.

être uniquement appliquées aux cas expressément visés.

On ne saurait nier qu'il existe une corrélation entre l'article 908 et les textes du titre des successions qui règlent les droits des enfants naturels ; or, ces droits ne s'exercent que dans la succession des père et mère qui les ont reconnus. Donc l'étendue des donations et des legs n'est restreinte qu'entre les enfants naturels et ces père ou mère.

En conséquence notre disposition ne saurait être étendue aux donations et aux testaments faits par toutes autres personnes en faveur des enfants naturels. Les parents du père ou de la mère de l'enfant naturel pourront donc faire à ce dernier toutes libéralités qu'il leur plaira, sauf à se conformer aux règles de la disponibilité du droit commun. Les auteurs ont toujours été unanimes sur ce point[1].

On discute au contraire le point de savoir quels enfants naturels sont frappés par les prohibitions de l'article 908.

Ce sont d'abord tous les enfants naturels simples. Ce sont aussi les enfants adultérins et incestueux toutes les fois que leur filiation se trouve légalement établie[2].

La prohibition atteint-elle les descendants légitimes de l'enfant naturel ? Là est la difficulté.

Un point cependant est hors de doute. Si l'enfant naturel est vivant les donations faites à ses enfants par ses père et mère seront réductibles étant, aux

1. Demolombe, *Donations*, I, n° 562. — Aubry et Rau, VII, p. 35, § 649. — Baudry-Lacantinerie et Colin : *Donations*, I, n° 404. — Fuzier-Hermann, art. 908, n° 15. — Rouen, 20 Mars 1851, S. 51, 2, 211. D. 51, 2, 216.

2. Nous réservons pour le chapitre spécial aux enfants adultérins et incestueux la discussion sur ce point.

termes de l'article 911, réputées faites à lui-même par interposition de personnes.

Mais la question est délicate, lorsque l'enfant naturel était décédé à l'époque où la donation a été faite à ses enfants, car alors il ne peut être question de personnes interposées.

La jurisprudence, interprétant toujours strictement les incapacités se refusait à leur appliquer l'article 908. Un texte, disait-elle, était nécessaire pour appeler les descendants légitimes de l'enfant naturel prédécédé à exercer les droits de celui-ci dans la succession de ses auteurs, il en faudrait un également pour les frapper d'une prohibition écrite seulement pour ces derniers en tant seulement qu'enfants naturels[1].

Il paraît pourtant bien que la volonté du législateur ait été de les assimiler aux enfants naturels eux-mêmes. D'abord, au titre des successions, ils sont appelés à exercer les mêmes droits que ces derniers, et il existe, nous l'avons dit, une corrélation certaine entre les dispositions de ce titre et l'article 908. Ensuite, les raisons de décider sont les mêmes dans les deux cas : l'intérêt de la famille légitime commande cette solution dans l'une comme dans l'autre hypothèse. Cette seconde opinion nous semble donc préférable à la première[2].

S'il est vrai que l'article 908 s'applique à tous ceux que visent les articles 757 et suivants, mais seulement à ceux-là, la prohibition qu'il édicte ne doit

1. Cass. 18 mai 1898, *S*. 79, 1, 337. D. 78, 1, 401. — 21 juillet 1879, *S*. 80, 1, 31, D. 81. 1, 548. — Sic, Baudry-Lacantinerie et Colin : *Donations*, I, 465 et suivants. — Aubry et Rau, VII, p. 36, § 649.

2. Demolombe : *Successions*, II, n° 93 ; Donations, I, n° 561. — Campistron, n° 60.

frapper que les enfants naturels *légalement* reconnus. La doctrine et la jurisprudence sont cependant en désaccord sur ce point. Un grand nombre de décisions déclarent en effet que l'article 908 permet de réduire les libéralités faites par un testament olographe dont la cause impulsive et déterminante réside dans la qualité d'enfant naturel attribuée par le testateur au légataire. Cette cause étant, dit-on, contraire à la loi pour ce qui excède les dispositions de l'article 908, on en conclut que les libéralités qu'elle fait naître sont réductibles [1]. Mais, cette jurisprudence ne paraît pas tenir compte de l'indivisibilité qui s'attache forcément à la qualité d'enfant naturel, le même individu ne pouvant, en vertu d'un même testament, être ou n'être pas reconnu. Une reconnaissance faite dans un testament olographe n'a aucune valeur légale ; c'est là un point incontesté [2]. L'enfant naturel reste donc étranger au testateur ; il n'existe entr'eux aucun lien civil ; comment pourrait-il être autre chose qu'un étranger vis-à-vis des héritiers de ce testateur ? Les arrêts et les auteurs qui les approuvent font, nous semble-t-il, une pétition de principes et résolvent la question par la question ; car, dire que la cause d'une pareille libéralité est contraire à la loi, c'est dire que l'article 908 est applicable, ce qui est justement à démontrer. D'autre part, cette thèse fut-elle exacte, reposerait sur une confusion entre la cause et le motif de la libéralité. Dans un acte à titre gratuit, la cause c'est uniquement l'intention libérale ; la parenté naturelle,

1. Caen, 11 décembre 1876, *S.* 77, 2, 8 ; D. 78, 5, 192. — Aubry et Rau, VII, n° 568 ter, note 14.

2. Dalloz. J. G. : *Paternité et filiation*, n° 539.

dans l'espèce, n'est que le motif[1]. Enfin, la modification apportée au texte de l'ancien article 908 par la loi nouvelle, nous paraît trancher la question. En effet, le législateur, après avoir admis comme certain au cours de la discussion que l'article 908 ne peut être appliqué en l'absence d'une reconnaissance légale[2], n'a-t-il pas pris soin de remplacer dans notre article l'expression *les enfants naturels*. par celle-ci « les enfants naturels *légalement reconnus* ? » Nous concluons donc que la prohibition de l'article 908 ne peut se fonder que sur une reconnaissance légale.

Il résulte de là que, même à l'égard de la mère, tout droit de recherche doit être refusé aux héritiers légitimes pour faire réduire une libéralité faite par celle ci à de prétendus enfants naturels.

Nous verrons que l'article 908 ne doit pas, non plus, être appliqué aux enfants adultérins ou incestueux lorsque leur filiation n'a pas été légalement constatée[3].

ÉTENDUE ET SANCTION DES PROHIBITIONS DE L'ARTICLE 908

§ Ier. — Donations entre vifs.

Les donations entre vifs faites à l'enfant naturel par les parents qui l'ont reconnu ne sont pas interdites d'une façon absolue. Elles ne le sont qu'autant qu'il existe certains proches héritiers et seulement

1. Baudry-Lacantinerie et Colin. *Donations*, n° 59 et suivants et 458.

2. *Journal Officiel*. Sénat : Débats 1895, p. 218 à 223.

3. Voir *Infra*, chap. VIII.

dans la mesure où elles dépassent la part qui est attribuée à l'enfant naturel au titre des successions.

Or, comme il est impossible de déterminer cette part avant l'ouverture de la succession du donateur, ces donations devront d'abord s'exécuter pour la totalité et produiront tous leurs effets jusqu'au décès du testateur. A ce moment s'ouvrira seulement l'action des héritiers à leur sujet.

Donations atteintes par l'article 908. — L'article 908 frappe toutes les donations faites à l'enfant naturel ; aucune ne saurait échapper aux restrictions qu'il impose. Il importe peu que la libéralité ait été faite par acte authentique ou par don manuel ou qu'elle ait été déguisée sous les apparences d'un contrat à titre onéreux [1] ou bien encore qu'elle ait été faite aux personnes que l'article 911 répute personnes interposées, c'est-à-dire aux enfants, descendants ou conjoints de l'enfant naturel.

Cette prohibition s'applique-t-elle aussi aux donations faites à l'enfant naturel dans son contrat de mariage ? Les donations ainsi faites, appelées donations contractuelles, jouissent d'un régime de faveur et tiennent en quelque sorte une situation intermédiaire entre la donation ordinaire et le testament. M. Thévenet avait déposé sur le bureau du Sénat un amendement tendant à excepter les libéralités ainsi faites des rigueurs de l'article 908. Cet amendement ayant été repoussé, il n'est pas permis de douter devant la généralité des termes du texte que de pareilles donations ne puissent excéder la part

1. Defrénois, n° 127. — Ménard, n° 128.

héréditaire de l'enfant naturel auquel elles s'adressent.

Les donations avec réserve d'usufruit comme les donations en pleine propriété sont atteintes par notre article ; car, malgré cette réserve, elles n'en constituent pas moins une donation irrévocable. Faut-il alors, pour estimer la donation, déduire la valeur de l'usufruit ? Certains le pensent[1], mais nous ne le croyons pas ; car les revenus étant en général présumés employés *lautius vivendo*, n'auraient point augmenté le patrimoine de l'enfant naturel et n'auraient pas diminué l'actif héréditaire.

Doit-on tenir compte, pour appliquer l'article 908, des frais de nourriture, d'entretien, d'éducation, d'apprentissage, des frais ordinaires d'équipement, de ceux de noce et des présents d'usage ? Nous répondrons négativement. Ce ne sont pas là des libéralités proprement dites ; ce sont des *frais* nécessaires commandés par la loi, l'humanité ou les usages, qui n'augmentent point la part héréditaire de l'enfant naturel et qui, par suite, échappent aux prohibitions de notre article, lequel a eu surtout en vue les donations en capital[2].

La question de savoir si l'article 908 s'applique aux donations faites à l'enfant naturel avant sa reconnaissance doit, à notre avis, être tranchée affirmativement. En effet, si l'on admet (comme nous l'admettons)[3] qu'il s'agit là d'une indisponibilité plutôt que d'une incapacité, c'est au jour du décès qu'il faut se placer pour apprécier ce qui était ou

1. Ménard, n° 129.
2. Campistron, n° 53.
3 Voir *Infra*.

non disponible. D'autre part, cette solution résulte logiquement de l'effet déclaratif de la reconnaissance laquelle constate un état sans le créer[1].

Formation de la masse héréditaire ; rapports. — Ce que l'enfant naturel peut recevoir par donation, dit l'article 908, c'est uniquement la portion héréditaire qui lui est accordée au titre des successions. C'est donc à ce titre qu'il faut se reporter pour déterminer dans quelle mesure la donation est valable.

Mais, comme pour déterminer cette part, il faut établir au préalable la masse de la succession, il est opportun de rechercher quels rapports l'enfant naturel devra faire à cette masse, et quels rapports seront dus par ses cohéritiers.

On sait que, en dehors de toute atteinte portée aux droits de réserve appartenant aux uns et aux autres des héritiers, tout successible doit, après son acceptation, faire rapport à la masse héréditaire des libéralités qu'il a reçues du défunt, à moins qu'elles ne soient affectées d'une clause de préciput ; — que s'il renonce, au contraire, il n'est plus tenu d'aucun rapport, à condition toujours que les droits de réserve des héritiers soient sauvegardés. Tel est le droit commun.

Examinons d'abord le cas où l'enfant naturel accepte la succession.

S'il s'agit d'une donation faite en avancement d'hoirie, c'est-à-dire sans clause de préciput, il devra, d'après la règle générale, en opérer le rapport.

Puis, toutes les opérations préliminaires au partage

1. Dijon, 18 décembre 1891 : D. 92, 2, 218.

seront accomplies conformément aux dispositions qui régissent les relations entre cohéritiers. Quelle que soit la quotité de la libéralité rapportée, l'enfant naturel n'obtiendra par le partage que la part héréditaire qui lui est dévolue par le titre des successions.

S'agit-il au contraire d'une donation faite par préciput, et hors part? On a prétendu[1] que l'article 908 rendait impossible une pareille libéralité, que pour l'enfant naturel il ne pouvait y avoir comme pour tout autre successible des dons en avancement d'hoirie et des dons par préciput, que toutes les donations qui lui étaient faites étaient nécessairement rapportables et que la loi réputait non écrite toute dispense de rapport à son profit.

Si l'on veut simplement dire par là qu'en aucun cas l'enfant naturel ne pourra à la fois conserver la donation préciputaire et réclamer sa part héréditaire nous ne ferons aucune difficulté pour admettre cette proposition. Mais nous ne voyons là rien de plus. Il ne s'agit point, qu'on ne l'oublie pas, de rétablir l'égalité entre certains héritiers, mais seulement d'opérer une réduction au profit de la famille légitime. En conséquence dès que la quotité disponible en faveur de l'enfant naturel n'a point été dépassée nous ne voyons rien dans les textes qui permette d'imposer à ce dernier un rapport dont il a été dispensé par le donateur.

Il faut, selon nous, distinguer le cas où la donation excède la part héréditaire de l'enfant naturel, celui où elle est inférieure à cette part, et celui où elle lui est égale.

1. Campistron, n° 50.

Si la donation faite à l'enfant naturel excède sa part héréditaire nul doute qu'il ne doive à ses cohéritiers un rapport, mais, ce rapport sera celui qu'or donne l'article 844 est non pas le rapport de l'article 843. L'enfant naturel ne pourra retenir la donation que jusqu'à concurrence de la quotité disponible à son profit, c'est-à-dire jusqu'à concurrence de sa part héréditaire.

La donation est-elle inférieure à cette part ? Il aura le droit de la conserver tout entière, et il en pourra en outre réclamer sur la succession le complément de cette portion.

Au cas où la donation serait égale à la quotité de ses droits successoraux, il la conserverait purement et simplement.

Toutefois, comme dans toutes ces hypothèses, il faut bien au préalable déterminer la quotité disponible vis-à vis de l'enfant naturel, il y aura lieu de réunir *fictivement* à la masse les biens donnés à l'enfant naturel pour fixer sa part héréditaire. En disant en effet que l'enfant naturel ne pourrait recevoir au-delà de sa part héréditaire, le législateur a certainement voulu parler de sa part héréditaire telle qu'elle aurait été s'il n'avait point reçu la donation. Le système contraire aboutirait en effet à ce résultat étrange que la situation de l'enfant naturel serait d'autant plus malheureuse que son auteur se serait montré plus généreux à son égard.

A la vérité, nous imposons bien ainsi à cet enfant un rapport fictif ; mais, ce qui précède nous paraît démontrer que ce rapport fictif est implicitement ordonné par la loi.

La clause préciputaire affectant une donation faite à un enfant naturel aurait donc pour conséquence pratique de le dispenser d'un rapport en nature dans les cas où, sans cette clause, il devrait l'opérer ainsi, une pareille donation étant seulement réductible pour ce qui dépasserait la part héréditaire. De là, il en résulte encore que l'enfant naturel pourra conserver non-seulement les fruits et intérêts des biens donnés perçus avant l'ouverture de la succession, lesquels sont présumés avoir été employés *lautius vivendo* et par suite n'avoir ni augmenté le patrimoine du bénéficiaire ni diminué l'actif de la succession, mais encore les fruits et revenus perçus depuis l'ouverture de la succession dans la mesure où la donation reste valable. Enfin, l'article 918 devrait aussi recevoir application et par suite l'aliénation soit à charge de rente viagère, soit à fonds perdus, soit avec réserve d'usufruit consentie à l'enfant naturel par ses père et mère devrait être présumée déguiser une donation, mais une donation préciputaire. Dans le système adverse, la dispense de rapport ne pouvant avoir effet, la présomption de donation dont elle est l'accessoire ne saurait être admise, et l'enfant naturel devrait être considéré comme un acquéreur à titre onéreux à moins qu'on ne fasse la preuve que l'acte ne déguise une libéralité.

Nous avons déjà vu que les enfants ou descendants légitimes de l'enfant naturel venant par représentation, au cas de son prédécès, réclamer sa part héréditaire, devront rapporter comme il l'eût fait lui-même les dons qui lui ont été faits par ses père ou mère[1]. C'est tout naturel. En outre il faudra tenir compte également des donations qu'ils auraient eux-

1. Voir *Supra*.

mêmes reçues de son vivant à l'égard desquelles ils sont réputées personnes interposées.

D'autre part, en décidant que les prohibitions qui frappent l'enfant naturel atteignent aussi ses descendants légitimes[1] nous avons par là même admis que ceux-ci sont soumis aux mêmes règles que l'enfant naturel en ce qui concerne les donations dont ils auraient été personnellement gratifiés à une époque où ce-luici était déjà décédé et que, par suite, ils doivent être tenus du rapport réel ou fictif comme lui-même en eût été tenu.

Enfin, ayant adopté la théorie d'après laquelle les descendants de l'enfant naturel peuvent, au cas de renonciation ou d'indignité de leur auteur, succéder de leur propre chef[2], nous devons décider qu'ils doivent alors tenir compte des libéralités faites aux renonçants ; sinon, ils éluderaient l'article 908 en venant réclamer une part héréditaire déjà reçue par leur auteur renonçant ou indigne, ce qui serait évidemment contraire à tous les principes.

Nous avons jusqu'ici supposé que l'enfant naturel gratifié par ses père et mère acceptait leur succession. Examinons maintenant quelle sera sa situation s'il renonce.

Il ne saurait dans ce cas être tenu d'aucun rapport, au sens juridique du mot, n'étant point alors héritier.

Il gardera donc la donation ; mais dans quelle mesure ? Sera-ce dans la mesure de la part héréditaire qu'il aurait recueillie sans sa renonciation ? On

1. Voir *Supra*.
2. Voir *Supra*, chap. V.

l'a soutenu[1]. Et cette solution est exacte si cette part héréditaire est inférieure ou égale à la quotité disponible; mais elle ne l'est plus si cette part héréditaire est supérieure. L'enfant naturel ne peut en effet avoir une situation meilleure que celle de l'enfant légitime qui ne peut retenir que la quotité disponible. En effet, d'après les principes du droit commun posés dans les articles 845 et 913 et suivants, l'héritier qui renonce, comme tout étranger, peut conserver le montant de la quotité disponible; mais en ce qui concerne spécialement l'enfant naturel l'article 845 reçoit de l'article 908 une restriction particulière. Si la quotité disponible fixée par l'article 845 est inférieure ou égale à la part héréditaire de l'enfant naturel, cette restriction se trouve sans raison d'être; si, au contraire, elle lui est supérieure, l'article 908 doit retrouver son application[2].

Quelques exemples apporteront plus de clarté dans nos explications à ce sujet.

Premier exemple. — Soit une succession de 100,000 francs dans laquelle un enfant naturel se trouve en présence d'ascendants dans les deux lignes. Cet enfant naturel a reçu 75.000 francs et il renonce à la succession ; la quotité disponible du droit commun s'élève alors à 50.000 francs et par conséquent un enfant légitime renonçant ne pourrait conserver que cette somme. Nous disons que, bien que la part héréditaire de l'enfant naturel soit de 75.000 francs dans l'espèce, la donation devra être

1. Demolombe XIV, n° 99. — Aubry et Rau, VI, § 638, p. 693. — Montpellier, 24 février 1871, S. 74, 2, 65, et note de M. Lyon-Caen sous cet arrêt.

2. Campistron, n°s 80 et 81.

réduite à 50.000 francs. Le système adverse, au contraire, lui permet de conserver les 75.000 francs qu'il a reçus.

Second exemple. — Soit cinq enfants naturels appelés à recueillir une succession entière de 100.000 francs. La part héréditaire de chacun d'eux est de 20 000 francs. La quotité disponible est de un quart, soit 25.000 francs. Dans ce cas l'enfant naturel qui renoncera ne pourra retenir que 20.000 francs.

Bref, l'enfant naturel renonçant ne retient donc jamais que la quotité disponible, ou celle qui a été fixée par rapport à l'étranger ou celle qui a été déterminée par rapport à lui, et toujours la plus faible des deux.

Sanction des prohibitions de l'article 908, § 1. — Arrivons maintenant à l'étude de l'action qui sanctionne la prohibition dont nous venons de déterminer l'étendue.

Cette action est-elle une action en nullité ou bien une action en réduction ? A quelles personnes appartient cette action ? Ce sont là des questions qui se rattachent par un lien étroit à la controverse qui existe sur le point de savoir si l'article 908 édicte une véritable incapacité ou bien au contraire une indisponibilité C'est là une question bien délicate.

On sait qu'à la différence de l'incapacité, laquelle tient à des causes personnelles à celui qui en est atteint, l'indisponibilité, uniquement fondée sur la nécessité de sauvegarder les droits de certains héritiers, affecte seulement le patrimoine.

Antérieurement à la loi de 1896, la controverse

était vive sur ce point entre les auteurs, et les avis très partagés.

A ne considérer que les expressions employées et la place occupée au code par l'article 908, il semblait bien que la règle dont s'agit constituait une véritable incapacité, car le texte disait « les enfants naturels ne pourront rien recevoir » et il appartenait au chapitre intitulé « *De la capacité de disposer ou de recevoir par donation entre vifs ou par testament.* »

Mais, par sa cause, cette prohibition paraissait plutôt consacrer une indisponibilité réelle. Quel est en effet son objet, sinon de garantir l'intérêt des parents légitimes et de créer par suite une réserve spéciale à leur profit.

Cette dernière pensée l'emportait dans l'esprit de la majorité des auteurs[1] qui décidaient, en conséquence, que les parents dans l'intérêt desquels ces restrictions avaient été portées pouvaient renoncer à s'en prévaloir, qu'ils ne pouvaient que demander la réduction et non pas la nullité des libéralités excessives.

La jurisprudence, au contraire, voyait là une véritable incapacité sanctionnée par une action en nullité ouverte à tout intéressé, et non pas seulement aux parents légitimes[2].

La loi nouvelle n'a pas apporté beaucoup de lumière au débat, et les discussions auxquelles cette matière a donné lieu sont loin d'être claires.

Au cours des travaux préparatoires, il avait été question d'étendre à ce cas l'application de l'article

1. Demolombe, *Successions*, II, n° 83. *Donations et Testaments*, I, n° 555 — Toullier, V, n° 71. - Demante, IV, 22 bis. — Troplong : *Donations et Testaments*, II, 632 — Loiseau, p. 700. - Cadrès n° 236

2. Dalloz, suppl. au Répertoire. V° *Succession*, n° 197

921 et de décider que seuls, les héritiers réservataires du *de cujus* pourraient demander la réduction (et non la nullité) des dispositions entre vifs et testamentaires faites aux enfants naturels en violation de l'article 908. « On considérait la prohibition de « notre texte comme établissant un principe nouveau « en matière de réserve et de quotité disponible, « comme instituant une réserve spéciale, exception- « nelle, à l'encontre de l'enfant naturel[1]. » La commission abandonna le projet d'addition qu'elle proposait de faire à l'article 921 par cette considération que, partant de ce principe, il fallait accorder le droit d'agir en réduction à tous les intéressés et non pas seulement aux héritiers réservataires du droit commun seuls compris dans l'article 921, à l'exclusion des frères et sœurs et de leurs descendants. Il faut donc retenir des discussions auxquelles ce projet donna lieu, que les orateurs semblaient admettre qu'il s'agissait là d'une réduction, non d'une nullité, et que la commission du Sénat ratifiait cette opinion.

Par suite, il semble bien que la thèse de l'indisponibilité mérite encore la préférence.

Comment, en effet, concevoir qu'il s'agit d'une incapacité, alors que pour apprécier la validité de la disposition ou sa nullité, il faut se placer, non pas au moment où elle a été faite, mais uniquement au décès de son auteur, la qualité des héritiers de ce dernier et l'importance de sa succession, nécessaires pour appliquer l'article 908, n'étant connues qu'à cette époque ?

Ne s'agit-il pas plutôt là d'une véritable indisponibilité, d'une réserve *sui generis*, créée au profit

1. Campistron, nº 46.

des descendants, des ascendants, des frères et sœurs légitimes et des descendants de ces derniers, réserve sanctionnée par une action en réduction donnée non pas seulement aux réservataires du droit commun, mais à tous ceux au profit de qui existe cette réserve spéciale, c'est-à-dire aux frères et sœurs aussi bien qu'aux descendants ou aux ascendants.

L'article 908 n'exprime pas autre chose en désignant limitativement les personnes qui pourront se prévaloir de cette prohibition.

Cette solution est d'ailleurs conforme à l'esprit de la loi nouvelle, qui est de restreindre les droits de l'enfant naturel, non à cause de l'illégitimité de sa naissance, mais seulement dans le dessein de préserver la famille légitime d'un préjudice trop grave.

Bref, nous concluons en faveur de l'indisponibilité.

En conséquence, nous devons, pour être logiques, décider que l'action qui résulte de la violation de l'article 908 est non pas une action en nullité, mais une action en réduction[1].

La question a d'ailleurs perdu la plus grande partie de son intérêt pratique, la loi ayant pris soin de déterminer quelles seraient les personnes qui pourraient demander cette *réduction*, — selon l'opinion que nous adoptons, — invoquer cette *nullité*, — suivant la théorie contraire.

« Cette incapacité, dit en effet l'article 908, ne « pourra être invoquée que par les descendants du

1. M. Henri et M. Ménard. *op. cit.*, voient là comme nous une action en réduction. — M. Campistron, n° 62 et suiv., — M. Vigié, revue critique 1896, p. 284, décident au contraire que c'est une action en nullité.

« donateur, par ses ascendants, par ses frères et « sœurs et les descendants légitimes de ses frères « et sœurs. »

Ceux-là, et ceux-là seuls, pourront invoquer la restriction de notre texte, parce que c'est seulement dans leur intérêt qu'elle a été établie.

De ce qu'ils pourront la demander, il résulte qu'ils pourront aussi renoncer à s'en prévaloir, car il ne s'agit point là d'une nullité d'ordre public. Par suite, les père et mère qui ont fait une donation dépassant les limites de l'article 908 ne pourraient en demander eux-mêmes une réduction.

Les collatéraux ordinaires ne venant pas en concours avec l'enfant naturel ne seront point admis à invoquer cette action en réduction. Il n'est pas non plus douteux que cette action soit refusée aux créanciers du *de cujus*.

Les personnes auxquelles la loi donne cette action en réduction ne pourront elles-mêmes agir que si elles viennent à la succession. Au cas, en effet, où elles renonceraient ou seraient écartées comme indignes, elles seraient sans intérêt et, par suite, demeureraient sans action. — De même, elles ne pourront agir que dans l'ordre dans lequel la loi les appelle à succéder. Toute réclamation sera donc interdite aux ascendants autres que père ou mère, s'il existe des frères ou sœurs ou descendants de frères ou sœurs qui les excluent, ainsi qu'aux frères ou sœurs s'ils sont écartés par un légataire universel.

Mais, supposons que le *de cujus* ait avantagé son enfant naturel, au delà de sa part successorale, par une donation entre vifs, et qu'il laisse pour héritiers légitimes des frères et sœurs ou des descendants de frères ou sœurs successibles non réservataires, et qu'il ait institué un légataire universel. Ce légataire pourra-t-il faire réduire la donation dans les limites de la part successorale *ab intestat* attribuée à l'enfant naturel ?

La question était très discutée sous l'application du Code civil. Une nombreuse jurisprudence décidait, avec l'appui d'une doctrine autorisée [1], que l'action en réduction était ouverte au légataire. Cette théorie se fondait d'abord sur cette idée qu'il s'agissait là d'une incapacité d'ordre public, que tout intéressé, et par conséquent le légataire universel, pouvait invoquer. On ajoutait que la part de l'enfant naturel eut été, dans le système de la validité intégrale de la donation, plus forte dans le cas de libéralité à un étranger que dans le cas où la succession serait ouverte *ab intestat* et que, par suite, ce système avait pour effet d'encourager les exhérédations.

Malgré la gravité de ces observations, quelques auteurs que n'avait point arrêtés la théorie de l'incapacité, refusaient ce droit de réduction au légataire universel [2].

Cette dernière opinion nous semble trouver un solide appui dans le nouveau texte. Les arguments que lui opposent ses adversaires ont, en effet, perdu beaucoup de leur valeur. L'enfant naturel pouvant désormais recevoir par legs la totalité de la succession au préjudice des frères et sœurs légitimes du défunt, pour accomplir le projet par lui formé de gratifier largement son enfant naturel, le père n'aura

1. Dalloz, Rép. Suppl., V° *Succession*, n° 197. — Demolombe, *Successions*, II, n° 55. — Aubry et Rau, VII, § 650 bis, p 50, texte et note 23.

2. Baudry-Lacantinerie et Colin : *Donations*, I, n° 470.

donc plus besoin de léguer ses biens à un tiers pour écarter les autres héritiers. Ajoutons qu'on ne voit guère comment le légataire universel pourrait attaquer cette donation. Il ne figure pas sur la liste de ceux qui ont le droit d'agir et il résulte clairement des travaux préparatoires et de l'esprit général de la réforme, que le législateur préfère l'intérêt de l'enfant naturel à celui de tout étranger, fut-il légataire universel. Il ne peut donc agir en son propre nom. Qu'importe d'ailleurs cette réduction aux frères et sœurs, puisqu'ils sont exhérédés? Ce qui leur est nécessaire et ce que nous leur concédons bien volontiers, c'est une action personnelle aux fins de prouver que le prétendu legs universel est un acte simulé destiné à les écarter de la succession dans l'unique dessein d'éviter toute demande en réduction formée par eux contre la donation faite à l'enfant naturel. Mais, à notre sens, le légataire universel ne pourrait lui-même demander cette réduction. Telle est notre conclusion.

On peut encore supposer qu'un père, après avoir fait à son enfant naturel une donation entre vifs excédant sa part héréditaire fasse ensuite une donation universelle à un étranger, pour faire échec aux droits des frères et sœurs. Dans ce cas encore, ceux-ci pourraient établir par tous les moyens la fraude dont ils sont victimes et faire reconnaître leurs droits tant à l'égard de l'enfant naturel que du donataire universel. Une fois les choses remises dans leur état normal, nul doute qu'ils ne puissent alors exercer la réduction.

En l'absence de frères ou sœurs ou de descendants de frères ou sœurs, le légataire ne pourrait point, cela ne fait aucun doute, exercer l'action en réduction.

Quant au conjoint survivant, il ne saurait non plus intenter pareille action vis-à-vis d'un enfant naturel reconnu avant le mariage. Nous verrons plus tard comment s'applique ici l'article 337 du code civil.

Enfin, l'article 908 étant écrit seulement en faveur des héritiers légitimes, les parents naturels, frères ou sœurs, père ou mère, seraient sans droit pour en réclamer le bénéfice.

Bref, notre conclusion est que, seuls les descendants du donateur, ses ascendants, ses frères et sœurs et les descendants légitimes de ses frères et sœurs peuvent invoquer les prohibitions édictées par l'article 908, § I, et intenter contre l'enfant naturel l'action en réduction. Ne sont-ce pas là, en définitive, les termes mêmes de la loi ?

Mais, est-ce encore d'une réduction qu'il s'agira dans le cas d'une donation déguisée ou faite à personne interposée ?

L'article 911 du Code civil proclame que : « toute « disposition au profit d'un incapable sera nulle, « soit qu'on la déguise sous la forme d'un contrat à « titre onéreux, soit qu'on la fasse sous le nom de « personnes interposées. »

On en avait conclu, sous l'empire de l'ancien article 908, qu'en pareil cas, la donation faite à l'enfant naturel n'était pas seulement réductible, mais bien nulle pour le tout. Cette pénalité avait pour objet, disait-on, de prévenir par une répression énergique une disposition frauduleuse [1].

1. Aubry et Rau, VI, p. 49. — C. de Bordeaux, 12 juin 1876, S. 77, 2, 12.

Néanmoins, certains auteurs pensaient que la nullité prononcée par l'article 911 § Ier ne frappait les libéralités faites à l'enfant naturel[2], que dans les limites de l'incapacité de l'enfant naturel.

Ces derniers nous paraissent avoir raison pour ce motif que la sanction d'une prohibition ne peut, en général[3], dépasser la portée de celle-ci. L'article 911 ne crée pas, en effet, une nullité spéciale. Il se borne à frapper certains agissements destinés à éviter des nullités dont le principe et la portée se trouvent dans les textes mêmes qui les consacrent et auxquels il faut se référer pour en déterminer l'étendue et les effets.

En résumé, les principes du Code civil n'ont point été modifiés en ce qui concerne la prohibition des donations entre vifs. L'ancien article 760 du Code civil a bien été supprimé ; mais, par la force même des choses, l'imputation qu'ordonnait cet article subsiste dans la mesure où subsiste l'incapacité de l'enfant naturel ; qu'on l'appelle rapport, ou rapport fictif, ou d'un autre nom ; le résultat est toujours le même. Seules les controverses sur la nature de l'imputation ont disparu.

§ II. — Libéralités testamentaires

L'ancien principe prohibant les libéralités faites aux enfants naturels édicté par le code civil et maintenu par la loi nouvelle en ce qui concerne les

2. Demolombe : *Donations et Testaments*, I, n° 679. — Laurent, XI, n° 425. — Baudry-Lacantinerie et Colin : *Donations et Testaments*, T. I., nos 533 et 534.

3. Il en est autrement dans le cas de l'article 1099, § 2, du Code civil ; mais, là, les termes sont formels.

donations entre vifs, a disparu au contraire quant aux dispositions testamentaires.

Le législateur a jugé, nous le savons, que le testament, révocable par sa nature, était loin de présenter les mêmes dangers que la donation, essentiellement irrévocable au contraire, et que par suite on pouvait, sans trahir les intérêts de la famille légitime, autoriser les legs en faveur de l'enfant naturel, en posant toutefois certaines règles restrictives.

Le second paragraphe de l'article 908 est en effet conçu de la façon suivante : « Le père ou la mère « qui les ont reconnus pourront leur léguertout ou « partie de la quotité disponible, sans toutefois « qu'en aucun cas lorsqu'ils se trouvent en concours « avec des descendants légitimes, un enfant naturel « puisse recevoir plus qu'une part d'enfant légitime « le moins prenant. »

Les père ou mère peuvent donc gratifier par testament leurs enfants naturels sans tenir compte des limites imposées aux droits de succession *ab intestat* de ceux-ci. Et pour cela, à l'heure actuelle, depuis la loi toute récente du 24 mars 1898 modifiant l'article 843 du Code civil, il n'est pas même besoin d'une clause formelle les dispensant du rapport. Aux termes de cette loi, en effet, les legs sont désormais présumés faits par préciput et hors part. Jusqu'à ce jour une pareille dispense était nécessaire ; car sans cette clause, l'application du droit commun obligeait l'enfant naturel acceptant à effectuer à la succession le rapport des biens légués et il n'aurait alors obtenu par le partage que sa part héréditaire. Si cet enfant renonçait à la succession *ab intestat*, n'étant plus tenu d'aucun rapport, il conserverait la totalité du legs, sauf les réductions résultant de ce qui suit.

Le nouveau texte, en effet, apporte à la liberté de tester des père et mère en dehors des restrictions imposées par les règles de la réserve du droit commun, une restriction spéciale aux enfants naturels pour le cas où il existe des descendants légitimes du testateur.

Il édicte en outre une autre restriction à l'encontre des enfants naturels et en faveur des ascendants légitimes du *de cujus*, au profit desquels il crée une réserve spéciale s'élevant au huitième de la succession.

Nous avons donc à examiner :

1° le cas où le *de cujus* laisse seulement des héritiers non réservataires.

2° le cas où l'enfant naturel partage la succession avec des descendants légitimes du *de cujus*.

3° le cas où il se trouve en présence d'ascendants de celui-ci.

I. Cas où le de cujus laisse seulement des héritiers non réservataires. — Les père et mère de l'enfant naturel reconnu peuvent dépouiller entièrement les héritiers non réservataires à son profit. Il en est ainsi en ce qui concerne les frères ou sœurs et leurs descendants, et aussi le conjoint survivant qui peut se voir enlever l'usufruit que lui concède l'article 767, sans toutefois sanctionner par un droit de réserve cette attribution.

De la liberté complète de tester donnée aux parents par la loi nouvelle doit résulter une importante modification dans la jurisprudence sur une question se rattachant à cette matière. Avant 1896, les auteurs et les tribunaux contestaient aux parents de l'enfant naturel le droit de léguer la quotité disponible de un tiers en stipulant que le legs serait pris exclusivement sur la part de ses héritiers légitimes même non réservataires, tels que ses frères ou sœurs par exemple. C'était là, disait-on, attribuer en définitive à cet enfant naturel plus que sa part successorale au détriment des héritiers légitimes et par suite violer l'article 908[1]. — Le nouveau texte permettant au *de cujus* de léguer à l'enfant naturel lui-même la quotité disponible, c'est-à-dire, dans le cas qui nous occupe, toute la part des frères et sœurs il n'existe plus aucune raison qui commande une pareille solution et il est bien certain que le père ou la mère peuvent joindre une stipulation de ce genre au legs qu'ils font à un tiers[2].

Supposons qu'un *de cujus* laisse pour héritiers un enfant naturel et des frères ou sœurs légitimes.

De son vivant, il a fait à son enfant naturel une donation dont la valeur dépasse sa part héréditaire et qui devrait être réduite par application du premier alinéa de l'article 908. Mais, dans son testament, ce père prend soin de déclarer qu'il dispense son enfant naturel de rapporter les biens donnés. Quel sera l'effet de cette clause ?

C'est là une question bien délicate, à notre avis.

D'après ce que nous avons décidé antérieurement[3] il nous paraît tout d'abord qu'une pareille dispense

1. Cass., 11 mai 1840, S. 40, 1, 680 ; 24 février 1863, S. 63, 1, 190, D. 63, 1. 21. — Demolombe : *Donations*, II, n° 122. — Baudry-Lacantinerie et Colin : *Donations*, I. n° 740 : *Contra* : — Laurent, XII, n° 26.

2. *Sic*, Ménard, *op. cit.*, n° 132.

3. Voir pages 235 et suivantes.

aurait pour effet d'éviter le rapport en nature dans le cas où il devrait être fait ainsi. Mais, donnera-t elle à l'enfant naturel le droit de conserver l'intégralité de la donation ? Là, est la difficulté.

On peut lui contester ce droit. Cette dispense, bien que postérieure à la donation, n'en est pas moins destinée à faire corps avec elle ainsi que cela résulte de l'article 919 *in fine* du Code civil, or, cette dispense jointe à la donation n'aurait pu avoir pour effet d'assurer à l'enfant naturel le bénéfice de la donation tout entière ; elle ne saurait avoir plus de valeur faite dans un testament qui ne change pas la nature et le caractère de la donation [1]. Mais, ne peut-on légitimement penser que, ayant fait une donation à son enfant naturel, le père peut par testament lui attribuer les choses antérieurement données ; or, tel est justement, dans l'idée du testateur, l'objet de cette dispense. « Le père ou la mère, dit M. Huc, « qui a fait une donation entre vifs à son enfant « naturel, ne s'est pas interdit de faire un testament « au profit du même enfant. Par conséquent, après « avoir fait une donation entre vifs à son enfant « naturel, le père ou la mère peut, par testament, at- « tribuer au même enfant les choses antérieurement « données, et l'enfant pourra ainsi garder, jusqu'à « concurrence du disponible, le bénéfice des libé- « ralités entre vifs qui lui ont été faites. Il faut « même reconnaître qn'un tel procédé rentre tout-à- « fait dans l'esprit de la loi [2] ».

L'esprit de la loi, en effet, nous paraît bien être

1. Campistron, *op. cit*, n° 77.

2. Huc : *Commentaire du Code civil*, IX, n° 523, p. 630. — Vigié : *Revue critique* 1896, p. 284. — Ménard, *op. cit.*, n° 133.

tel. Le législateur a redouté les donations à cause de leur irrévocabilité, craignant les surprises dont pourrait être victime la générosité du donateur ; or, cette irrévocabilité n'est plus redoutable lorsque la volonté libérale du disposant se trouve à nouveau manifestée dans un acte révocable de son essence. Il ressort bien des travaux préparatoires de la loi que le désir du législateur a été de laisser aux pères et mères la faculté pleine et entière de disposer, au profit de leurs enfants naturels, toutes les fois qu'il n'a pas cru devoir la restreindre par un droit de réserve, à condition qu'il soit certain que leur volonté soit complètement libre. Cette volonté est en l'espèce manifestée d'une façon certaine puisqu'elle résulte de deux actes distincts dont l'un pouvait être facilement révoqué par son auteur jusqu'à la dernière minute de son existence.

Bref, cette dernière opinion mérite, selon nous, la préférence.

II. Cas où l'enfant naturel vient en concours avec des descendants légitimes. — Lorsque l'enfant naturel est en concours avec des descendants légitimes, il ne peut, même par legs, recevoir au delà d'une part d'enfant légitime le moins prenant.

On reconnaît là le souci que le législateur manifeste toujours de sauvegarder les droits de la famille légitime et de maintenir une distinction, si minime soit-elle, entre les enfants nés hors mariage et les enfants nés dans le mariage.

Mais on remarque aussi combien est améliorée la situation de l'enfant naturel qui, avant la loi de 1896, ne pouvait rien recevoir au delà de sa part héréditaire, ne recueillait jamais que le tiers de ce qu'il aurait eu s'il eut été légitime. Désormais, le père peut le traiter testamentairement comme un enfant légitime, à cela près qu'il ne peut lui léguer la quotité disponible entière au préjudice de ses frères légitimes.

Ce que permet le nouveau texte, ce n'est point, — qu'on y fasse attention — de léguer à l'enfant naturel, en sus de sa part successorale, une part d'enfant légitime le moins prenant, mais seulement de lui léguer des biens en sus de sa part successorale, jusqu'à concurrence, pour le tout, d'une part d'enfant légitime le moins prenant, car il est dit que l'enfant naturel ne pourra recevoir plus que cette part. Il faudra donc ajouter la part successorale *ab intestat* de l'enfant naturel à la valeur du legs qui lui a été fait et retrancher sur le total tout ce qui dépasserait une part d'enfant légitime le moins prenant. Cette interprétation est hors de doute[1].

Le *de cujus* laisse-t-il des enfants légitimes nés de différents mariages ? Tous devront être comptés, et c'est seulement la part du moins favorisé d'entre eux que pourra recevoir l'enfant naturel.

Les descendants d'un enfant légitime prédécédé ne compteront que pour une tête, soit qu'ils succèdent avec d'autres enfants légitimes, soit que tous les descendants se trouvent au même degré, car ils viennent alors par représentation, et l'enfant naturel pourra, dans ce cas, recevoir tout ce qu'aurait reçu le moins prenant de leurs auteurs[2].

Mais, une difficulté s'élève lorsque l'enfant naturel

1. Ménard, *op. cit.*, 135. — Defrénois, *op. cit.*, 139
2. Ménard, *op. cit.*, n° 135. — Henri, *op. cit.*, n° 23.

est en présence d'un petit enfant ou d'un arrière petit enfant ne succédant que de son chef par suite de la renonciation ou de l'indignité des descendants du premier degré Dans ce cas cet enfant a droit *ab intestat* à la moitié de la succession puisqu'un enfant légitime aurait eu toute l'hérédité. Que pourra-t-il recevoir en outre par testament ? Telle est la question qui se pose et qui présente une grande difficulté selon nous.

On a tenté de la trancher en disant que la part disponible en faveur de l'enfant naturel doit comprendre tout ce qui est attribué à la souche issue de l'enfant légitime le moins prenant, alors même que les membres de cette souche ne viendraient à la succession que de leur chef[1]. Ce système semble très logique au premier abord, mais ne résiste pas à un sérieux examen. Car, la loi elle-même donnant dans ce cas à l'enfant naturel la moitié de la succession, celui-ci recueillera *ab intestat* plus qu'une part attribuée à chacune des souches légitimes pourvu qu'il y en ait seulement deux. On arriverait ainsi à prohiber en ce cas toute disposition testamentaire en faveur de l'enfant naturel.

Il nous paraît préférable d'appliquer simplement le droit commun et de renoncer à appliquer dans cette occurrence le § 2 de l'article 908. L'enfant naturel pourrait par suite recevoir, outre sa part *ab intestat*, la totalité de la quotité disponible, la réserve des petits enfants devant d'ailleurs toujours rester intacte. Cela est sans doute peu conforme au texte, l'enfant naturel se trouvant bien, dans cette hypothèse, en concours avec des descendants légi-

1. Henri, *op. cit.*, n° 23.

times. Mais la fixation à une part d'enfant légitime le moins prenant de la quotité disponible en faveur de l'enfant né hors mariage indique bien clairement, selon nous, que le législateur n'a entendu régler que le cas où, soit réellement, soit fictivement c'est-à-dire par représentation, il existe un enfant légitime, et par conséquent laisser en dehors de l'article 908 l'hypothèse qui nous occupe.

Bref, les père ou mère peuvent, par une claire manifestation de leur volonté, égaliser par testament la condition de leurs enfants légitimes et de leurs enfants naturels, sans jamais pouvoir rendre la situation de ces derniers meilleure que celle des premiers.

N'avions nous donc pas raison de dire [1] que le législateur semblait avoir souhaité entre les deux filiations une égalité qu'il n'osait lui-même imposer ?

III. — Cas où l'enfant naturel se trouve en présence d'ascendants légitimes. — Lorsque l'enfant naturel se trouve en concours avec des ascendants légitimes il pourra recevoir de ses père ou mère les sept huitièmes de la succession, l'autre huitième étant attribué à titre de réserve aux ascendants, quel que soit leur nombre, par le nouvel article 915.

L'augmentation de la quotité héréditaire déférée *ab intestat* aux enfants naturels avait déjà réduit dans de notables proportions les droits des ascendants. Le législateur n'a pas voulu que le *de cujus* put écarter entièrement ces derniers au profit de ses enfants naturels et il a créé en leur faveur cette réserve bien minime d'un huitième. Nul ne saurait

1. *Cf.* Préliminaires.

contester la nécessité de cette innovation, car, l'enfant naturel n'étant attaché par aucun lien légal de parenté aux ascendants de son auteur et ne leur devant point en conséquence la pension alimentaire à laquelle l'article 205 du code civil astreint les enfants légitimes, il aurait pu arriver que des ascendants restassent dans la misère la plus profonde alors que les enfants naturels du *de cujus* auraient recueilli une opulente hérédité. On peut même regretter que cette réserve ne soit pas plus importante ou qu'il ne soit pas permis de suppléer à son insuffisance dans certains cas par une créance alimentaire dont l'appréciation eut été laissée aux tribunaux[1].

Mais il faut remarquer avec soin que cette réserve n'est accordée aux ascendants légitimes que lorsqu'ils viennent en concours avec les enfants naturels. C'est ainsi que les ascendants non privilégiés, c'est-à-dire les ascendants autres que le père et la mère, étant écartés de la succession par les frères et sœurs du *de cujus* ou les descendants de ceux-ci, n'auront droit à aucune réserve tant qu'il existe à la succession des frères ou sœurs ou descendants de frères ou sœurs.

Mais si ces frères et sœurs ou descendants de frères ou sœurs sont renonçants ou indignes, le droit héréditaire de l'ascendant s'ouvrant alors, celui-ci pourra réclamer le huitième qui lui est réservé et réduire par suite le disponible en faveur de l'enfant ou des enfants naturels aux sept huitièmes de la succession.

1. Amendement de M. Thézard, Sénat, 21 juin 1895. — *Journal Officiel*, Sénat : Débats 1895.

Toutefois, la fraude viciant tout acte, la renonciation des frères ou sœurs ne donnerait pas ouverture au droit de réserve de l'ascendant non privilégié s'il était prouvé qu'elle a eu pour unique objet de porter préjudice aux enfants naturels.

Il ne suffirait pas non plus, suivant nous, que les frères ou sœurs soient exclus par un légataire universel pour que les descendants non privilégiés puissent réclamer une réserve au préjudice de ce légataire. Car l'exclusion des frères ou sœurs faite par le testament ne donne pas ouverture aux droits de succession de ces ascendants.

En résumé, pour que des ascendants, quels qu'ils soient, empêchent un enfant naturel de recueillir la totalité de la succession, il faut qu'ils soient en concours avec lui.

Renonciation de l'enfant naturel. — Jusqu'ici, nous avons toujours supposé, en ce qui concerne les legs, que l'enfant naturel gratifié par ses père et mère venait à leur succession. Examinons maintenant le cas où ils renoncent.

Il peut alors réclamer le legs à lui fait jusqu'à concurrence de la quotité disponible, comme s'il était étranger au testateur. Les anciennes prohibitions étant levées, le droit commun reprend son empire. Remarquons toutefois que, outre les droits de réserve ordinaires, il en est un que l'enfant naturel devra respecter, c'est celui de l'ascendant, tel que nous venons de l'étudier.

Mais, s'il existe des enfants légitimes, il ne pourra jamais conserver, malgré sa renonciation, qu'une part d'enfant le moins prenant. Ainsi, s'il y a par exemple quatre enfants légitimes, son auteur ne pourra lui attribuer qu'un cinquième de la succession, bien que la quotité disponible soit du quart.

APPENDICE

Du droit de disposer au profit de l'enfant naturel reconnu pendant le mariage, ou application aux libéralités de l'article 337 du Code Civil.

C'était, avant la loi nouvelle, une question très discutée que celle de savoir si l'article 337 du Code Civil s'opposait à ce que l'enfant naturel reconnu pendant la durée du mariage par l'un des époux comme né d'un autre que son conjoint antérieurement à cette union, reçoive du parent auteur de la reconnaissance des libéralités dans les limites de l'article 908.

Jusqu'en 1877, la majorité des auteurs et la Jurisprudence avaient résolu cette difficulté contre l'enfant naturel. Donner effet aux libéralités faites à l'enfant naturel ainsi reconnu, c'était accorder, disait-on, à l'auteur de la reconnaissance, un moyen indirect d'éluder l'article 337 qui serait alors devenu lettre morte. Ce texte, en déclarant que la reconnaissance faite dans les conditions qu'il détermine ne peut pas nuire au conjoint et aux enfants issus du mariage, refuse par là même à l'enfant naturel tout droit à la succession de son auteur dans ses rapports avec le conjoint de celui-ci et les enfants du mariage ; or, aux termes de l'ancien article 908, l'enfant naturel ne pouvait rien recevoir par donation entre vifs ou testamentaire au-delà de ce qui lui est alloué par la loi à titre de succession ; donc il ne pouvait rien recevoir en face du conjoint et des enfants du mariage, puisqu'à leur égard il n'avait aucun droit de succession. Tel était le raisonnement sur lequel se fondait cette opinion[1].

Mais, en 1878, sur un savant rapport de M. Connelly, la Cour de Cassation modifia cette jurisprudence, repoussée par un arrêt de la cour de Nîmes, lequel faisait l'objet du pourvoi[2].

L'argumentation de la Cour suprême se résumait dans ces quelques lignes : « l'article 337, dont la dis-
« position rigoureuse n'a d'autre objet que les droits
« qui résultent de la reconnaissance d'un enfant
« naturel dans les conditions qu'elle prévoit, ne peut
« être appliquée par une interprétation extensive à
« une libéralité testamentaire. »

Les droits de l'enfant naturel résultant du testament, non de la reconnaissance, l'article 337 reste étranger à la matière et ne peut être invoqué. Les partisans de ce système ajoutaient que l'article 908 renvoie seulement *au titre des successions* et que l'article 337, placé dans le titre de la paternité et de la filiation, n'était point visé par ce texte. Enfin, ils posaient à leurs adversaires ce dilemme embarrassant : la reconnaissance de l'enfant naturel à l'égard du conjoint et des enfants issus du mariage est valable ou bien elle est nulle. Si elle est valable, l'enfant naturel a droit dans la succession de son auteur à la part que lui alloue l'article 757 et la donation ou le legs qui lui a été fait, doit s'exécuter

1. Toulouse, 6 mai 1826, — D. J. G., *Paternité*, n° 689. — Poitiers, 4 mai 1858, D. R. 59, 2, 122. — Aubry et Rau, T. VI, p. 184. — Demolombe. — *Op. cit.*

2. Nîmes, 6 juin 1877, D. 78, 1, 405, S. 79, 1, 337 ; Cassation, 28 mai 1878, D. 78, 1, 401, S. 79, 1, 337.

jusqu'à concurrence de cette part. Si elle est nulle, il n'a aucun droit de succession à faire valoir, mais il peut conserver le don dans les limites de la quotité disponible, comme pourrait le faire un étranger. — Ce dilemme nous semble reposer sur une légère confusion. Ce que dit l'article 337, ce n'est point que la reconnaissance est nulle, mais seulement qu'elle ne produit aucun effet ; il résulterait de là, selon nous, que l'enfant naturel ne peut être considéré comme un étranger, même au regard du conjoint et des enfants nés du mariage. — Mais les autres arguments conservent toute leur autorité.

Tel était l'état de la question, à la veille de la promulgation de la loi nouvelle, et tel il est encore à l'heure actuelle.

Car, malgré les nombreuses et confuses discussions soulevées au Sénat sur ce point particulier[1], la difficulté n'a point été tranchée. « La question reste ce qu'elle était » ; M. Dauphin l'a formellement déclaré au nom de la commission[2].

Mais peut-être les travaux préparatoires de la loi laisseront-ils au moins apparaître la pensée, le vœu du législateur ? Hélas ! non.

Au cours d'une première délibération[3], M. Dauphin s'exprimait ainsi : « Quand on refuse tout effet « à la reconnaissance pendant le mariage, par voie « de conséquence et à plus forte raison, les dispo- « sitions libérales doivent être considérées comme « interdites et ne sauraient nuire aux enfants légi-

1. Sénat : Séances du 21 mars et du 21 juin 1895. — *Journal Officiel* : Débats parlementaires, Sénat, 1895, p. 220 et suivantes, p. 657 et suivantes.

2. *Journal Officiel*, p. 658.

3. *Journal Officiel*, p. 223.

« times, pas plus que la reconnaissance elle-même. » Et, quelques mois plus tard, sans doute après avoir étudié l'arrêt de 1878, le même M. Dauphin disait pourtant : « La question reste ce qu'elle était....
« Nous nous en tenons uniquement à l'idée de
« l'amélioration du sort des enfants naturels. Nous
« corrigeons ce qui, dans le code, est trop sévère
« pour eux, mais nous laissons à la jurisprudence,
« comme elle l'a fait jusqu'ici, à trancher une foule
« de questions que nous ne saurions résoudre sans
« nous jeter dans les difficultés les plus grandes et
« sans exposer les tribunaux, par un texte nouveau,
« à des embarras encore plus considérables[1]. »
Amélioration du sort des enfants naturels,... renvoi à la jurisprudence,... n'est-ce point là une consécration discrète de la doctrine énoncée dans l'arrêt de 1878 ? C'est ce qu'ont pensé certains auteurs[2] qui, en conséquence, déclarent l'article 337 inapplicable aux libéralités faites aux enfants naturels par leur père ou mère.

Pour nous, laissant de côté ces vaines discussions, ces paroles si peu précises, nous préférons nous en rapporter aux principes du droit commun et à l'esprit des textes.

Les exceptions sont de droit étroit, nous le savons; or, l'article 337 apporte une grave restriction aux droits des enfants naturels ; il doit donc être interprété littéralement.

Et que dit-il? que la reconnaissance ne peut nuire aux conjoints ou aux enfants nés du mariage. La reconnaissance à elle seule leur fait-elle dommage ?

1. *Journal Officiel*, p. 658.
2. Ménard, *op. cit.*, n° 154. — Henry, *op. cit.*, n° 24.

Evidemment non, et ce sont seulement les droits de succession qui en découlent légalement, qui leur portent préjudice. Dans notre cas, il n'est point question de ces droits là, mais d'autres droits qui ne sont point l'effet de la reconnaissance, qui découlent d'un autre fait, la libéralité. Cette libéralité serait permise en faveur d'un étranger ; elle serait permise en faveur de l'enfant naturel lui-même, si elle n'avait été précédée d'une reconnaissance légale[1]. Sous peine d'encourager l'abstention à la reconnaissance, il faut donc décider que cette libéralité sera aussi autorisée, lorsque l'enfant naturel aura été reconnu, fût-ce au cours du mariage.

L'on nous objectera sans doute qu'en principe toute incapacité de succéder a et doit avoir pour corollaire, afin d'être efficace, une incapacité de recevoir par donation entre vifs ou par testament. C'est vrai. Mais, d'abord, le nouvel article 908 affaiblit singulièrement dans son deuxième alinéa la portée de cette règle ; et puis, l'article 337 ne crée point une incapacité de succéder ; il suspend seulement l'effet de la reconnaissance dont la libéralité est, nous le répétons, indépendante.

Nous concluons donc en faveur de la validité des donations ou testaments faits au bénéfice de l'enfant naturel reconnu comme il est dit en l'article 337, mais uniquement dans la mesure de l'article 908, cela va sans dire.

La solution contraire serait peut-être plus juridique, mais elle serait certainement moins conforme à l'esprit général de la loi nouvelle.

1. Voir *Supra*.

CHAPITRE VII.

De la réserve des enfants naturels.

Dans les années qui suivirent la promulgation du code civil, on discutait vivement la question de savoir si les enfants naturels possédaient un droit de réserve dans la succession de leurs père et mère.

Dans le silence des textes, il était certainement permis d'en douter, la qualité et les droits de réservataire ne pouvant résulter que d'une disposition formelle de la loi [1].

Néanmoins, la doctrine et la jurisprudence s'étaient de bonne heure accordées pour reconnaître un droit de réserve à l'enfant naturel. En l'absence de textes précis, on avait recherché, dans les articles 757 et 761 du code civil, le principe de cette réserve.

Aux termes de l'article 757, disait-on, l'enfant naturel a droit à une fraction de la portion héréditaire qu'il aurait eue s'il eût été légitime ; ce droit, nous l'avons vu, était en général considéré comme étant de la même nature que celui de l'enfant légitime ; or, l'enfant naturel ne serait pas traité dans la succession comme s'il était enfant légitime et son droit ne serait pas de la même nature que celui de

1. Chabot : *Des Successions*, I, sur l'art. 756, n° 16. — Laurent XII, n° 40. — Rouen, 3 juillet 1820, D. R., V° *Successions*, n° 337.

l'enfant légitime, s'il n'était pas garanti par une même sanction.

En outre, ajoutait-on, l'article 761 suppose nécessairement l'existence d'une réserve au profit des enfants naturels. Car, en autorisant le père naturel à réduire son enfant à la moitié de sa part héréditaire par une donation entre vifs, il lui défend par là même de priver celui-ci de sa part héréditaire tout entière. « Comment serait-il possible, dit « M. Demolombe, que les père et mère qui n'au- « raient pas le droit de dépouiller leur enfant, même « seulement de la moitié de sa part héréditaire en « lui faisant un legs, eussent néanmoins le droit « de le dépouiller de la totalité, par une simple « prétérition dans leur testament, et en instituant « un étranger leur légataire universel[1]. »

Enfin, on tirait argument de ce qu'aucun texte n'attribuait à l'enfant naturel simple la créance alimentaire que les articles 762-764 attribuaient aux enfants incestueux et adultérins pour penser que le législateur avait considéré que cette créance était inutile parceque, dans son esprit, il devait avoir une réserve.

Et si quelques retardataires objectaient timidement qu'aucun article du Code ne permettait de déterminer l'étendue de cette réserve, on s'empressait de répondre que l'article 757 fournissait la base de sa fixation, et appliquant pour le calcul de cette réserve le principe établi pour le calcul de la part héréditaire, on recherchait quelle aurait été la réserve de l'enfant naturel s'il eût été légitime et on lui en attribuait le tiers, la moitié, les trois quarts

1. Demolombe : *Donations* II, n° 149.

ou la totalité suivant les distinctions contenues dans les articles 757 et 758.

Ainsi, en fait, sous l'application du Code civil, on reconnaissait à l'enfant naturel un droit de réserve [1].

Le législateur de 1896, soucieux d'améliorer le sort de celui-ci, ne pouvait faire autrement que de lui concéder expressément ce droit.

La doctrine que nous venons d'analyser trouvait son plus solide appui dans l'article 761. Ce texte étant abrogé par la loi nouvelle, on aurait pu se demander ce que devenait la théorie qu'il étayait.

D'autre part, en législation, le droit à la réserve pour l'enfant naturel légalement reconnu est tout aussi incontestable et tout aussi sacré que celui de l'enfant légitime. « Aussi toutes les législations civi-
« les qui ont été refondues dans ces dernières années
« en s'inspirant du Code Napoléon se sont accor-
« dées à réparer l'injustice qu'il avait commise
« envers l'enfant naturel. Le code civil italien, le
« Code civil portugais et le Code civil espagnol font
« expressément figurer l'enfant naturel dans la liste
« des réservataires [2] »

Le Code civil français, modifié par la loi du 25 mars 1896, en fait autant à l'heure actuelle. L'article 913 porte maintenant dans un deuxième paragraphe : « L'enfant naturel légalement reconnu a droit à une réserve. »

1. Toullier, V, n° 104. Duranton VI, n° 309. — Troplong II, n° 771. — Massé et Vergé sur Zachariæ, III, p. 171. — Demolombe : *Donations*, II, p. 148. — Aubry et Rau, VII, p. 230 § 686. - Huc, VI, n° 145 — Cass. 26 juin 1809, D. R., V° *Succession*, n° 312. — Cass. 15 mars 1847, S. 47, 1, 178, D, 47, 1, 138. — 29 juin 1857, S. 57, 1, 145, D. 59, 1, 26.

2. Baudry-Lacantinerie et Colin. — *Donations*. I. n° 706. — Voyez art. 815 s. du C. civil italien, — art. 1785 du C. civil portugais. — art. 807. 3° du C. civil espagnol.

Le principe posé et la réserve ainsi établie il fallait en déterminer le montant.

La Chambre des députés proposait de fixer cette réserve à la « moitié de celle des enfants légitimes ». Elle voulait sans doute dire : « la moitié de ce qu'elle aurait été si l'enfant eût été légitime » — ce qui n'est pas tout à fait la même chose. Mais, M. Dauphin fit remarquer que, même ainsi entendue, cette proposition avait pour l'enfant naturel un résultat moins favorable que la doctrine admise antérieurement : « Un enfant naturel, dit-il, dans son rapport, appelé *ab intestat* à la totalité de la succession, pourrait être dépossédé des trois quarts de la succession au lieu de la moitié et quand il serait en concours avec des ascendants « des frères et sœurs ou des « neveux et nièces, sa réserve ne serait que d'un « quart au lieu de trois huitièmes[1] ». Sur cette observation, le Sénat adopta le mode de calcul antérieurement employé par la doctrine et la jurisprudence, lequel se trouve énoncé en ces termes dans l'article 913, § 2 : « *Cette réserve est une quotité de* « *celle qu'il aurait eue s'il eût été légitime, calculée* « *en observant la proportion qui existe entre la por-* « *tion attribuée à l'enfant naturel au cas de succes-* « *sion ab intestat, et celle qu'il aurait eue dans le* « *même cas s'il eût été légitime.* »

L'opération peut se faire de la manière suivante : 1° on recherche qu'elle aurait été la part de chaque enfant naturel sur le total de la succession s'il eût été légitime ; — 2° on diminue cette part suivant les nouveaux articles 758 et 759, s'il y a lieu ; — 3° on

1. Dauphin, rapport au Sénat : *Journal Officiel*, Sénat : Documents. p. 7.

attribue à l'enfant naturel sur cette part ainsi réduite une réserve calculée sur le même taux que celle d'un enfant légitime.

Exemple : Un enfant naturel, deux enfants légitimes et un légataire universel ; le total de la succession s'élève à 24,000 francs.

Si l'enfant naturel avait été légitime, il aurait eu, sans le legs universel, le tiers de la succession, soit 8000 francs ; il aurait donc dû recueillir *ab intestat* comme enfant naturel la moitié de ce tiers ou le sixième de la succession, soit 4000 francs ; or, s'il avait été légitime, étant donné qu'il existe deux autres enfants légitimes, sa réserve aurait été des trois quarts du tiers lui appartenant, c'est-à-dire des trois douzièmes de la succession ; par suite de son illégitimité elle se trouvera être des trois quarts du sixième qui lui revient, c'est-à-dire de trois vingt-quatrièmes ou du huitième de la succession ; elle est égale à 3000 francs.

Examinons maintenant l'application de cette règle dans les différentes hypothèses qui peuvent se présenter.

I. — Les père ou mère de l'enfant naturel n'ont laissé ni descendants, ni ascendants, ni collatéraux privilégiés. — Dans ce cas, la succession entière étant dévolue *ab intestat* aux enfants naturels, comme s'ils étaient légitimes, leur réserve sera égale à celle qu'ils auraient eue s'ils eussent été légitimes.

S'il existe un seul enfant naturel sa réserve sera égale à la moitié de la succession ; s'il en existe deux, elle sera égale à un tiers pour chacun d'eux ;

s'il en existe trois ou un plus grand nombre ils auront droit à une réserve collective des trois quarts.

II. — **Les père ou mère de l'enfant naturel ont laissé des descendants légitimes**. — Le calcul est encore bien facile à faire dans cette hypothèse ; le droit de l'enfant naturel dans la succession de ses auteurs étant de la moitié de la portion héréditaire qu'il aurait eue s'il eût été légitime, et sa réserve étant, aux termes de notre article, calculée dans la même proportion, il suffit de lui attribuer la moitié de la réserve qu'il aurait eue s'il eût été légitime.

S'il existe plusieurs enfants naturels, on doit leur attribuer la moitié de la réserve à laquelle ils auraient eu droit étant légitimes, en les considérant tous simultanément comme légitimes. Cela résulte par analogie du mode de calcul implicitement consacré par la loi nouvelle pour la fixation de la part successorale ab intestat afférant à l'enfant naturel [1].

Faut-il, pour le calcul de cette réserve tenir compte des héritiers renonçants ou indignes ? Cette question, d'ordre général, est vivement controversée. En faveur de la négative on invoque le principe des articles 785 et 786, d'après lequel l'enfant écarté de la succession doit être censé n'avoir jamais été héritier [2].

De nombreux arrêts décident, au contraire, que l'article 913 se référant seulement aux *enfants laissés*,

1. Ménard, *op, cit.*, 165. 166, 167. — Campistron. n° 99.

2. Demolombe : *Donations* II, n°s 97 à 99. — Laurent, XII, n°s 21 et suivants ; Rennes, 10 août 1863, D. P. 64, 2, 236 ; Pau, 26 mai 1865, D. P. 66, 2, 67.

il y a lieu de calculer la réserve d'après le nombre des enfants existant au jour du décès sans considérer s'ils renoncent ou s'ils sont indignes[1].

Sans prendre parti dans cette discussion, que son caractère général nous dispense d'étudier ici, nous sommes enclins à penser avec les auteurs que seuls les héritiers venant réellement à la succession doivent être pris en considération ; car, eux seuls profitent de la réserve et l'on ne s'expliquerait pas que la loi protégeât des droits dont les attributaires font eux-mêmes l'abandon.

Une autre question également fort discutée, et rentrant celle-là dans le cadre de notre sujet, est celle de savoir sur quelle partie de la succession doit être prélevée la réserve de l'enfant naturel. Doit-on la prendre exclusivement sur la réserve des enfants légitimes, ou sur la quotité disponible, ou proportionnellement sur l'une et sur l'autre ?

D'après M. Troplong[2] la réserve de l'enfant naturel devrait être prélevée sur la succession tout entière, de manière à porter proportionnellement sur la quotité disponible et sur la réserve des héritiers légitimes. Cet auteur considérant le droit de l'enfant naturel comme une créance, une charge héréditaire, était en effet logiquement amené à le déduire de la masse successorale comme on en déduit les dettes conformément à l'article 922.

Une autre opinion[3] soutient au contraire que la

1. Aubry et Rau, VII, § 681, p. 173 et 174. — Dalloz, J. G., suppl. au Répertoire, V° *Dispositions entre vifs et testamentaires*, n° 180, et arrêts cités. - Cass. 25 juillet 1867. D. P. 68, 1. 65 et note de M. Thiercelin sous cet arrêt.

2. Troplong : *Donations*, T, II, n° 772 et suivants, et aussi Belost-Jolimont sur Chabot, art. 756, observ. 7.

3. Richefort : *Traité de l'état des familles*, n° 392.

quotité disponible doit être intégralement maintenue et que c'est seulement pour fixer la réserve de l'enfant légitime que l'enfant naturel doit être considéré fictivement comme légitime.

Ces doctrines ont été vigoureusement combattues, et, suivant la majorité des auteurs, c'est un troisième système qu'il faudra appliquer.

L'enfant naturel devant être, pour le calcul de la quotité disponible de la réserve, considéré fictivement comme s'il était légitime, sa réserve doit nuire, dans la mesure réduite de sa quotité, à tous ceux là et rien qu'à ceux là auxquels sa réserve aurait nui dans une plus forte mesure s'il avait été légitime. Il faut par suite distinguer le cas où il n'existe qu'un ou deux enfants légitimes, et le cas où il en existe trois ou un plus grand nombre. En effet, l'existence d'un second ou d'un troisième enfant légitime ayant pour effet de diminuer tout à la fois et dans la même proportion les parts des réservataires et la quotité disponible, il faut faire proportionnellement supporter la réserve de l'enfant naturel par les autres réservataires et par les donataires ou légataires. Mais, au contraire, dans le cas où il existe trois enfants légitimes ou un plus grand nombre, la quotité disponible se trouvant dès lors immuablement fixée au quart de la succession, la présence d'un réservataire de plus a pour unique effet de diminuer les parts des autres enfants. Il importe peu, on le comprend, que ce nouveau réservataire soit un enfant légitime ou un enfant naturel [1].

1. Demolombe : *Donations*, II, nos 172 et suiv. — Aubry et Rau, VII, p. 237, § 686. — Laurent, XII, n° 51. — Huc, VI, n° 146.

Voici quelques exemples de l'application de ces règles. Existe-t-il un enfant légitime, un enfant naturel et un légataire universel pour une succession de 12.000 francs ? La réserve de l'enfant naturel est dans ce cas de 2.000 francs, nous le savons. Il reste donc 10.000 francs à partager entre l'enfant légitime et le légataire. Un enfant légitime ayant droit à la moitié de la succession à titre de réserve, la quotité disponible sera de 5.000 francs. L'enfant légitime et légataire subissent donc une réduction de chacun 1.000 francs.

Supposons maintenant qu'il existe trois enfants naturels, un enfant légitime et un légataire universel ayant à se partager une succession de 16.000 francs. Si les trois enfants naturels eussent été légitimes, la réserve eût été pour les quatre enfants de 12.000 francs, soit de 3.000 francs pour chacun ; chaque enfant naturel doit donc prendre 1500 francs, soit 4500 francs pour les trois ; il reste 11.500 francs, dont le légataire aura la moitié soit 5.750 francs, et l'enfant légitime l'autre moitié, telle étant sa réserve.

Le système de M. Troplong, bien que tout autre, eût donné les mêmes résultats.

Mais il en est autrement dans l'hypothèse suivante.

Soit un enfant naturel avec quatre enfants légitimes, et une succession de 40.000 francs. La réserve eût été des trois quarts de la succession, quel que soit le nombre de ceux qui la partagent. L'enfant naturel a droit à 3.000 francs et les autres enfants se partagent les 2.700 francs qui restent sur la part des réservataires, le légataire recueillant les 10.000 francs qui constituent le quart disponible.

M. Troplong eût ici commencé par prélever les

3000 francs de réserve de l'enfant naturel et eût donné ensuite le quart des 37.000 francs de surplus au légataire, et les trois autres quarts aux enfants légitimes. On voit que ce système aboutirait à donner au légataire universel une part moins forte en présence de trois enfants légitimes et d'un enfant naturel qu'en présence de quatre enfants légitimes. Ce résultat est inadmissible et suffit à condamner cette opinion.

A l'heure actuelle, bien que les textes nouveaux n'aient point tranché la difficulté, on peut considérer la doctrine généralement admise sous l'empire du code civil comme définitivement établie, le législateur de 1896 l'ayant implicitement consacrée[1].

III. — Le père ou la mère de l'enfant naturel ont laissé des ascendants. — Sous l'empire du code civil, en l'absence de texte, on arrivait par le jeu des principes précédents à attribuer dans ce cas à l'enfant naturel une réserve égale au quart de la succession ; sa part héréditaire étant en effet fixée à la moitié de ce quil aurait eu s'il eût été légitime, sa réserve devait être de la moitié de celle de l'enfant légitime, c'est-à-dire du quart[2].

En ce qui concerne son prélèvement, les mêmes discussions ne s'élevaient que lorsqu'il s'agissait de l'hypothèse qui précède. Certains pensaient qu'il fallait commencer par distraire cette réserve de la totalité de la masse et calculer ensuite sur le surplus la réserve des ascendants et la quotité dispo-

1. Ménard, *op. cit*, nos 164, 165, 166 et suivants. — Defrénois, *op. cit.*, 160. 164, 166 et suivants. — Henry, *op. cit*, 19.

2. Baudry-Lacantinerie et Colin : *Donations*, I, n° 710.

nible selon les règles du droit commun[1]. Mais on décidait plus généralement qu'il fallait distinguer suivant qu'il existait des ascendants dans les deux lignes ou seulement dans une seule.

En effet, en présence d'ascendants dans les deux lignes, un enfant légitime eut réduit les donataires et légataires à la moitié des biens, et les ascendants auraient été tout à fait exclus. L'enfant naturel considéré fictivement comme légitime ne pouvait donc nuire aux donataires et légataires. Il devait nuire seulement aux ascendants en leur enlevant la moitié de leur réserve dont l'enfant légitime les eût privé complètement.

S'il n'existait d'ascendants que dans une ligne, la réserve de l'enfant naturel aurait dû être prélevée pour moitié sur la réserve des descendants et pour moitié sur la quotité disponible, car, la réserve étant attribuée d'une manière distributive à chacune des deux lignes, l'absence d'ascendants dans l'une d'elle ne peut modifier la situation des ascendants de l'autre ; d'où il résulte que ces derniers n'auraient dû supporter que la moitié de la réserve de l'enfant naturel, l'autre moitié devant être prise sur la quotité disponible[2].

L'application de ces principes nous eut conduit à fixer aux trois huitièmes de la succession la réserve d'un enfant naturel, aux six douzièmes celle de deux enfants naturels, sous l'application de la loi nouvelle

1. Toullier, IV, 266, — Duranton, VI, 319. — Belost-Jolimont sur Chabot, sur l'art. 756, observ. 7. — Troplong, II, 777.

2. Aubry et Rau, VII, p. 239, § 686 et notes. — Demolombe : *Donations*, II, n° 178. Baudry-Lacantinerie et Colin : *Donations*, I, n° 715.

puisqu'elle eut dû être égale aux trois quarts de celle qu'ils auraient eue s'ils eussent été légitimes.

Mais la loi du 25 mars 1896 a, dans ce cas, trouvé une autre solution écrite dans le nouvel article 915, lequel est ainsi conçu :

« Lorsqu'à défaut d'enfants légitimes, le défunt
« laisse à la fois un ou plusieurs enfants naturels et
« des ascendants dans les deux lignes ou dans une
« seule, les libéralités, par acte entre vifs et par
« testament ne pourront excéder la moitié des biens
« du disposant s'il n'y a qu'un enfant naturel, le
« tiers s'il y en a deux, le quart, s'il y en a trois ou
« un plus grand nombre, les biens ainsi réservés
« seront recueillis par les ascendants jusqu'à concur-
« rence d'un huitième de la succession et le surplus
« par les enfants naturels. »

Comme on l'a fait remarquer [1], c'est là une transaction entre les deux systèmes précédemment analysés : une « réserve *globale* [2] », c'est-à-dire destinée à satisfaire à la fois les enfants naturels et les ascendants, est constituée d'un côté, la quotité disponible étant établie d'autre part ; la répartition de cette réserve se fait ensuite entre les enfants naturels et les ascendants qui viennent en concours.

Quelle est d'abord cette réserve globale ? Elle est identiquement la même que celle qu'auraient eue les enfants naturels s'ils eussent été légitimes ; elle porte sur la moitié de la succession s'il n'y a qu'un enfant naturel, sur les deux tiers s'il y en a deux, sur les trois quarts s'il y en a trois ou un plus grand nombre.

1. Henry, *op. cit.*, n° 18.
2. Idem.

Quant à la répartition de cette réserve collective entre les ascendants et les enfants naturels elle ne présente aucune difficulté. Quel que soit leur nombre, qu'ils appartiennent tous à la même ligne ou bien qu'ils soient de lignes différentes, les ascendants prennent toujours le huitième de la succession et les enfants naturels se partagent ensuite le surplus.

Mais dans quels cas faudra-t-il appliquer l'article 915 ? Le texte dit : « lorsque... le défunt *laisse* à la fois un ou plusieurs enfants naturels et des ascendants... » Il nous paraît certain que la loi entend que le défunt laissât ceux-ci pour héritiers, et que des ascendants exclus de la succession *ab intestat* par des frères ou sœurs du *de cujus* ou des descendants de ceux-ci, n'ayant aucun droit d'hérédité, ne sauraient réclamer une réserve. L'article 915 deviendrait applicable dans cette hypothèse au cas où les frères et sœurs renonceraient à la succession, car alors le droit héréditaire des ascendants prendrait naissance. Il en serait de même si ces collatéraux privilégiés étaient déclarés indignes. Mais leur exhérédation au profit d'un légataire universel ne suffirait pas pour que les ascendants dont il s'agit puissent réclamer une réserve au préjudice de ce légataire, car leur droit héréditaire ne s'ouvre pas par suite du testament[1].

L'article 915 est il applicable au cas où les enfants naturels se trouvent en présence de frères ou sœurs ou descendants de ceux-ci, du père et de la mère et enfin de légataires, ou bien, au contraire, la réserve

1. Ménard, *op. cit.*, n° 190.

des dits enfants naturels devra-t-elle être calculée d'après l'article 913 ?

On a soutenu qu'il fallait appliquer ici l'article 913, parce que les frères et sœurs, fussent-ils exhérédés, devaient toujours, d'après une jurisprudence constante et que nous connaissons déjà[1], être pris en considération pour fixer la réserve.

Il nous semble, cependant, que l'article 915 prévoit bien clairement tous les cas où des enfants naturels et des ascendants se trouvent en conflit avec des donataires ou des légataires, ce qui, justement, a lieu en l'espèce, et que par suite c'est une réserve collective, globale, dont il faut alors rechercher le montant.

Mais il faut se garder avec soin de transporter l'application de l'article 915 dans toutes les hypothèses, où il s'agit non plus de rechercher une réserve, mais de déterminer des attributions *ab intestat*.

C'est ainsi que notre texte resterait complètement étranger au cas où les père et mère du *de cujus* viendraient en concours avec des frères et sœurs et avec un ou plusieurs enfants naturels. La dévolution aux frères et sœurs est une pure question de répartition successorale qui échappe à l'article 915, lequel ne frappe que les libéralités.

Bref, il faut et il suffit pour qu'il y ait lieu d'appliquer cette disposition qu'il existe à la fois à la succession : 1° un ou des enfants naturels ; 2° un ou des ascendants ; 3° un ou des donataires ou légataires.

1. *Supra*, p. 270.

IV. Les père et mère ont laissé des frères ou sœurs ou des descendants légitimes de frères ou sœurs. — Avant la loi de 1896, les auteurs et la jurisprudence appliquaient, dans cette hypothèse, les mêmes principes que dans les précédentes, et fixaient, par suite, au quart de la succession, la réserve de l'enfant naturel[1].

Le texte nouveau n'ayant point prévu le cas dont s'agit, il faut se référer aux principes généraux qu'il a posés. Or, ces principes généraux sont contenus dans l'article 913. C'est donc cet article qui devra recevoir application.

Il faut donc raisonner de la façon suivante : en présence de frères ou sœurs légitimes du *de cujus* ou de descendants de ceux-ci, un enfant naturel a droit aux trois quarts de la succession *ab intestat* ; un enfant légitime aurait eu, en pareil cas, une réserve héréditaire égale à la moitié de toute la succession ; un enfant naturel a donc une réserve égale à la moitié des trois quarts de la succession, c'est-à-dire aux trois huitièmes de l'actif à partager.

S'il existe deux enfants naturels, leur réserve s'élèvera aux deux tiers des trois quarts de la succession, soit à un quart pour chacun d'eux ; car, deux enfants légitimes auraient eu droit aux deux tiers de la totalité.

S'il existe trois enfants naturels ou un plus grand nombre, la réserve totale des enfants naturels s'élèvera aux trois quarts des trois quarts de la succession ; s'ils eussent été légitimes ils auraient eu, en effet, dans ce cas, droit à une réserve des trois quarts

1. Demolombe : *Donations*, II, n° 157.

de la succession, et comme enfants naturels ils ont droit *ab intestat* aux trois quarts de l'actif successoral. Or, les trois quarts des trois quarts égalent neuf seizièmes de la succession. C'est cette réserve qu'il faudra partager entre les enfants naturels suivant leur nombre.

M. Campistron repousse cette façon de calculer la réserve des enfants naturels en présence de frères et sœurs ou de descendants de frères et sœurs.

« Il attribue à l'enfant naturel, dit-il, en présence « de frères et sœurs ou descendants d'eux, héritiers « non réservataires, une réserve moindre que celle « à laquelle il a droit en présence d'ascendants. En « effet, il la fixe pour deux enfants naturels aux six « douzièmes seulement ou douze vingt-quatrièmes; « tandis que l'article 915 leur donne les treize vingt- « quatrièmes ; pour trois enfants naturels ou un plus « grand nombre, aux neuf seizièmes, tandis que, « d'après l'article 915, ils ont droit aux dix seizièmes, « ou cinq huitièmes. Un tel résultat ne peut avoir « été dans la pensée du législateur. L'enfant naturel « ayant les mêmes droits héréditaires, que ses père « et mère aient laissé des descendants ou des frères « et sœurs ou descendants de frères ou sœurs, il est « logique de penser qu'il a entendu se référer à la « même disposition, à l'article 915, pour fixer dans « les deux hypothèses sa part de réserve[1] ».

Nous ne pensons pas que cette opinion soit fondée juridiquement. L'article 915 ne prévoit, nous l'avons vu, que le cas où l'enfant naturel rencontre vis-à-vis de lui des ascendants et des légataires ou donataires, et, constituant une disposition exception-

1. Campistron, *op, cit.*, n° 111.

nelle, il ne saurait être étendu en dehors de ce cas. Il est vrai que la réserve de l'enfant naturel sera moins élevée en présence de frères ou sœurs ou descendants d'eux qu'en présence d'ascendants, et il peut être permis de le regretter. Mais la précision même de l'article 915 s'oppose à une assimilation des deux hypothèses.

D'ailleurs, que ferait-on du huitième successoral réservé aux ascendants par cet article 915 ? L'attribuera-t-on eux enfants naturels comme le propose M. Campistron ? On leur donnera plus alors que s'ils venaient en concours avec des ascendants et cependant les droits héréditaires sont égaux de part et d'autre dans les deux cas, et cet argument sur lequel repose toute la théorie de M. Campistron, se retourne contre lui-même.

Enfin, la réserve de l'article 915 étant une réserve globale[1], elle ne peut être établie que lorsqu'il existe plusieurs classes de réservataires, et, dans l'espèce, il n'en existe qu'une seule : les enfants naturels.

Notre conclusion sur ce point est donc que l'article 913 seul doit être appliqué dans ce cas-là.

Quelle doit être la quotité de la réserve de l'enfant naturel en présence d'un légataire universel, les frères et sœurs ou descendants d'eux étant ainsi exhérédés ?

Sous l'empire du Code Civil la question était controversée. La jurisprudence était fixée en ce sens que la réserve devait être calculée d'après la qualité des héritiers laissés par le *de cujus*, que ces héri-

1. M. Campistron l'admet, et lui donne ce nom.

tiers viennent ou non à la succession et par conséquent qu'ils soient ou non exhérédés [1].

La doctrine la plus récente soutenait, au contraire, que seule la qualité des héritiers venant réellement à la succession doit servir de fondement au calcul de la réserve, et que, par suite, il ne faut pas tenir compte des héritiers exhérédés [2].

La loi de 1896 a laissé subsister la controverse tout entière.

On prétend [3] qu'elle enlève au système admis par la jurisprudence deux arguments précieux.

« On ne peut plus dire —ce qu'on disait en effet —
« que l'augmentation de la réserve de l'enfant natu-
« rel engagera le *de cujus* à exhéréder les frères et
« sœurs puisque cet enfant peut désormais recevoir
« par legs toute la part de ceux-ci ; en outre, l'esprit
« du nouvel article 908 est évidemment de ne pas
« diminuer les droits de l'enfant naturel en présence
« d'un légataire [4] » Peut-être bien. Mais, ayant admis antérieurement [5] que l'on doit tenir compte des héritiers renonçants ou indignes, ne devons-nous pas logiquement adopter une solution analogue relativement aux héritiers exhérédés ? Cela est certain. Sans doute, l'étendue de la quotité disponible n'est plus ici subordonnée à des éventualités que le disposant n'a pu prévoir, puisque c'est lui-même qui

1. Cass. 20 avril 1875, D. 75, 1, 487. — Paris, 2 décembre 1872, S. 73, 2, 197. — Douai, 28 avril 1874, S. 74, 2, 195, D. 75, 2, 49. — Aubry et Rau, VII, § 686, p. 233, note 6.

2. Baudry-Lacantinerie et Colin : *Donations*, I, n° 720. — Huc, VI, n° 147. — Demolombe : *Donations*, II, 160. — Laurent XII, n° 22.

3. Ménard, *op. cit*, n° 178.

4. Idem.

5. *Supra*, p. 271.

exhérède ; mais, il n'en reste pas moins vrai que les principes sont les mêmes dans les deux cas et doivent recevoir semblable application.

V. De la quotité disponible entre époux au cas d'existence d'enfants naturels. — La quotité disponible entre époux est-elle fixée par l'article 913 qui détermine, d'une façon générale, la réserve des enfants naturels, ou bien par l'article 1094 ? Telle est la question qui se posait sous l'application du Code civil et que la loi nouvelle n'a point résolue.

Aux termes de l'article 1094, du Code civil « l'é-« poux pourra, soit par contrat de mariage, soit pen-« dant mariage, pour le cas où il ne laisserait pas d'en-« fants ni descendants, disposer en faveur de l'autre « époux, en propriété, de tout ce dont il pourrait « disposer en faveur d'un étranger, et en outre de « l'usufruit de la totalité de la portion dont la loi « prohibe la disposition au préjudice des héritiers.

« Et pour le cas où l'époux donateur laisserait « des enfants ou descendants, il pourra donner à « l'autre époux, ou un quart en propriété et un « autre quart en usufruit, ou la moitié de tous ses « biens en usufruit seulement ».

La jurisprudence interprète le § 2 de cet article en ce sens que dans le cas qu'il prévoit, la quotité disponible entre époux doit être invariable et par conséquent tantôt moins forte, tantôt plus forte que la quotité disponible en faveur d'un étranger ; elle est moins forte lorsque le défunt n'a laissé qu'un enfant légitime, puisque dans cette hypothèse il aurait pu donner à un étranger la moitié de ses biens en pleine propriété ; elle est plus forte, au contraire, lorsque le défunt laisse deux enfants légitimes ou un plus grand nombre, car dans ce cas il n'eût pu donner à un étranger qu'un tiers ou un quart de sa fortune.

On est d'accord pour déclarer que les enfants naturels ne sont pas visés par le § 1er de l'article 1094, bien qu'ils soient maintenant héritiers ; il résulte en effet des travaux préparatoires que les mots « *au préjudice des héritiers* » visent exclusivement les ascendants.

Mais, faut-il faire application du § 2 de cet article lorsque des enfants naturels se trouvent en présence du conjoint survivant ? Voilà la question.

Cela revient, en somme, à demander si les enfants naturels doivent être, à ce point de vue, considérés comme légitimes.

La Cour de cassation dans un arrêt du 12 juin 1866[1] a repoussé l'application de l'article 1094 et admis que le conjoint du *de cujus* pouvait être gratifié dans la mesure où pourrait l'être un étranger. L'article 1094, dit en substance cet arrêt, constitue une disposition d'exception qui ne peut être étendue en dehors de l'hypothèse qu'elle prévoit ; elle ne suppose évidemment en présence que les conjoints d'une part et les enfants nés de leur mariage ou les descendants de ceux-ci d'autre part ; cela résulte en effet de l'article 1098, qui, lui, prévoit le cas où le conjoint trouve en face de lui des enfants nés d'un précédent mariage de son époux ; entre ces deux articles il existe une étroite corrélation et l'enfant naturel ne se trouve pas plus placé dans le cas prévu par l'article 1094 que dans celui prévu par l'article 1098.

1. D. 66, 1, 485.

A la vérité, l'arrêt en question n'a tranché la difficulté que pour le cas où il n'existe qu'un seul enfant naturel. Mais, logiquement, les principes qu'il reconnaît dans ses motifs ne comportent pas de distinction, et, par suite, la règle serait la même dans le cas où la quotité disponible spéciale de l'article 1094, au lieu d'être moins élevée que celle de l'article 913, la dépasserait à raison du nombre des enfants naturels [1].

Cette conséquence a été contestée. On a dit, en effet, que la quotité fixée par le § 2 de l'article 1094 constitue le minimum de la portion disponible entre époux [2]. On a ajouté qu'il était impossible que la présence d'enfants naturels impose au droit que possédait le *de cujus* de disposer en faveur de son conjoint des restrictions plus étroites que la présence d'enfants légitimes [3].

C'est peut-être là un résultat étrange ; mais on ne saurait l'éviter sans tomber dans une contradiction juridique. De deux choses l'une, en effet : ou bien l'article 1094 s'applique aux enfants naturels et il faut en suivre les prescriptions aussi bien lorsqu'elles sont favorables à ceux-ci que lorsqu'elles leur sont défavorables ; ou bien cet article ne concerne en aucune façon les enfants naturels.

On a esssayé de démontrer que cette contradiction était seulement apparente ; l'article 1094 reposant sur deux idées, l'une de faveur pour le conjoint survivant dont il faut assurer les moyens d'existence, l'autre de défaveur pour les libéralités

1. D. 66, I, 484, note sous l'arrêt précité.
2. Defrénois, n° 178.
3. Campistron, n° 132 et suivants.

exagérées qu'il pourrait se faire attribuer. C'est, dit-on, la première idée qui, dans l'espèce, a dû l'emporter sur la seconde[1]. Cela n'est point démontré, selon nous, et d'ailleurs la contradiction n'en subsisterait pas moins.

Enfin, ou bien les enfants naturels n'ont été reconnus qu'au cours du mariage et alors l'article 337 leur prohibe toute prétention à une réserve ; ou bien ils ont été reconnus auparavant et alors l'époux qui a contracté mariage avec leur auteur a dû penser que le sort de ces enfants devait être assuré. Or, donner le tiers ou le quart à cet époux cela revient à lui donner au moins une part d'enfant ; c'est précisément ce que reçoit le conjoint qui épouse une personne ayant des enfants légitimes d'un premier lit. Le résultat de ce système est donc à la fois très logique et très équitable.

M. Laurent enseigne au contraire que l'article 1094 est seul applicable lorsque l'enfant naturel se trouve vis-à-vis d'un conjoint survivant, cet article visant sans distinguer les enfants ou descendants en général[2]. La Cour de cassation a, croyons-nous, victorieusement réfuté cette opinion.

Nous concluons donc en déclarant qu'il faut pour calculer la quotité disponible entre époux au cas d'existence d'enfants naturels se borner à appliquer l'article 913.

Lorsque l'époux légataire se trouve en présence d'enfants naturels et d'ascendants du *de cujus*, il peut conserver outre la quotité disponible au profit

1. Campistron, *op. cit.*, nos 133, 134.

2. Laurent, XV, n° 351 ; Tribunal civil de Villefranche, 6 août 1864, D. 66, 1. 484, cassé par l'arrêt ci-dessus analysé.

d'un étranger, l'usufruit du huitième qui constitue la réserve des ascendants. Cela résulte de la combinaison des articles 913, 915 et 1094, 2e alinéa du Code Civil et c'est d'ailleurs ce qui a lieu dans les successions déférées exclusivement à des héritiers légitimes. Un projet de loi suivant lequel la quotité disponible entre époux, pas plus que celle entre étrangers ne pourrait jamais atteindre la réserve des ascendants, a été voté par la Chambre le 20 février 1893, mais n'a point encore reçu de consécration définitive[1].

S'il existe à la fois des enfants légitimes et des enfants naturels, la présence des premiers rendant applicable le § 2 de l'article 1094, la quotité disponible sera, vis-à-vis du conjoint, d'un quart en propriété et d'un quart en usufruit, ou de la moitié en usufruit seulement. Les divers enfants contribueront à la fournir en proportion de leur part héréditaire[2].

Enfin, au cas d'existence d'enfants issus d'un précédent mariage et d'enfants naturels, la présence de l'enfant naturel diminue forcément la part de chaque enfant légitime et, par suite, la quotité disponible dont peut être gratifié le conjoint, puisque cette quotité est alors d'une part d'enfant le moins prenant.

Remarque. — Il ne s'agit là, bien entendu, que de la quotité disponible en faveur du conjoint survivant, et nullement du droit d'usufruit que lui con-

1. Ménard, *op. cit.*, n° 206. — Campistron, n° 122.
2. Ménard, *op. cit.*, n° 207. — Campistron, n° 123.

cède la loi du 9 mars 1891 sur la succession *ab intestat* de son époux prédécédé.

Cet usufruit, n'étant pas constitué à titre de réserve, ne saurait jamais porter atteinte aux droits de réserve des enfants naturels, pas plus qu'aux droits de réserve des autres héritiers.

Réserve des descendants des enfants naturels. — Le nouvel article 913 reproduit, dans un dernier paragraphe, les termes de l'ancien article 914. « Sont compris dans le présent article, sous le nom « d'enfants, les descendants à quelque degré que « ce soit. Néanmoins ils ne sont comptés que pour « l'enfant qu'ils représentent dans la succession du « disposant. »

Les enfants ou descendants *légitimes* de l'enfant naturel ont donc une réserve calculée d'une manière analogue à celle de leur auteur, c'est-à-dire proportionnelle à leur vocation successorale. Mais, tous les descendants d'un même enfant naturel ne comptent que pour un enfant, et cela non seulement lorsqu'ils viennent par représentation, ce qui est tout naturel, mais encore lorsqu'ils succèdent de leur chef. La doctrine et la jurisprudence sont, en effet, d'accord pour déclarer que les mots « l'enfant qu'ils représentent » ne sont pas pris ici dans leur sens technique, mais dans leur sens vulgaire, et veulent dire seulement l'enfant qu'ils remplacent[1].

1. Demolombe : *Donations*, II, n° 77. — Baudry-Lacantinerie et Colin : *Donations*, I, n° 704. — Aubry et Rau, VII, § 681. p. 172. — Dalloz : *Dispositions entre vifs et testam.*, n° 762. — Ménard. n° 179. — Rouen, 12 février 1887, D. 89, 2, 181. — Henry, *op. cit.*, n° 17.

Sanction de la réserve de l'enfant naturel et sur quels biens elle peut porter. — Comme tout réservataire, l'enfant naturel possède une action en réduction qui lui permettra de faire respecter les droits de réserve que la loi lui concède.

Des difficultés ont été soulevées en ce qui concerne le point de savoir quelles libéralités cette action en réduction pourrait atteindre.

On a soutenu que l'enfant naturel ayant seulement d'après le titre des successions, un droit sur les biens de leurs père et mère *décédés*, ne pouvait demander que la réduction des legs, non des donations entre vifs[1]. Autant dire qu'il n'avait pas de réserve puisque le père ou la mère aurait pu l'anéantir par des donations entre vifs ou même seulement par des donations de biens à venir. D'autre part, ce système ne serait plus admissible aujourd'hui puisque l'enfant naturel a la qualité d'héritier et que son droit à une réserve résulte du texte formel de la loi et non plus d'une simple induction tirée de son droit successoral[2].

D'autres auteurs, accordant à l'enfant naturel l'action en réduction contre les donations entre vifs postérieures à sa reconnaissance, la lui refusent contre les donations entre vifs antérieures à sa reconnaissance. Les donataires antérieurs ont, disent-ils, un droit acquis qui ne saurait leur être enlevé par un fait volontaire du donateur, tel que la reconnaissance d'un enfant naturel, laquelle, suivant eux, ne

1. Delvincourt T. II, p. 22, note 4. — Lyon, 16 juillet 1828, S. 29, 2, 109.

2. Cass. 26 juin 1831, S. 1831, 1, 279. — Demolombe : *Donations*, II, n° 164. — Aubry et Rau, VII, § 686. — Baudry-Lacantinerie et Colin, *op. cit.*, n° 733.

pourrait avoir d'effet contre les tiers qu'à compter de sa date ; s'il en était autrement, ajoutent-t-ils, le donateur pourrait, par une reconnaissance mensongère et frauduleuse, porter atteinte aux droits irrévocables des donataires[1].

Il est facile de répondre que l'article 339 du Code civil qui permet à tout intéressé de contester une reconnaissance d'enfant naturel appporte un remède au danger redouté. D'autre part, la reconnaissance n'est pas seulement un fait volontaire de la part du père ou de la mère ; elle constitue l'accomplissement d'un devoir, elle a le caractère d'un acte de l'état civil, comme l'adoption, comme le mariage ; or, l'enfant adoptif, l'enfant légitime, ont une action en réduction contre les donataires soit postérieurs, soit antérieurs à leur adoption ou à leur naissance, et même au mariage de leurs parents ; l'enfant naturel doit donc avoir également cette action en réduction contre toutes les donations entre vifs quelle qu'en soit d'ailleurs la date. C'est là d'ailleurs une conséquence de ce que la reconnaissance est purement déclarative. Enfin, la réserve de l'enfant naturel étant une quote-part de celle qu'il aurait eue s'il eut été légitime, doit évidemment porter sur les mêmes biens, car la fraction ne saurait être d'une autre nature que l'unité. Cette opinion admise par la jurisprudence et la doctrine sous l'application du Code civil, semble trouver un solide appui dans le silence du législateur de 1896 ; là encore, celui-ci a,

1. Toullier, III, n° 263. — Richefort, *op. cit.*, III, 496. — Grenier, II, 665. — Loiseau : *Enfants naturels*, p. 698. — Troplong, II, 771 et 932 ; Rouen, 27 janvier 1844, S. 44, II, 534.

sans nul doute, entendu confirmer les résultats acquis dans la pratique [1].

L'action en réduction qui appartient à l'enfant naturel portera donc, comme celle de tout héritier réservataire, sur toutes les donations entre vifs et sur tous les legs, en un mot sur toutes les libéralités faites par le *de cujus*.

En résumé, la loi de 1896 n'a guère fait que consacrer législativement les principes antérieurement admis par la doctrine et la jurisprudence relativement aux droits de réserve des enfants naturels dans la succession de leurs père et mère. Une seule innovation importante a été faite. C'est la création d'une réserve globale pour les enfants naturels et les ascendants qui se trouvent en concours avec des légataires ou donataires, et dont l'effet est d'assurer un huitième de la succession aux ascendants tout en modifiant pour ce cas le droit de réserve que les enfants naturels auraient eu d'après le droit commun [2].

1. Cass. 16 janvier 1847, S. 47, 1° 660, D. 47, 1, 265. — Demolombe : *Donations*, II, n° 165. — Aubry et Rau, VII, § 686. Laurent, XII, n° 48. — Baudry-Lacantinerie et Colin : *Donations*, I, n° 711.

2. Sur les dispositions transitoires concernant la réserve des enfants naturels, *Cf*, *infra*, chap. X.

CHAPITRE VIII

Droits des enfants adultérins et incestueux

A toutes les époques, même aux temps les plus égalitaires du droit intermédiaire, on a considéré qu'il était impossible de traiter de la même façon que l'enfant simplement naturel, l'enfant adultérin ou incestueux « dont la filiation néfaste est un « attentat aux principes les plus essentiels de la « famille et de l'Etat [1] ».

Nous avons vu que dans la législation de Justinien, ils n'avaient pas même droit à des aliments. Mais, de bonne heure, sous l'influence du christianisme, le droit à l'existence leur fut reconnu, ce qui revient à dire que des aliments leur furent accordés dans la succession de leurs auteurs. C'était tout ce que leur donnait l'ancien droit; ce fut tout ce que leur donna le Code civil ; c'est encore tout ce que leur attribue la loi nouvelle.

« Ils existent, disait Chabot au commencement « du siècle, il faut bien que la loi leur assure des « aliments, mais elle ne leur confère aucun autre « droit. Le crime qui leur a donné naissance ne per- « mettait pas de les traiter comme les enfants nés « de personnes libres. »

1. Demolombe : *Successions* II, n° 122.

« Quant aux enfants adultérins et incestueux, « disait Siméon, ils n'ont pas même de créance ; « ils n'ont droit qu'à la pitié ; elle ne leur a jamais « obtenu que des aliments. »

Ce sont les mêmes idées que l'on retrouve au cours de la discussion de la loi nouvelle. « Quelque « pitié, quelque générosité que l'on éprouve pour « l'enfant innocent né de ce commerce, on ne peut « pas cependant s'y arrêter parce qu'il y a un intérêt « moral et supérieur à ce que des enfants nés dans des « conditions que la loi réprouve, ne jouissent pas « des avantages de ceux nés dans des conditions où « la loi n'a rien à voir ».

Cependant, Cambacérès, en l'an II, avait déclaré qu'à son avis « tous les enfants indistinctement ont « le droit de succéder à ceux qui leur ont donné « l'existence. Les différences établies entre eux, di- « sait-il, sont l'effet de l'orgueil et de la superstition. « Elles sont ignominieuses et contraires à la justice. « Dans un gouvernement basé sur la liberté, les « individus ne peuvent être les victimes des fautes « de leur père. L'exhérédation est la peine des grands « crimes. L'enfant qui naît en a-t-il commis ? Et si « le mariage est une institution précieuse, son em- « pire ne peut s'étendre jusqu'à la destruction de « l'homme et des droits des citoyens[1]. » Certains ont pensé de même à notre époque. MM. Albert Chiché, Henri Hamel et Jourde, députés, ont en effet au cours de ces dernières années, proposé d'accorder aux enfants adultérins et incestueux, — « ces parias de notre société moderne »[2] — des droits

1. Rapport qui a précédé le vote du décret du 12 brumaire an II.
2. Proposition Chiché, *Journal Officiel* : Documents 1890, p. 1425.

égaux à ceux qui sont attribués aux enfants naturels simples ; une tentative de cè genre a été faite par MM. Groussier, Viviani et Millerand ; enfin M. Pontois, sans aller aussi loin, proposait de leur attribuer, en l'absence d'enfants légitimes ou naturels, un tiers ou la moitié de la portion qu'ils auraient eue s'ils avaient été légitimes selon qu'ils se trouveraient en présence d'ascendants ou de frères et sœurs d'une part, ou bien de collatéraux ordinaires ou d'autres héritiers d'autres part[1]. Mais ces propositions n'ont reçu aucune consécration législative.

La situation des enfants adultérins et incestueux demeure donc à l'heure actuelle ce qu'elle était sous l'empire du Code Civil[2].

Ceux-ci sont exclus de l'hérédité par tout successeur, même par le conjoint survivant et l'Etat. ils ont droit seulement à des aliments.

I. — Cas dans lesquels les enfants adultérins et incestueux ont droit à des aliments. — L'article 335, prohibant la reconnaissance des enfants incestueux et adultérins, par cette raison que « le Code Napoléon a pu permettre l'aveu d'une faiblesse, mais ne souffre pas de la reconnaissance d'un crime[3], » rend par là même impossible la preuve de leur filiation. Cependant, pour qu'un enfant adultérin ou incestueux puisse venir réclamer des aliments à la succession, il faut évidemment que sa

1. *Journal Officiel*. Chambre des Députés : Documents 1891, p. 1241.

2. Aussi sans entrer dans les détails d'une étude qui se trouve dans tous les ouvrages de Droit civil, nous bornerons-nous à rappeler les principes de la matière et ses plus importantes controverses.

3. Siméon : *Travaux préparatoires du Code civil.*

filiation, par rapport au défunt, soit établie d'une façon certaine. L'article 762 ne s'applique donc que dans les cas où la filiation, soit adultérine, soit incestueuse, se trouve constatée par la force même des choses. C'est ce qui arrive lorsque le mariage dont est issu l'enfant est annulé pour bigamie ou pour inceste, lorsqu'un enfant né dans les justes noces a fait l'objet d'un désaveu prononcé dans les formes légales, lorsqu'une action en réclamation d'état a été rejetée en ce qui concerne le mari, ou enfin lorsqu'un jugement devenu irrévocable par erreur constate la filiation.

Mais, en sera-t-il ainsi lorsque les parents, au mépris de la loi, auront reconnu l'enfant ? La question est très controversée. Cependant on décide en général qu'une telle reconnaissance ne peut produire aucun effet et par suite ne permet pas à l'enfant qui en fait l'objet de réclamer des aliments[1]. Les travaux préparatoires du Code Civil qu'on invoque en sens contraire pourraient tout aussi bien servir d'appui à cette théorie[2]. Il est inexact d'objecter encore que les aliments constituent une charité et non un droit et que par suite, l'enfant, en les réclamant n'essaie pas de faire produire un effet à la reconnaissance. Enfin, c'est encore à tort, selon nous, que l'on prétend que l'article 762 ne trouverait plus dans ce système de cas d'application ; car nous

1. Cass. 19 avril 1847, S. 47, 1, 562 ; Aix, 5 janvier 1882, S. 82, 2,178 — Demante II, n° 63 bis. - Demolombe : *Paternité et Filiation*, 583 et suiv. — Aubry et Rau, VI, § 219 et 220. — Huc, V, n° 106. — Baudry-Lacantinerie et Wahl : *Successions*, I, n° 707. — Contra : Troplong : *Donat. et Testam.*, I2 n° 629. — Fuzier-Hermann, art. 768, n° 9.

2. Siméon et Joubert d'une part ; — Duveyrier et Lahary d'autre part. — Locré X, p. 294, 1, p. 442 ; VI, p. 264 et 323.

avons vu que ce texte peut parfaitement s'appliquer toutes les fois que, par exception, la filiation adultérine et incestueuse se trouve *légalement* établie.

Mais on admet, en général, que la nullité dont est entachée la reconnaissance d'un enfant adultérin ou incestueux n'autorise pas celui qui l'a faite à demander l'annulation, pour défaut de cause, de l'engagement qu'il aurait pris de fournir des aliments à l'enfant par lui reconnu [1].

II. — Fixation de la pension alimentaire. — « Ces aliments sont réglés, eu égard aux facultés « du père et de la mère, au nombre et à la qualité « des héritiers légitimes. » (article 763).

Ainsi, les éléments qui servent à déterminer la pension alimentaire attribuée par la loi aux enfants adultérins et incestueux, sont, d'après ce texte :

1° les facultés des père et mère.

2° le nombre des héritiers légitimes.

3° la qualité de ces derniers.

De l'avis général, il faut avoir égard pour régler cette pension, aux besoins du réclamant qui peuvent varier suivant son âge, son état de santé, sa condition sociale, etc... C'est là, en effet, un principe constant en matière de pensions alimentaires, et cela résulte du mot aliments lui-même [2].

On doit tenir compte du nombre et de la qualité des héritiers *légitimes*, d'après l'article 763. Malgré

1. Aubry et Rau, VI, § 572, p. 221. — Baudry-Lacantinerie et Wahl : *Successions*, I, n° 709.

2. Demolombe : *Successions*, T, II, n°s 125 et 127, — Aubry et Rau, VI, p. 226 et 227, § 572, note 34. — Contra : Demante III, n° 82 bis.

cette expression, on s'accorde à reconnaître qu'il faut avoir égard à tous les successeurs quels qu'ils soient, le motif de la loi exigeant que les aliments de l'enfant adultérin ou incestueux soient plus largement appréciés lorsqu'il se trouve seulement en présence d'enfants naturels ou d'un conjoint ou surtout de l'Etat, ou encore lorsque c'est un légataire qui recueille la succession de son auteur[1]. D'après certains même, on devrait tenir compte de la situation de fortune des héritiers. Mais c'est là, croyons-nous, ajouter au texte[2].

Remarquons que ce mode de fixation d'après le nombre des héritiers et leur qualité est tout à fait équitable. Lorsque les héritiers sont du premier degré et qu'ils ont une réserve les aliments doivent être restreints au strict nécessaire ; mais, au contraire, lorsque le successeur est un légataire étranger à la famille, ou bien l'Etat, les aliments doivent être plus importants. La loi nouvelle et les travaux auxquels elle a donné lieu contiennent de nombreuses indications précieuses quant à l'appréciation de la qualité des héritiers dans l'idée du législateur, et par suite quant à la fixation des aliments dont s'agit.

Une question discutée est celle de savoir si les aliments qui peuvent être dus aux enfants adultérins et incestueux sont fixés d'une façon définitive lors de la liquidation de la succession, ou si, au contraire, ils peuvent être modifiés par la suite, suivant les changements de fortune de ceux qui les doivent ou de ceux qui les réclament. Une opinion soutient

1. Demolombe : *Successions*, II, n° 126.— Huc, V, n° 107. — Le Sellyer, I, 415.

2. Le Sellyer, I, 415.

que l'enfant peut réclamer une augmentation si les circonstances l'exigent, mais que jamais les héritiers ne peuvent demander une diminution[1]. On comprend que cette théorie est inacceptable. D'autres estiment que les aliments peuvent varier suivant les fluctuations de fortune des uns et des autres[2]. Mais on enseigne plus généralement que les aliments sont déterminés une fois pour toutes au moment de l'ouverture de la succession. C'est, qu'en effet, ce n'est point à la charge des héritiers, mais bien à la charge de la succession que les articles 762 et suivants, mettent la dette alimentaire D'autre part, on a remarqué que ces textes n'employaient jamais l'expression « *pension alimentaire* », d'où l'on a conclu que le vœu de la loi était d'attribuer à l'enfant un capital, qui, placé à rente viagère sur sa tête, puisse lui donner des ressources suffisantes pour vivre ; on évite ainsi les rapports gênants par leur fréquence que nécessiterait entre l'enfant et les héritiers la constitution d'une rente viagère à la charge de la succession[3].

III. — Déchéance résultant de l'article 764. — La dette d'aliments que la loi impose aux père et mère de l'enfant adultérin ou incestueux ou à leur succession a pour unique objet d'assurer l'existence de ceux-ci, nous l'avons dit. La disposition de l'article 764 en est la preuve : « Lorsque le père ou

1. Chabot, art. 764, nos 3 et 4.

2. Laurent, IX, n° 144. — Fuzier-Hermann, art. 763, n° 3. — Le Sellyer, I, 417.

3. Demante III, n° 82 bis. — Demolombe : *Successions*, 2, n° 127. — Huc, V, n° 107. — Baudry-Lacantinerie et Wahl : *Successions*, 1, n° 718.

« la mère de l'enfant adultérin ou incestueux lui
« auront fait apprendre un art mécanique, ou lorsque
« l'un d'eux lui aura assuré des aliments de son
« vivant, l'enfant ne pourra élever aucune réclama-
« tion contre leur succession. »

Ainsi, l'enfant adultérin ou incestueux ne pourra élever aucune réclamation contre la succession de ses parents dans deux cas :

1° Lorsque son père ou sa mère lui a assuré des aliments de son vivant.

2° Lorsque son père ou sa mère lui a fait apprendre un art mécanique.

La loi n'a pas défini ce qu'il fallait entendre par art mécanique et un large pouvoir d'appréciation est laissé aux tribunaux. Mais faut-il aller jusqu'à déclarer, comme le veulent certains, que si l'enfant a pu acquérir une profession libérale grâce aux soins de son père ou de sa mère, il n'a pas droit à des aliments[1] ? C'est peut-être donner là au texte une interprétation bien large et peut-être vaudrait-il mieux, étant donné le peu de profit et surtout le caractère aléatoire de certaines professions libérales, rechercher si, en fait, étant donné ses aptitudes, son intelligence, son instruction, l'enfant se trouve en mesure de vivre conformément à la situation sociale qu'il occupe, à l'éducation qu'il a reçue, eu égard à l'importance de la succession laissée par ses auteurs.

Il nous semble certain que si, après avoir appris un art mécanique, l'enfant était devenu incapable d'exercer le métier par suite d'un fait où sa volonté n'aurait aucune part, un accident de travail, une

1. Demolombe : *Successions* 2, n° 128. — Baudry-Lacantinerie et Colin : *Successions*, 1, 715.

maladie grave, par exemple, il aurait droit à des aliments dans la succession de son auteur ; car, on ne peut plus dire alors que des aliments lui soient assurés.

On discute le point de savoir si les père ou mère peuvent de leur seule volonté assurer de leur vivant des aliments à leur enfant, en vue d'écarter sa créance alimentaire de la succession. On dit que les aliments consistant dans une prestation fournie à l'enfant, celui-ci ne peut être forcé de la recevoir puisqu'il s'agit d'une transmission de propriété exigeant le consentement[1]. Il nous semble que ce raisonnement est inexact. L'enfant adultérin ou incestueux n'ayant qu'un simple droit de créance, on conçoit que les père ou mère puissent s'en libérer sans son consentement. D'ailleurs, il paraît bien certain qu'ils pourraient l'obliger à apprendre un art mécanique. Or, il est évident qu'il doit y avoir analogie à cet égard entre les deux cas prévus par l'article 764[2].

IV. — Incapacité des enfants adultérins ou incestueux de recevoir par donation entre vifs ou par testament — L'ancien article 908 ne mentionnait pas les enfants adultérins ou incestueux, mais ils étaient implicitement et *a fortiori* compris dans l'expression générique « enfants naturels. »

Le nouvel article 908 contient un troisième paragraphe interdisant aux « enfants adultérins et inces- « tueux de rien recevoir par donation entre vifs ou

1. Baudry-Lacantinerie et Wahl : *Successions*, 1, n°717.
2. Demolombe : *Successions*, 2, n° 1[illegible].

« par testament au-delà des aliments qui lui sont « accordés par les articles 762, 763, 764. » (article 908, § 3).

Mais, de même que seuls, les enfants adultérins ou incestueux dont la filiation est légalement établie peuvent réclamer des aliments, de même, ceux-là seuls doivent être frappés par les prohibitions de l'article 908. On ne manquera pas d'objecter qu'une pareille solution est une atteinte portée à la morale. Mais il est permis de se demander si l'immoralité de cette décision est aussi réelle qu'on le prétend ; ce qui nous paraît immoral, c'est le fait de l'adultère ou de l'inceste et non celui de gratifier les enfants qui en sont nés. Toutefois, nous le reconnaissons, la jurisprudence est contraire à notre opinion [1].

Par qui cette incapacité pourra-t-elle être invoquée ?

L'énumération limitative de ceux qui peuvent demander la réduction des donations faites à l'enfant naturel s'applique-t-elle à ceux qui ont intérêt à exercer une action de même nature contre les enfants adultérins ou incestueux ?

Par cela même que les enfants incestueux ou adultérins sont radicalement exclus de la succession de leurs parents, tous ceux que la loi appelle à la succession dont ils sont eux-mêmes écartés doivent avoir le droit de les faire réduire aux seuls aliments qui leur sont attribués au titre des successions. Les successeurs irréguliers, et par conséquent l'Etat lui-même, pourraient donc intenter cette action en réduction. C'est bien là, d'ailleurs, ce nous semble,

1. Cass. 6 décembre 1876, S. 77, 1, 67, D. 77, 1, 492. — Cass. 24 juin 1887, S. 87, 1, 358, D. 88, 1, 295.

l'esprit sinon le texte de la loi, et cette solution est en conformité avec l'idée contenue dans l'énumération du paragraphe premier de cet article 908[1].

La question est beaucoup plus délicate en ce qui concerne le légataire universel. Les uns pensent que ce dernier pourrait attaquer, comme tout successeur, les libéralités faites à l'enfant adultérin ou incestueux en ce qu'elles auraient d'excessif par la voie d'une action en répétition de l'indû, une *condictio indebiti*, ou bien par une *condictio sine causa*. Cette opinion se fonde sur le caractère de créance qui appartient au droit de ces enfants, et il faut reconnaître qu'elle s'accorde avec les décisions de la Cour de cassation qui annulent, comme reposant sur une cause illicite, le legs fait par un testateur à celui qu'il croyait être son enfant adultérin quand le legs a eu pour cause déterminante l'opinion que le testateur avait de sa paternité[2]. Mais on objecte que si le législateur avait voulu accorder au légataire une faculté qu'il lui refusait au paragraphe premier, il s'en serait certainement expliqué formellement[3].

Pour nous, nous ne serions pas éloignés de croire qu'il faut accorder cette action en réduction non seulement au légataire universel, mais encore à tout intéressé. Car, si l'article 908 nous paraît établir une indisponibilité vis-à-vis de l'enfant naturel simple[4], il nous semble, au contraire, édicter une

1 *Sic.* Henry, *op. cit.*, n° 29. — Ménard, *op. cit.*, n° 148.

2. Campistron, *op. cit.*, n° 92. — Cassation, 29 juin 1887. D. 88, 1, 295, S. 87. 1, 358, antérieurement cité et critiqué.

3. Ménard, *op, cit.*, n° 149.

4. Voir *Supra*, chap. VI.

incapacité absolue au regard des enfants adultérins et incestueux. Ce n'est plus, en effet, l'intérêt seul de la famille légitime qui a motivé cette prohibition. C'est l'intérêt social tout entier. Cela résulte des travaux préparatoires dont nous avons transcrit certains fragments. De nombreux auteurs ont d'ailleurs admis cette solution [1], et le législateur de 1896, en se reférant aux idées précédemment adoptées, semble avoir implicitement conservé cette solution.

Appendice. — Il semble bien découler de l'article 764 que la dette alimentaire envers les enfants adultérins et incestueux repose sur la tête des père et mère de leur vivant avant de peser sur leur succession [2]. Cette dette alimentaire est-elle réciproque ? La question est controversée. MM. Aubry et Rau [3] estiment que l'enfant adultérin ou incestueux est sans doute obligé *natura et pietate* de fournir des aliments à ses père et mère, mais que c'est là seulement une obligation naturelle. Selon eux, la créance d'aliments que la loi accorde aux enfants adultérins n'a point pour fondement un lien de parenté civile existant entre ceux-ci et leurs auteurs elle a uniquement pour objet la réparation de la faute grave dont ces derniers se sont rendus coupables envers eux en les mettant au monde. Il ne saurait donc y avoir réciprocité d'obligation. Nous

1. Demolombe : *Successions*, 2, n° 132. — Aubry et Rau, t. IV, p 97.

2. Demolombe: *Paternité et filiation*, I, 16 et 17, II, n° 593. — Aubry et Rau, T. VI, § 572, p. 225.

3. Aubry et Rau, VI, § 572, p. 227.

croyons plutôt, avec M. Demolombe[1], que les enfants adultérins et incestueux ne peuvent refuser des aliments à leurs père et mère. C'est là non seulement un devoir pieux découlant de l'article 371 qui exige des enfants adultérins et incestueux comme de tous enfants l'honneur et le respect pour leurs parents, mais encore une obligation civile. La réciprocité étant le principe en matière d'obligations alimentaires, et aucune dérogation n'ayant été apportée à ce principe pour le cas qui nous occupe, il faut en faire ici l'application. Enfin, il nous paraîtrait véritablement scandaleux qu'un enfant, quel qu'il soit, laissât ses parents sans asile et sans pain, alors que sa situation lui permet de leur venir en aide.

En résumé, la loi de 1896 n'a fait que consacrer tacitement les solutions admises en ce qui concerne les droits de succession des enfants adultérins ou incestueux.

Elle a adopté, dans un texte formel, le dernier paragraphe de l'article 908, l'opinion de la majorité des auteurs et de la jurisprudence relativement aux incapacités de recevoir dont ces enfants sont frappés. Mais aucune modification n'a été apportée aux principes mêmes qui régissent la question. Ils restent ce qu'ils ont toujours été et peuvent se résumer ainsi : La filiation adultérine ou incestueuse, lorsqu'elle se trouve légalement établie, a pour unique effet de créer une obligation alimentaire.

1. Demolombe : *Paternité et Filiation*. I, n° 19.

CHAPITRE IX

Abrogation de l'article 761 du Code civil

Aux termes de l'article 1130 du Code civil, les pactes sur successions futures sont prohibés.

L'article 761 du même Code apportait toutefois une notable dérogation à cette règle relativement aux droits de succession attribués aux enfants naturels. D'après ce texte, en effet, toute réclamation leur était interdite, lorsqu'ils avaient reçu du vivant de leur père ou de leur mère la moitié de leur part successorale *ab intestat*, avec déclaration expresse, de la part de leur père ou mère que leur intention était de réduire cet enfant naturel à la portion qu'ils lui avaient assignée. Dans le cas où cette portion était inférieure à la moitié de ce qui devait revenir à l'enfant naturel, il ne pouvait réclamer que le supplément nécessaire pour parfaire cette moitié.

Cette disposition avait été inspirée au législateur de 1804, selon le tribun Siméon, par cette considération qu' « une telle donation est utile pour « l'enfant naturel qu'elle fait jouir plus tôt et pour la « famille qu'elle débarrasse d'un créancier odieux ».

La loi de 1896 a abrogé purement et simplement l'article 761. On conçoit sans peine quand on connaît l'esprit de bienveillance dont le législateur était animé à l'égard de l'enfant naturel, qu'il ait repoussé avec indignation une disposition ayant de pareils motifs pour fondement. « Je ne dissimule pas que « ce qui me paraît odieux dans cette affaire, disait « M. Demôle, c'est la manière dont on qualifie l'en- « fant naturel ». Et, M. Dauphin, dans son rapport au Sénat repoussait les deux parties de cette considération : « La première, disait-il, est l'autorisa- « tion d'abuser de la misère et des passions de « l'enfant pour lui enlever une partie de son patri- « moine; la seconde est la négation injurieuse « des droits des enfants naturels... Il faut d'ailleurs « remarquer, ajoutait-il, que l'article 761 ne débar- « rasse pas, suivant l'expression employée, les « parents légitimes, puisqu'il autorise les enfants « naturels à intervenir dans le règlement des suc- « cessions, lorsqu'ils prétendent que la portion assi- « gnée est inférieure à la moitié de leurs droits[1] ».

La combinaison jadis autorisée par l'article 761 est donc impossible à l'avenir.

Avec elles disparaissent toutes les controverses auxquelles elle donnait lieu et qui ne laissaient pas que d'être nombreuses[2].

Néanmoins, ces controverses n'ont pas encore perdu tout intérêt pratique, car nous verrons au chapitre suivant que, dans une disposition transitoire formant l'article 9 de la loi du 25 Mars 1896, les effets de l'ancien article 761 ont été maintenus en ce qui concerne les réductions de droits successoraux résultant de libéralités reçues dans les conditions de ce dernier article avant la promulgation de la loi.

Aussi devons-nous consacrer quelques pages à

1. *Journal Officiel*, Sénat 1895 : Documents, p. 13.

2. Voir notamment Baudry-Lacantinerie et Wahl : *Successions*, 1, n° 678 et suiv.

l'examen des principales difficultés qui s'élevaient et qui peuvent s'élever durant quelques années encore au sujet de cette disposition.

La plus importante de ces difficultés était celle de savoir si une pareille réduction peut-être imposée par le père naturel à son enfant sans le consentement de celui-ci. L'affirmative prévaut en jurisprudence[1]. Il s'agit-là, dit-on, d'un acte de la puissance paternelle, d'un droit que la loi accorde au père de l'enfant naturel dans l'intérêt de sa famille légitime et dont l'enfant ne doit pas pouvoir entraver l'exercice. Le père pourra donc, en cas de refus d'acceptation de la part de son enfant, faire déclarer sa proposition suffisante par justice et se libérer par des offres réelles suivies de consignation.

Cette opinion serait exacte si les droits de succession des enfants naturels constituaient un droit de créance. Mais nous savons que le système qui voulait qu'il en soit ainsi, a été repoussé par la majorité des auteurs et de la jurisprudence. Or, si l'on écarte l'idée de dette et de créance, on voit que le père naturel est obligé, pour arriver à la réduction autorisée par l'article 761, de rendre son fils propriétaire d'une certaine partie de ses biens équivalente à peu près à la moitié de la part héréditaire future de l'enfant ; or, pour cela, il faut une donation, et la donation suppose nécessairement le concours du donataire. D'autre part, si, comme l'a affirmé le tribun Siméon, cette disposition est établie aussi

2. Cass. req. 21 avril 1835, S. 35, 1, 243. — Cass. civ. 31 août 1847, S. 47, 1, 785, D. 47, 1, 324. Douai, 27 février 1834, S. 34, 2, 293. — Toulouse, 29 avril 1845, S. 46, 2, 49, D. 45, 2, 165. — Pau, 12 mars 1856, D. 57, 2, 130. — Paris, 24 juin 1886, sous cass. S. 88, 1, 217, D. 88, 1, 209.

bien dans l'intérêt de l'enfant que dans l'intérêt de la famille légitime, il est juste que l'enfant soit juge de son intérêt et qu'il puisse refuser d'accepter la donation, lorsqu'il pense que l'anticipation de jouissance qu'elle lui procurera ne compensera pas le sacrifice que la réduction lui impose. C'est donc, en somme, une transaction libre sur la succession future du père naturel que l'article 761 autorise. Le système de la jurisprudence présente d'ailleurs le grave inconvénient de faire manquer son but au législateur ; il est bien certain, en effet, que l'enfant naturel auquel la réduction aura été imposée contre son gré ne manquera pas de prétendre qu'il n'a pas reçu la moitié de sa part héréditaire et se présentera au partage, ce que la loi a justement voulu éviter. Ces considérations l'ont emporté dans l'opinion de la majorité des auteurs[1], et par conséquent, suivant la doctrine, il faut que la réduction de l'article 761 ait été librement acceptée par l'enfant naturel, pour entraîner son exclusion de la succession.

La réduction ne peut résulter que d'une donation entre vifs ; cela ne saurait faire difficulté, étant donné que le texte ne prévoit que la donation entre vifs et que l'interprétation restrictive est de rigueur dans une matière aussi exceptionnelle ; d'ailleurs, il est bien dans l'esprit de l'article 761 que la réduction soit compensée par l'attribution d'un droit immédiat et irrévocable[2].

1. Demolombe : *Successions*. II, n° 105. — Aubry et Rau, VI, § 605, p. 333. — Baudry-Lacantinerie et Wahl : *Successions*. 1, n° 681. — Vigié, II, n° 149. — Fuzier-Herman, art. 761, n° 1.

2. Demolombe : *Successions*, II, n° 109. — Aubry et Rau, VI, § 605, p. 333. — Fuzier-Hermann, art. 761, n° 5. = Baudry-Lacantinerie et Wahl : *Successions*, I, n° 683.

La volonté du père de réduire son enfant naturel à la portion qu'il lui assigne doit être déclarée expressément. Mais, à quelle époque doit être faite cette déclaration ? Il y a controverse sur ce point. On décide en général, et c'est là aussi notre opinion, que cette déclaration doit être contemporaine de la donation. La loi ne dit-elle pas « lorsqu'ils ont reçu... *avec* déclaration ? Et le tribun Siméon ne disait-il pas plus formellement encore : « Si, *en « la payant* par anticipation, ils ont déclaré... » Cette solution seule d'ailleurs est acceptable si l'on admet, comme nous l'avons admis, que le consentement de l'enfant est nécessaire pour que cette réduction soit opérée ; car le père naturel lui tendrait évidemment un piège si après lui avoir fait une donation pure et simple, il venait plus tard lui imposer une réduction dont la perspective l'aurait sans doute déterminé à refuser [1]. Le système adverse tire argument de l'article 843 qui s'exprime pour la dispense de rapport, dans les mêmes termes que l'article 761 et qui cependant, de l'avis général, autorise la dispense postérieure à la donation [2]. On peut répondre que pour qu'un argument de cette nature ait quelque valeur il faut qu'il existe une analogie précise entre les cas prévus ce qui n'est point en la matière qui nous occupe.

On s'accorde au contraire pour reconnaître que le père peut, postérieurement à la déclaration de réduction, faire une déclaration contraire [3].

1. Demolombe : *Successions* II, n° 106. — Aubry et Rau, VI, §. 605, p. 532, note 21. — Baudry-Lacantinerie et Wahl : *Successions* I, n° 688.

2. Duranton, VI. n°s 304, 305. — Laurent, IX, n° 135. — Cass. 31 août 1817, S. 47, 1, 185, D. 47, 1, 324,

3. Baudry-Lacantinerie et Wahl : *Successions* I, n° 689. — Cass. 2 février 1870, S. 70, 1, 361, D. 70, 1, 249.

Mais la volonté du père produira-t-elle effet si la portion assignée à l'enfant naturel est manifestement inférieure à la moitié de la portion future de ce dernier dans la succession? C'est à juste raison, croyons-nous, que la cour de cassation décide la négative. En effet, il faut que la perte résultant de la réduction soit compensée pour l'enfant naturel; car tel est le vœu de la loi. Ensuite, le mot de supplément ne peut s'entendre que d'une fraction modique destinée à parfaire une attribution presque complète[1].

Mais si, au contraire, le père en déclarant vouloir imposer la réduction de l'article 761 à son enfant naturel, lui donne une valeur supérieure à la moitié de sa part héréditaire, cette valeur peut-elle être réduite? La négative est enseignée par la majorité des auteurs[2], par ce motif que l'article 761 n'ouvre aucune action en restitution contre l'enfant naturel qui a reçu plus de la moitié de la portion que lui attribue le titre des successions. Cependant quelques auteurs déclarent que le juge peut réduire la donation si la volonté du père est, en fait, que l'enfant n'ait pas plus de la moitié de sa part; d'autres exigent que le père déclare ne pas vouloir donner à l'enfant plus de la moitié[3]. On leur répond que l'acte prévu par l'article 761 est une donation et que les donations ne peuvent être annulées pour fausse

1. Cass. 2 mai 1888, S. 88, 1, 217, D. 88, 1, 209. — Demolombe : *Successions*, II, n° 115. — Demante III, n° 80 bis. — Vigié II, n° 148,

2. Demolombe : *Successions*, II, n° 116. — Aubry et Rau, VI. § 605, p. 333, note 24. — Laurent IX, n° 140.

3 Laurent, idem. — Demolombe, idem. — Le Sellyer, 1, n° 400.

cause, puisque la cause d'une libéralité étant l'intention libérale, est toujours véritable.

Reste une question vivement controversée. C'est celle de savoir si l'article 761 s'applique même dans le cas où le défunt ne laisse pas d'héritiers légitimes.

Certains auteurs confèrent au juge le droit de rechercher une indication à ce sujet en scrutant les intentions du père[1]. — Cela nous semble peu juridique. La plupart décident que, seuls, les héritiers légitimes peuvent se prévaloir des dispositions de l'article 761.

Malgré la forte argumentation par laquelle MM. Baudry Lacantinerie et Wahl[2] combattent cette solution, c'est cependant celle que nous adopterons. L'article 761 apporte en effet une dérogation à la règle d'ordre public qui défend toute convention sur une succession non encore ouverte ; or, il résulte clairement des travaux préparatoires du Code que cette dérogation n'a été autorisée qu'à titre d'expédient soit-disant équitable pour écarter dans l'intérêt de la famille légitime, le concours d'enfants naturels. D'autre part, il est bien difficile d'admettre que le législateur ait voulu autoriser un tel procédé dans l'intérêt du conjoint survivant et de l'Etat, avec lesquels l'enfant naturel ne peut pas se trouver en conflit, puisqu'ils ne sont appelés à la succession qu'après lui. Les termes mêmes de l'article 761, « toute réclamation leur est interdite », supposent une demande formée vis-à-vis de successibles

1. Demante III, n° 80 bis, 4. — Laurent IX, n° 140. — Huc, V, 105

2. Baudry-Lacantinerie et Wahl : *Successions* I. n° 698.

dont le droit est préférable à celui de l'enfant naturel. Enfin, le système adverse conduirait à décider que la réduction est possible à l'égard d'un enfant naturel en présence d'autres enfants naturels, ce qui est manifestement contraire à l'esprit du Code, et encore plus à l'esprit de la nouvelle loi, qui, s'ils placent les enfants naturels dans une situation inférieure à celle des enfants légitimes, n'ont pu que souhaiter l'égalité entre tous les enfants naturels[1]. Ces considérations sont décisives à notre avis.

Telles étaient les principales controverses qui s'élevaient et peuvent encore s'élever au sujet de l'article 761. Nous devions les rappeler sans les étudier d'un façon complète, car, heureusement, dans un avenir relativement prochain, le souvenir de cette injuste disposition subsistera seul dans notre législation.

1. Demolombe : *Successions*, II, n° 119. — Aubry et Rau, VI, p. 334, § 605, note 27. — Fuzier-Hermann, art. 761, n° 16. — Vigié II, n° 148.

CHAPITRE X.

Dispositions transitoires

D'après un principe général du droit, les lois nouvelles ne règlent que l'avenir. C'est là ce qu'on appelle le principe de la non-rétroactivité des lois [1].

Comment ce principe s'applique-t-il aux lois successorales ? C'est ce que M. Demolombe expose en ces termes : « S'agit-il d'une succession ouverte « avant la promulgation d'une loi changeant l'ordre « des successions *ab intestat* ? C'est la loi ancienne « qui est incontestablement applicable. D'une part, « le fait est accompli, d'autre part ce fait a été la « cause efficiente, le principe générateur de l'attri- « bution des biens aux héritiers... [2]. S'agit-il d'une « succession future, c'est la loi nouvelle qui devra « être appliquée ; alors, en effet, aucun fait n'est « accompli, aucune cause efficiente de transmission « réalisée [3]. »

L'application de ces principes généraux doit être faite à la loi du 25 mars 1896, et par suite, elle ne régit que les successions ouvertes depuis sa promulgation.

1. Article 2 du Code civil.

2. Ajoutons que les principes de la saisine exigent qu'il en soit ainsi.

3. Demolombe : *Successions*, T. I, n° 85.

Le législateur a poussé si loin le respect des droits acquis avant la promulgation de la loi nouvelle qu'il a cru devoir tenir compte d'un fait accompli antérieurement et désormais interdit : le pacte sur succession future avec exhérédation, précédemment autorisé par l'article 761.

L'article 9, § Ier de cette loi est en effet ainsi conçu : « Toute réclamation sera interdite à l'enfant « naturel, lorsqu'il aura reçu du vivant de ses père « et mère, avant la date de la promulgation de la « présente loi, la moitié de ce qui lui est attribué « par les articles 758, 759, 760 et 761 précédents, « avec déclaration expresse de leur père ou mère « que leur intention est de réduire leur enfant natu- « rel à la portion qu'ils lui ont assignée. Dans le cas « où cette portion serait inférieure à la moitié de ce « qui devait revenir à l'enfant naturel, il ne pourra « réclamer que le supplément nécessaire pour par- « faire cette moitié. »

Cette disposition fut vivement combattue au Sénat par M. Demôle, qui voulait que l'abrogation de l'article 761 fut immédiate et même rétroactive. Mais, le Sénat refusa de le suivre et s'en tint à l'avis de sa commission que le rapporteur, M. Dauphin, exprimait ainsi : « Pour éviter des hésitations de « jurisprudence, votre commission vous propose de « trancher la question. Suivant elle, l'acte passé « par le père ou la mère est valable, parce qu'il a « eu lieu dans la plénitude de leurs droits avec un « double caractère d'irrévocabilité et de dessaisisse- « ment, dans des circonstances et dans un but qu'on « ne saurait ni supprimer, ni faire renaître. Mais, « comme de droit commun, les règlements des suc- « cessions s'opèrent suivant la législation du jour

« où elles s'ouvrent, votre commission pense que
« la moitié à laquelle l'enfant naturel aura pu être
« réduit devra être calculée sur les quotités nou-
« velles des droits héréditaires fixés par les nou-
« veaux articles 758, 759 et 760 [1] ».

Il résulte de là que l'ancien article 761 tel que nous venons de l'étudier au précédent chapitre devra régir les réductions faites en conformité de son texte antérieurement à la loi de 1896.

Cette exception unique à la mise en vigueur immédiate des nouvelles dispositions doit d'ailleurs recevoir une stricte interprétation et ne s'appliquerait pas, en conséquence, aux institutions contractuelles ni à toute donation qui ne serait pas de tous points semblable à celle que prévoyait l'ancien article 761.

Mais, une concession a été faite aux idées soutenues par M. Demôle. Ainsi que l'indique le rapport de la commission à la fin du passage précité, les droits successoraux de l'enfant naturel doivent être calculés d'après la loi nouvelle. Cet enfant aura donc le droit de demander, lors de l'ouverture de la succession, toute la différence entre la valeur de la libéralité et la moitié de ses droits successoraux actuels.

Voilà donc une première règle transitoire.

En voici une seconde :

La loi du 25 mars 1896 ayant accordé à l'enfant naturel des droits de réserve supérieurs à ceux que la doctrine et la jurisprudence lui reconnaissaient sous l'empire du Code civil, a, par là même, réduit la quotité disponible.

Nul doute que les dispositions nouvelles ne fussent

1. *Journal Officiel*, Sénat : Documents 1895, p. 6.

applicables aux libéralités testamentaires, essentiellement révocables, et qui d'ailleurs ne confèrent au légataire, avant l'ouverture de la succession qu'une simple espérance.

Mais la saine application du principe de la non rétroactivité des lois semblait devoir conduire le législateur à décider qu'il devait en être autrement des donations entre vifs, que leur irrévocabilité aurait dû mettre à l'abri de toute atteinte. Le donataire, en effet, ayant un droit acquis du jour même de la donation, la réduction d'une pareille libéralité n'aurait dû pouvoir être demandée que si au jour du décès du disposant, elle avait entamé la réserve des enfants naturels calculée d'après les règles en vigueur au moment où elle avait été faite. C'est ce que M. Franck-Chauveau proposa au Sénat de décider et d'établir par un texte formel qui aurait été ainsi conçu : « La présente loi ne pourra modifier les droits résultant des donations entre vifs ou d'institutions contractuelles antérieures à la dite loi [1] ».

M. Dauphin s'opposa vivement au nom de la commission à l'adoption de cette proposition. Le Sénat ayant décidé, disait-il, dans les derniers mots du paragraphe 1er de l'article 9, que l'enfant naturel aurait la plus grosse réserve dans le cas de l'article 761, ne pouvait admettre dans le second alinéa du même article que l'enfant légitime a droit à la plus grosse quotité disponible [2]. Son opinion finit par triompher et le texte proposé par la commission fut adopté. Ce texte est ainsi conçu : « En ce « qui concerne le calcul de la réserve des enfants

1. *Journal Officiel,* Sénat, 1895 : Débats, 21 juin 1895, p. 660.
2. *Journal Officiel,* Sénat, 1895 : Débats, 27 juin 1895, p. 680.

« naturels, la présente loi sera applicable à toutes « les libéralités faites antérieurement à sa promul- « gation. »

Cette disposition nous semble peu conforme au principe que les lois nouvelles nè règlent que l'avenir, et il nous paraît exister une contradiction formelle entre les termes du rapport de M. Dauphin qui déclarait qu'on ne saurait toucher à un acte présentant le double caractère d'irrévocabilité et de dessaisissement, d'une part, et les conséquences auxquelles aboutit le système du même M. Dauphin. Il n'y avait selon nous aucune analogie à rechercher entre la réserve spéciale de l'article 761 et la réserve générale dont s'occupe le deuxième alinéa de l'article 9. Nous ne croyons pas, en un mot, que l'amendement de M. Franck-Rousseau méritât les sourires des Députés et des Magistrats que redoutait pour ses termes l'honorable M. Dauphin[1].

La loi nouvelle n'ayant apporté aucune autre modification aux principes généraux, ces dispositions transitoires sont les seules qu'il y ait lieu d'appliquer.

1. *Journal Officiel*, Sénat : Débats, 27 juin 1895, p. 680.

CHAPITRE XI.

Autres dispositions de la loi du 25 Mars 1896 : — Droit de mutation. — Application de la loi aux colonies françaises. — Succession aux enfants naturels.

§ I. — Droit de mutation

La législation à cet égard a varié suivant la faveur ou la défaveur avec laquelle les enfants naturels ont été envisagés par le droit civil.

Une décision du ministre des finances du 7 Messidor an XII assimila, au point de vue de l'acquit des droits de mutation par décès, les enfants naturels aux enfants légitimes et décida qu'ils n'acquitteraient que le droit en ligne directe alors même qu'ils auraient droit à la totalité de la succession, en l'absence de parents légitimes.

Mais le législateur de 1816 repoussa cette assimilation et déclara dans l'article 53 de la loi du 28 Avril-4 Mai 1816 que les enfants naturels devaient être considérés, quant à la quotité des droits, comme personnes non parentes.

On comprend aisément qu'une pareille disposition n'était plus en harmonie avec une législation civile qui reconnait aux enfants naturels la qualité d'héritiers. Aussi fut-on d'accord à la Chambre et au Sénat pour la modifier et pour « assurer à l'avenir,

« un traitement équitable, au point de vue de la per « ception des droits de mutation, aux enfants natu « rels appelés à recueillir une succession, s'effor- « çant ainsi d'effacer les dernières traces de l'état « de suspicion dans lequel ces enfants ont été si « longtemps tenus [1]. »

Le texte voté est ainsi conçu : « Article 8. L'ar- « ticle 53 de la loi des 20 avril - 4 mai 1816 est modi- « fié ainsi qu'il suit : l'enfant naturel légalement « reconnu, appelé à la succession *ab intestat* ou tes- « tamentaire de son auteur, sera considéré, quant « à la quotité du droit, comme enfant légitime. »

Ainsi, l'enfant naturel quelle que soit la portion de succession qu'il recueillera, soit *ab intestat*, soit par testament, ne paiera plus à l'avenir que le droit fixé pour la ligne directe, c'est-à-dire le droit de 1 pour 100.

Comme toute la loi nouvelle, et comme d'ailleurs prend soin de le dire le texte en question, cette disposition ne s'applique qu'aux enfants naturels légalement reconnus. Elle ne s'applique certainement aussi qu'aux successions et libéralités testamentaires de ceux vis-à-vis desquels l'enfant naturel est héritier.

§ II. — Application de la loi aux Colonies françaises

« Article 10. — La présente loi est applicable à « toutes les colonies où le Code Civil a été pro- « mulgué» .

1. Rapport de M. Jullien.

« La présente loi délibérée et adoptée par le Sé-
« nat et par la Chambre des députés sera exécutée
« comme loi de l'Etat. »

Cet article a pour objet de rendre applicable la loi du 25 mars 1896 aux colonies de la Martinique, de la Guadeloupe et de la Réunion sans qu'une nouvelle loi ordonne son exécution dans ces colonies. En effet, aux termes d'un sénatusconsulte du 3 mai 1854, les lois concernant les successions ne peuvent être modifiées dans les colonies sus-citées qu'en vertu d'un sénatusconsulte ; or les sénatusconsultes n'existant plus dans notre constitution actuelle, c'est une loi qui doit les remplacer à cet effet. Dans toutes les autres colonies, les lois nouvelles sont rendues exécutoires en vertu des décrets du Président de la République.

§ III. — Succession aux enfants naturels

La loi nouvelle pose dans ses articles 765 et 766 les règles de la dévolution des biens appartenant aux enfants naturels.

Nous étant proposés d'étudier seulement les règles concernant les droits héréditaires des enfants naturels, ces dispositions restent en dehors de notre sujet.

Disons cependant que la seule réforme importante apportée en cette matière par la loi nouvelle consiste dans l'attribution de la qualité d'héritiers à tous ceux dont la vocation successorale se fonde sur la parenté naturelle. La liste des successeurs irréguliers ne comprend donc plus comme parents naturels que les frères et sœurs de l'une et de l'autre catégorie indiquées par l'article 766.

CHAPITRE XII.

Des droits héréditaires des enfants naturels en droit international

BIBLIOGRAPHIE. — *Pasquale Fiore* traduit par *Ch. Antoine* : le droit international privé. — *Champcommunal* : le droit international privé. — *Weiss* : traité élémentaire de droit international privé. — *Weiss* : traité de droit international. — *Laurent* : le droit civil international. — *Basilesco* : du conflit des lois en matière de succession *ab intestat*. — *Renault* : de la succession *ab intestat* des étrangers en France et des Français à l'étranger. Journal de droit international privé 1875.

§ I. — SUCCESSIONS

La controverse relative aux règles qui doivent gouverner la dévolution des successions en droit international donne lieu en législation à trois systèmes principaux.

D'après un premier système l'hérédité serait une continuation de la personnalité du défunt et tous les droits héréditaires seraient soumis à la loi qui régissait la personne de celui-ci. Les partisans de cette doctrine se divisent au sujet de la détermination de cette loi : les uns soutiennent que ce doit être celle du domicile du défunt, les autres celles de l'Etat dont le défunt était citoyen, sa loi nationale ; ces derniers sont les plus nombreux et les plus autorisés.

Dans un second système tous les rapports qui dérivent de la succession seraient régis par la loi territoriale du lieu où se trouvent les biens dévolus, la « *lex rei sitæ* ».

Enfin, le troisième système, sorte de transaction entre les deux précédents, considère qu'il faut appliquer la loi personnelle du défunt pour les biens meubles et celle de la situation pour les immeubles.

C'est ce dernier système qui a prévalu en France, dans la doctrine et dans la jurisprudence, relativement aux successions légitimes [1]. Il résulte, dit on, de l'article 3 du Code civil que les immeubles en France sont régis par la loi française, tandis que les meubles étant « ambulatoires » comme l'individu auquel ils appartiennent [2], n'ont pas d'assiette fixe, ne peuvent se détacher de la personne de leur propriétaire et doivent en définitive être régis par la loi personnelle de celui-ci.

En législation, le système qui semble avoir obtenu le plus de faveur est celui d'après lequel la succession doit être régie par une loi unique: celle du défunt. L'Institut de droit international dans sa session de 1880 a en effet adopté la résolution suivante: « Les successions et l'universalité d'un patri-
« moine sont, quant à la détermination des person-
« nes successibles, de l'étendue de leurs droits...
« régies par les lois de l'Etat auquel appartenait le
« défunt. » Cette théorie se fonde principalement sur ce que la succession ne peut être dévolue que

1. V. Baudry-Lacantinerie et Wahl ; *Successions*, T. 1, n° 1079 et les auteurs et arrêts cités en note.

2. Aubry et Rau, I, § 31, p. 103, note 52.

suivant une règle unique, car elle repose soit sur la volonté présumée du défunt, soit sur la constitution de la famille ; or, en ce qui concerne la volonté du défunt, c'est à sa loi personnelle qu'il appartient de l'interpréter, et en ce qui concerne la constitution de la famille, c'est également de la loi personnelle qu'elle dépend.

Doit-on faire application de ces règles générales aux droits de succession des enfants naturels ? Telle est la question qui se pose pour nous.

On a prétendu que, quel que soit le système adopté pour les successions légitimes, seule la loi territoriale devait être appliquée en ce qui concerne les droits de succession des enfants naturels. N'est-ce pas dans un intérêt supérieur de morale, n'est-ce pas dans l'intérêt de l'ordre public que la loi française réduit les droits de l'enfant naturel en concours avec des représentants de la famille légitime ? Or, comme toutes les lois fondées sur des intérêts de cette nature sont rigoureusement territoriales, il s'en suivrait que la loi française régirait entièrement les droits de succession des enfants naturels sur tous les biens meubles et immeubles situés en France, et par suite que l'enfant naturel exclu de la succession par sa loi nationale aurait part aux biens situés en France tandis que l'enfant naturel français serait exclu du partage des biens situés dans un pays où l'exclusion des enfants naturels est la règle. — Ce système, qui semblait avoir quelque fondement à l'époque de l'application du Code Napoléon, nous paraît aujourd'hui beaucoup plus difficile à soutenir. Comme à cette époque, à l'heure actuelle, la dévolution des successions aux enfants naturels repose sur deux principes opposés : l'affection présumée du défunt, d'une part, et la nécessité de sauvegarder au nom de la morale l'institution du mariage d'autre part. Mais de ces deux principes lequel domine son rival ? De là dépend, selon nous, la solution du problème. Il est aisé de comprendre, en effet, que si le premier l'emporte sur le second il n'existera aucune raison de déroger à la règle admise pour les successions légitimes, tandis que si le second prédomine, la loi territoriale seule sera applicable. Sous l'empire du Code civil il était certainement permis de penser que la loi française sacrifiait largement les droits des enfants naturels à des considérations de morale[1], et par suite la doctrine qui enseignait l'application dans ce cas de la loi territoriale n'avait rien d'inacceptable. Mais, nous savons déjà que la loi actuelle, tout en conservant les anciens principes, paraît bien avoir interverti leur importance et que son esprit tend à maintenir dans les successions naturelles les règles générales admises pour les successions légitimes, à se conformer au vœu de la nature, à l'affection du père pour son enfant, ne trouvant dans les considérations de morale qui avaient inspiré le Code qu'un tempérament dans l'intérêt de la famille légitime[2]. D'où il résulte que les règles générales qui gouvernent les successions légitimes seront applicables. Si l'on admet, avec l'Institut de droit international, la personnalité des lois de succession, il faudra l'admettre en ce qui concerne les enfants naturels ;

1. Laurent, *op. cit.*, VI, p. 426.

2. Idem, p. 426, au sujet du Code civil italien dont beaucoup de dispositions sont semblables à celles de la loi nouvelle.

la proposition ci-dessus rapportée ne laisse aucun doute à cet égard.

Si, au contraire, on estime avec la jurisprudence et la doctrine françaises que les successions mobilières seules sont régies par la loi personnelle du défunt, tandis que les successions immobilières sont dévolues d'après la *lex rei sitæ*, il faudra faire application de cette double règle aux droits de succession des enfants naturels[1].

Jusqu'ici, nous n'avons entendu parler que des enfants naturels simples. La question est tout autre relativement aux enfants adultérins et incestueux et nous paraît beaucoup moins douteuse.

Le Code civil français reproduit par la loi de 1896, fidèle à sa rigueur vis-à-vis d'eux, ne leur donne que des aliments. Il parait certain qu'ici le droit de l'enfant est complètement sacrifié à l'intérêt de la morale publique. Quand l'intérêt des bonnes mœurs domine à ce point que la loi n'a plus égard aux droits de la nature, il faut décider qu'elle l'emporte à plus forte raison sur le droit de l'étranger. La loi personnelle devra donc toujours céder devant la loi territoriale.

Cela posé, étant donné que la loi française n'accorde de droits successoraux qu'à l'enfant naturel *reconnu*, il faut rechercher d'après quelle loi l'existence et la validité de la reconnaissance de cet enfant doivent être appréciées. Supposons qu'un enfant né en France de parents inconnus et par conséquent citoyen français aux termes de l'article 8, 2° du Code Civil, ait fait plus tard l'objet d'une reconnaissance de la part d'un père italien. Est-ce d'après la loi

1. Dalloz, suppl., V° Lois, n° 384.

française ou bien d'après la loi italienne que cette reconnaissance devra être appréciée[1] ?

Certains auteurs considérant qu'il faut que l'enfant naturel soit capable d'être reconnu, décident que la validité de la reconnaissance doit dépendre de la loi personnelle[2]. Il nous semble au contraire que le consentement de l'enfant n'étant pas exigé pour la reconnaissance, la loi personnelle de cet enfant ne peut avoir aucune influence sur celle-ci. La reconnaissance est un acte qui émane exclusivement de son auteur. D'autre part, la reconnaissance étant déclarative et non attributive de droits, elle donne en principe à l'enfant la qualité de citoyen du pays de son père, et par suite, elle doit entraîner pour lui l'applicabilité de lois de celui-ci. C'est donc d'après la loi personnelle du père ou de la mère qui a fait la reconnaissance que la validité de cet acte doit être appréciée. Toutefois le droit qui appartient à l'enfant d'attaquer la reconnaissance devrait être régi par sa loi personnelle, c'est-à-dire par la loi de l'Etat dont il a acquis la qualité de citoyen par la naissance ; car, il est clair que, comme le changement de la qualité de citoyen dépendrait de la validité de la reconnaissance, et que l'action de l'enfant tendrait précisément à attaquer la validité de cet acte, elle devrait être régie par sa loi personnelle propre.

Mais la même théorie doit-elle être admise par rapport aux enfants adultérins et incestueux et

1. Cette question se rattachant plutôt à la matière de la filiation qu'à celle des successions, nous nous bornerons à la résumer rapidement.

2. *Cf.* Notamment Weiss : *Traité du Droit international privé*, II. 727.

devrait-on par suite accorder des aliments à un enfant adultérin reconnu par un père dont la loi autorise une pareille reconnaissance? Il est permis d'en douter. On peut penser que la prohibition des reconnaissances d'enfants adultérins et incestueux, est d'ordre public en France. Mais, d'autre part, on peut objecter que le législateur français n'a fait qu'organiser la famille française et que les rapports entre un étranger et son enfant restent en dehors de ses prescriptions. Il nous semble que la prohibition de l'article 335 est établie non seulement dans l'intérêt de la famille mais encore des bonnes mœurs, et que, par suite, il doit être pour ce cas fait exception à la règle que la loi du père ou de la mère seule doit être appliquée.

Tout ce qui précède n'a trait qu'à la reconnaissance volontaire. La reconnaissance résultant d'une décision judiciaire ne soulève pas moins de difficultés. Selon nous, les mêmes principes doivent présider à leur solution. Ainsi, rien ne s'opposerait, à notre avis, à ce qu'un enfant naturel né en France de parents inconnus intentât une action en recherche de paternité contre un étranger dans un pays où cette recherche est autorisée; mais, au contraire, l'action qui, en France, tendrait à une pareille recherche en vertu d'une loi étrangère, devrait être rejetée au nom de l'ordre public.

Toutefois, il faut distinguer avec soin le cas où un étranger demande aux tribunaux français de consacrer à son profit un état contraire à nos principes d'ordre public et celui où il s'agit d'un étranger qui, après avoir fait fixer par les tribunaux et d'après les lois de son pays un état que la loi française ne lui aurait pas reconnu, ne demande à la justice française que d'apprécier les conséquences de cet état. Le scandale que l'on veut empêcher résultant de la recherche de la paternité et non pas de sa constatation, la jurisprudence décide que les jugements étrangers qui reconnaissent la paternité naturelle sont exécutoires en France[1].

§ II. — Donations et testaments — Réserve

Aux termes de l'article 908, modifié par la loi nouvelle les enfants naturels ne peuvent, nous le savons, rien recevoir par donation entre vifs au delà de ce qui leur est accordé au titre des successions et leur droit de recevoir par legs subit dans certains cas de notables restrictions.

Quelle est au point de vue du droit international privé la nature de cette disposition, quel en est le *statut* ?

D'après une première opinion il s'agit là d'un statut personnel, l'article 908, dit-on, constitue une incapacité relative de recevoir pour l'enfant naturel ; or, il est de règle que les questions de capacité soient gouvernées par le statut personnel et cela s'applique aussi bien aux incapacités relatives qu'aux incapacités absolues[1].

Ayant décidé antérieurement que l'article 908 constituait plutôt une indisponibilité réelle qu'une incapacité personnelle, nous ne saurions adopter cette première opinion[2].

9. Pau, 17 janvier 1872, D. P. 75, 2, 193.

1. Baudry-Lacantinerie et Colin, *Donations*, I, n° 640. — Laurent, *op. cit.*, n° 211.

2. Voir chapitre VI.

Nous repoussons également la théorie d'après laquelle, quoiqu'il s'agisse bien là d'un statut personnel, on devrait appliquer la loi territoriale, l'article 908 reposant sur des raisons d'ordre public. Ce système se fonde lui aussi sur ce que les prohibitions de notre article seraient une incapacité et, d'autre part, nous avons pensé que seul l'intérêt de la famille légitime, et non l'ordre public en général, avait inspiré ces prohibitions [1].

D'autres ont soutenu que l'article 908 devait être rattaché aux règles de la succession *ab intestat* et qu'il fallait appliquer la loi régissant la dévolution de cette succession ; ce qui conduirait à décider, dans le système de la jurisprudence française, que l'article 908 s'applique sur les immeubles situés en France, mais non sur les meubles, lesquels restent régis par la loi personnelle du défunt [2]. Il nous semble que, quels que soient les rapports étroits qui existent entre les articles 757 et suivants et notre texte, ils constituent cependant des dispositions bien différentes, ceux-ci suppléant une volonté qu'on est obligé de présumer, celui-là au contraire contrariant une volonté fut-elle clairement manifestée.

Nous sommes donc obligés de nous référer aux principes qui gouvernent les questions que soulève l'article 908. Ce texte, avons-nous dit, établit une indisponibilité réelle, créant une véritable réserve au profit de la famille légitime Il suffit donc de rechercher quelles sont les règles qui gouvernent la réserve des héritiers en droit international.

Mais là encore, nous trouvons un grand nom-

1. Weiss, *Traité de droit international privé*, p. 860.

2. Bertauld, *Questions pratiques*. — Despagnet, *Précis de droit international privé*.

bre de systèmes. L'opinion qui paraît la plus communément admise est que les règles de la réserve sont les mêmes que celles de la succession *ab intestat*, par cette raison que la réserve n'est qu'une fraction de la succession, et par suite nous retombons dans la théorie que nous venons de repousser[1].

D'autres prétendant que le législateur a surtout eu en vue de prohiber la disposition de certains biens, déclarent que la réserve appartient au statut réel[2]. Est-ce bien exact ? Et n'est-ce pas plutôt la sauvegarde des intérêts de la famille que le législateur a eu en vue en établissant une réserve ? N'est-ce pas la personne des héritiers sur laquelle s'est fixé l'attention du législateur, et non pas, comme on le prétend, les biens eux-mêmes ? Cela nous paraît incontestable ; et comme de l'avis général, toutes les lois qui ont pour objet la personne appartiennent au statut personnel, c'est de celui-ci qu'il faudra faire application tant aux règles de la réserve qu'à la disposition exceptionnelle de l'article 908.

Mais quelle sera la loi personnelle applicable ? Sera-ce celle du disposant ? Sera-ce au contraire celle du gratifié ? La question est délicate. Toutefois étant donné que ce sont surtout des considérations propres à la famille du déposant qui ont conduit le législateur à établir les règles de la réserve et celle de l'article 908, nous sommes enclins à penser que c'est à la loi personnelle du disposant qu'il faut recourir en cas de difficultés.

1. Baudry-Lacanterie et Colin, *Donations*, I, n° 1055.
2. Laurent, *op. cit.*, p. 465.

CONCLUSION

Après avoir suivi, à travers les siècles, le développement des droits successoraux des enfants naturels, après avoir étudié les règles qui gouvernent ces droits à l'heure actuelle et la réforme accomplie par la loi de 1896, il nous reste à formuler une appréciation.

La loi nouvelle est-elle une bonne loi ? Mérite-t-elle les éloges qui en ont été faits[1] ? Justifie-t-elle les blâmes qui lui ont été adressés[2] ? Ce sont là des questions auxquelles il paraît impossible de répondre d'un seul mot et qui comportent l'examen des divers principes que consacre le nouveau texte. Nous les passerons en revue rapidement.

Une première question se pose tout d'abord. Est-ce à tort ou à raison que le législateur moderne a repoussé l'assimilation, proposée par certains membres du Parlement, entre les enfants légitimes d'une part et les enfants naturels d'autre part?

1. Trarieux : Discours au Sénat (*Journal officiel* du 19 mai 1895, Sénat débats, — Vigié : *Revue critique*, déjà cité.

2. Grivart : Discours au Sénat.

Les considérations sur lesquelles s'est fondé le législateur pour repousser cette assimilation sont de quatre natures différentes.

On a fait valoir tout d'abord la nécessité sociale de ne pas diminuer la faveur due au mariage et de conserver à la famille son organisation traditionnelle.

On a prétendu, en second lieu, que la proposition aurait eu un résultat illogique, puisque les droits des enfants naturels seraient devenus égaux à ceux des enfants légitimes, tandis que les enfants adultérins et incestueux seraient restés dans la triste situation où le Code Civil les a placés.

On a mis en avant qu'il serait immoral de permettre à l'enfant naturel de profiter d'une communauté qui souvent ne sera riche que grâce au travail, à l'intelligence, à l'économie ou à la fortune d'un conjoint légitime pour lequel l'enfant naturel est un étranger, bien plus, pour lequel son existence est un outrage.

Enfin, invoquant les leçons de l'expérience, on a rappelé les résultats éphémères de l'assimilation tentée à la fin du siècle dernier, à l'époque du Droit Intermédiaire.

Ces arguments-là sont-ils sans réplique ? Nous ne le pensons pas, et nous essaierons d'y répondre tout à l'heure.

Un point tout d'abord est certain ; personne n'ose le discuter. En droit naturel, l'enfant légitime et l'enfant naturel sont égaux. Nous avons posé ce principe au début de notre étude ; nous n'y revenons point.

Or, est-il d'une nécessité sociale, certaine, évidente, de restreindre les droits des enfants naturels ? C'est ce qu'il est permis de discuter.

Certes, le mariage est une institution qui exige tous les respects ; certes, il faut le favoriser le plus possible. Mais, ainsi que le disait à la tribune du Sénat l'honorable M. Demôle, « avez-vous la naï-
« veté de croire qu'en refusant aux enfants natu-
« rels la part qui leur revient dans la succession
« paternelle, vous allez diminuer le nombre de ce
« qu'on appelle les unions libres ? vous imaginez-
« vous que les naissances illégitimes décroîtront ? »
L'expérience semble prouver qu'il ne faut point s'attendre à de pareils résultats. Il suffit de consulter les statistiques pour s'en convaincre. Elles montrent, en effet, qu'au cours de ce siècle, sous l'application des règles du Code Napoléon, pourtant si rigoureuses pour ceux qui nous occupent, le nombre des unions et des naissances illégitimes a toujours été en augmentant, et ces dernières, de 4,8 0/0 en 1805, étaient, en 1888, de 8,2 0/0. C'est une utopie, nous semble-t-il, de vouloir endiguer les mauvaises mœurs par des lois. *Quid leges sine moribus?* « Les mœurs modifient quelquefois les lois ; les lois ne modifient pas les mœurs[1] ».

Il arrivera peut-être qu'une loi rigoureuse entraînera quelques mariages. Il peut se faire qu'un honnête homme, après s'être laissé surprendre dans les liens d'une union illicite, soit amené à épouser sa maîtresse pour éviter aux enfants nés de cette union le poids d'une faute dont il est seul coupable. Mais, dans ce cas, de deux choses l'une : ou bien cette maîtresse est digne du titre d'épouse,

1. Alexandre Dumas : *Les femmes qui tuent.*

et alors, tôt ou tard, sans qu'il soit besoin d'une menace suspendue sur les enfants innocents, elle l'acquèrera presque toujours ; — ou bien elle n'est point digne de cet honneur, et il faut alors se garder soigneusement d'encourager un pareil mariage qui constituerait une mésalliance beaucoup plus dangereuse pour la famille qu'aucune attribution successorale. Ce qu'il faut surtout éviter, c'est qu'une femme sans moralité abusât de la pitié qu'inspire la sévérité des dispositions légales vis-à-vis de l'enfant naturel pour faire croire à une paternité et obtenir un mariage auquel son ambition ou sa cupidité la font aspirer. C'est pourquoi, tout bien considéré, il vaudra mieux, la plupart du temps, ne faire entrer dans la famille que l'enfant et laisser la mère en dehors.

D'autre part, il est un raisonnement que l'homme — (qui, hélas ! est loin d'avoir toutes les qualités morales que la loi semble lui supposer) — se fera le plus souvent. « L'homme pourra se dire : « Cet enfant qui est né, je ne suis pas sûr d'en être « le père, et cela est si vrai que la loi ne permet « pas qu'on me recherche. En tous cas, j'ai la ressource de le reconnaître ; en lui donnant des « droits que cette reconnaissance fera naître à son « profit, je serai un parfait honnête homme, « puisque je pouvais ne rien faire du tout. — Le « raisonnement est moins moral, mais beaucoup « plus humain. Les statistiques tendent à faire « croire qu'il est aussi le plus fréquent[1]. » Il nous paraît, en effet, que, comme on l'a dit, « il fau-

1. Allard : *De la condition et des droits des enfants naturels.*

« drait bien mal connaître le cœur humain pour « pouvoir se figurer que la peine infligée aux en- « fants naturels par le Code, puisse être de nature « à empêcher une seule union illicite [1]. » Notre conclusion sur ce point est donc que la législation concernant les droits successoraux des enfants naturels est sans influence sur l'institution du mariage, et qu'il est permis de douter que la nécessité sociale invoquée contre l'assimilation proposée soit bien réelle.

Au contraire, — et c'est là notre réponse au second argument des partisans des anciens principes, — l'ordre public commande de repousser toute tentative d'assimilation en ce qui concerne les enfants adultérins et incestueux. Certes, il est regrettable d'être obligé de leur faire supporter la peine d'un délit qu'ils n'ont point commis, d'une faute dont leurs parents sont seuls coupables. Mais cela nous semble nécessaire dans l'intérêt des bonnes mœurs et les principes eux-mêmes qui régissent la filiation nous semblent exiger cette solution. La reconnaissance de ces enfants-là est interdite ; la loi veut ignorer leur existence. Elle a raison ; car l'adultère et l'inceste sont des faits scandaleux qui troublent profondément l'ordre public, et il ne peut être permis à un citoyen de venir étaler sa propre honte aux yeux de tous. Aussi, ne pourrait-il jamais être question que d'accorder des droits à ceux dont la filiation se trouve établie par la force même des choses. Ce serait injuste, car

1. Exposé des motifs de la proposition de MM. Letellier, Julien et Rivet (*Journal officiel*, 1888, Chambre des députés, annexes, p. 554).

les autres ont autant de droits qu'eux. Ce serait dangereux, car certains s'évertueraient à tourner la loi pour arriver à une reconnaissance. On pourrait objecter que la loi accorde des aliments aux enfants dont la filiation est ainsi reconnue. C'est vrai, mais c'est que l'humanité le commande, c'est que les sentiments de pitié qu'ils inspirent s'opposent à ce qu'on les laissât mourir de faim. Puis, il existe, selon nous, entre les enfants adultérins et incestueux et les enfants naturels, une différence qui suffit à justifier la diversité de situation qui est faite aux uns et autres, c'est que les seconds sont nés d'un commerce blâmable, sans doute, mais légalement permis, tandis que les premiers doivent leur existence à un délit, l'adultère, à une faute grave, l'inceste, — dont ils ne sont point coupables c'est entendu, — mais dont la loi civile ne saurait consacrer les conséquences.

L'argument tiré de l'impossibilité morale dans laquelle on se trouve de faire bénéficier l'enfant naturel du partage d'une communauté enrichie par le conjoint auquel il est étranger, ne nous paraît pas non plus concluant. D'abord, il peut se faire que la communauté ait justement été rendue opulente par le fait de l'auteur de cet enfant, et il serait injuste dans ce cas de le priver de sa part. Mais, avec le systeme de la loi nouvelle, l'enfant naturel ne profite-t-il pas dans une certaine mesure de cette communauté ? Ayant droit à la moitié, aux trois quarts, à la totalité de la succession dans certains cas, ne recueille-t-il pas par là même une partie correspondante de la part de communauté afférant à son auteur ? L'immoralité prétendue résiderait donc uniquement dans une question de mesure, ce qu'il nous paraît impossible de soutenir sérieusement. D'autre part, ainsi que l'a fait remarquer M. Demôle « cette théorie sur l'origine « des fortunes, pour en attribuer la dévolution, « est complètement bannie par nos lois.... La for- « tune que laisse le défunt, va aux héritiers auxquels « la loi l'attribue, à ceux qui sont présumés avoir « la plus grande part de ses affections ; elle ne va « qu'a eux, sans qu'il soit besoin de rechercher « d'où elle provient. » Et que l'on ne vienne pas objecter que le respect des conventions matrimoniales s'oppose à ce que l'enfant naturel recueille une partie de cette communauté. Ou bien la reconnaissance est postérieure au mariage, et l'article 337 lui empêchera de produire effet au regard de l'épouse et des enfants nés du mariage. Ou bien la reconnaissance est antérieure, et alors elle doit être connue de l'époux qui doit en prévoir les conséquences. On a proposé pour ce second cas de remédier à l'ignorance que peut conserver le futur conjoint de cette reconnaissance en exigeant son inscription en marge de l'acte de naissance de l'auteur qui la fait[1]. Ce remède n'est peut-être pas sans danger : il pourrait rendre moins nombreuses les reconnaissances dont on redouterait davantage la divulgation. Il nous semble que l'état de chose actuel est préférable à ce point de vue. C'est au futur conjoint de se renseigner d'une façon précise ; le mariage est un acte assez important pour qu'on ne le contracte point sans connaître le passé de celui auquel on s'unit.

1. Demôle : Discours au Sénat.

Enfin, on ne saurait, à notre avis, tirer argument des inconvénients reconnus au système d'assimilation établi par la Convention. D'abord, le Droit Intermédiaire autorisait la recherche de la paternité, et de là, sans nul doute, vinrent les plus grands abus. Ensuite, en législation comme partout ailleurs, il faut se garder de passer brusquement d'un état à un autre. Aux rigueurs de l'ancien régime, les lois de la Révolution avaient substitué sans transition une complète égalité. C'était là surtout le défaut du système, et c'est pour cette raison qu'il fallût l'abandonner. En 1896, le Code Civil avait déjà commencé l'évolution vers des principes moins rigoureux que ceux de l'ancien droit et le législateur de cette époque aurait pu sans danger la terminer. Il ne l'a point osé, il l'a simplement continuée. Bientôt, sans doute, l'œuvre sera reprise et s'achèvera. Toutes les législations modernes tendent certainement vers ce but. Le sentiment général, celui surtout de la jeunesse contemporaine, aspire à ce résultat. Et cette tendance, cette aspiration, nous en suivons le développement avec enthousiasme, parce qu'elle nous semble conforme au droit naturel, qui commande l'égalité, conforme à l'équité, qui défend qu'on punisse un innocent pour un coupable, conforme à l'intérêt de la société, qui doit toujours voir avec faveur les reconnaissances d'enfants naturels. Et, quoi qu'on ait dit, une fois la réforme accomplie, il restera encore entre l'union libre et le mariage, outre « l'épaisseur d'un parchemin », la famille et l'honneur.

Nous n'insisterons pas sur le point de savoir si le législateur a eu raison de n'accorder aucun droit aux enfants naturels sur les biens des parents de leur père ou de leur mère. L'affirmative ne fait de doute pour personne. La reconnaissance n'établissant aucun lien de parenté entre l'enfant naturel et les parents dont il s'agit, on ne peut évidemment imposer aux ascendants ou aux collatéraux, comme héritiers, des personnes qui n'ont avec eux aucun rapport civil. Cette disposition, d'ailleurs, ne blesse en rien les sentiments d'affection que collatéraux ou ascendants peuvent avoir pour des enfants naturels et n'empêche nullement leur manifestation, puisqu'il leur sera toujours possible de tester en faveur de ces derniers.

On peut, au contraire, critiquer les dispositions de la loi de 1896, qui appellent les collatéraux et les ascendants en concours avec les enfants naturels, et cela alors même que l'on repousserait l'assimilation de ces derniers aux enfants légitimes.

Selon nous, il eut été préférable et surtout plus logique de s'en tenir sur ce point au projet voté par la Chambre, et d'écarter complètement les collatéraux de la succession du *de cujus* en accordant aux ascendants un simple droit d'usufruit.

Examinons d'abord la question en ce qui concerne les collatéraux.

Le principal motif, le seul à la vérité, pour lequel on a repoussé l'assimilation des enfants naturels à leurs frères légitimes, ne résidait-il pas dans la protection due à l'institution du mariage? Or, comme l'a parfaitement dit M. Trarieux, « il

« ne s'agit plus là de la famille proprement dite
« qui peut naître du mariage,... il s'agit de colla-
« téraux ». Et M. Tillaye disait de même « il ne
« s'agit pas du foyer domestique, il est respecté.
« Il s'agit des frères et sœurs du père de l'enfant
« naturel. Or, de deux choses l'une : ou bien le
« père aura conservé pour ses frères et sœurs
« une affection bien légitime,... et alors il fera un
« testament en leur faveur ; ou bien il n'aura pas
« conservé vis-à-vis d'eux ces sentiments de fa-
« mille, et alors comment pouvez-vous dire que
« la pensée intime du père sera de les préférer à
« son enfant naturel[1]. » Il est vrai que le dernier argument peut se retourner contre ceux qui l'invoquent et que si, dans l'état actuel de la législation, le père veut marquer sa préférence pour ses enfants naturels, il lui suffira de l'exprimer par un testament en leur faveur. Mais la raison qui nous fait partager le sentiment de MM. Trarieux et Tillaye à cet égard, c'est qu'il n'existe aucune nécessité sociale de déroger sur ce point au droit naturel qui fait le fils seul héritier de son père. Ajoutons que le code italien a écarté résolument les frères et sœurs de la succession ; or, nous croyons que la France peut et doit même s'inspirer des législations étrangères lorsqu'elles réalisent un progrès conforme à l'équité, à l'état actuel des mœurs et aux aspirations nationales.

Nous eussions aussi préféré que, conformément au projet de la Chambre des Députés, le droit de l'ascendant eût consisté en un simple usufruit.

1. *Journal officiel*, Sénat, débats, 20 mars 1895, p. 213.

Ici encore aucune utilité sociale ne commande de déroger au droit naturel. Mais cependant le droit naturel ne peut être strictement appliqué. Il ne peut être permis que le grand-père vécut dans la misère, alors que la transmission d'un riche héritage assurerait l'opulence à son petit-fils naturel. Et, comme on ne peut créer, entre ce grand-père et ce petit-fils naturel, une obligation alimentaire sous peine d'établir du même coup des liens de parenté entre eux, il faut bien concéder au premier un droit de succession. Ce droit pourrait consister en une simple créance alimentaire ; et, en fait, cette solution se rapprocherait beaucoup du texte voté ; car, que l'on donne aux ascendants une part héréditaire invariablement fixée au quart de la succession, quel que soit leur nombre, ou bien qu'on accorde à chacun d'eux une créance alimentaire, cela revient au même ou à peu près. Mais un droit d'usufruit, tout en assurant les vieux jours de l'ascendant, présenterait l'avantage de faire retour, après sa mort, à l'enfant naturel qui l'a subi, de sorte que la totalité de la succession se trouverait alors réunie entre les mains de l'enfant naturel, ce qui nous semble tout à fait conforme au droit naturel et à l'équité.

Reste la question de savoir si les limitations imposées, par l'article 908, aux libéralités faites aux enfants naturels par leurs père et mère sont justifiées.

Il est bien certain que si l'on admet avec nous que les enfants naturels doivent être assimilésaux enfants légitimes dans la succession *ab intestat*, aucune restriction ne saurait être apportée à la faculté de disposer à leur égard, sauf, bien entendu, celle qui résulterait des règles de la réserve.

Mais, le système adopté par la loi nouvelle nous paraît, au contraire, exiger une limitation, sans laquelle les prescriptions de cette loi risqueraient d'être inefficaces. A toute incapacité, il faut une sanction. Quelle sera donc la sanction de l'incapacité successorale de l'enfant naturel si ses père et mère peuvent, par des libéralités, lui transmettre tous leurs biens ? N'y aurait-il pas une grave inconséquence à restreindre, en considération de la famille légitime, la part héréditaire de l'enfant naturel, et à permettre ensuite au père ou à la mère de ne tenir aucun compte de cette considération ? C'est là cependant ce qu'ont fait les rédacteurs de la loi de 1896 pour les libéralités testamentaires.

Considérant que les donations présentaient un danger particulier, à cause de leur irrévocabilité, ils ont, en effet, maintenu l'ancienne prohibition de l'article 908 à leur égard, la supprimant, au contraire, en ce qui concerne les legs.

Avec l'honorable M. Thézard, nous estimons que cette distinction n'est point fondée. Si la donation présente des inconvénients à raison de son irrévocabilité, le testament n'est pas non plus sans dangers, par suite de la facilité avec lequel on le fait, on le modifie, on le détruit pour le refaire, sous les influences secrètes d'un entourage la plupart du temps intéressé, sous l'inspiration des idées du moment [1]. Ce que l'on redoute, en somme, c'est la captation, la suggestion. Or, il est très rare que les donations soient attaquées pour cette raison, tandis que de semblables procès sont très fréquents pour les testaments.

Et, il faut bien en convenir, si le législateur a autorisé les libéralités testamentaires, c'est qu'il a voulu permettre de donner effet à la volonté des père et mère librement et clairement manifestée. Il avait pourtant refusé de consacrer dans les dispositions qui règlent la succession *ab intestat* les présomptions de volonté du défunt qui, — logiquement, humainement, moralement, — doit être censé avoir le même amour pour tous ses enfants. Il s'était élevé contre les propositions faites dans ce dessein, au nom des intérêts sociaux, de la faveur due au mariage. Eh quoi ? les intérêts sociaux, la faveur due au mariage ne s'opposent-ils pas à l'assimilation facultative à laquelle conduit, en définitive, le nouvel article 908, aussi bien qu'à l'assimilation légale ? Cette assimilation est donc possible ? C'est là, selon nous, la démonstration de l'inanité des motifs qui ont arrêté les rédacteurs de la loi dans la voie de l'assimilation pure et simple de tous les enfants où certains d'entre eux les invitaient à s'engager. La faculté d'assimilation laissée aux père et mère naturels présente à nos yeux cet avantage qu'elle permettra à ces derniers de montrer au législateur de demain le chemin qui reste à parcourir. Nombreux seront, nous l'espérons, les testaments établissant l'égalité entre tous les enfants d'un même père, et bientôt la loi elle-même, qui fait le testament de ceux qui meu-

1. Voir *supra*. Deuxième partie, section I, ch. I.

rent sans avoir exprimé leurs volontés dernières, sera forcée de l'établir.

Sous le bénéfice de ces critiques, nous pensons que la loi nouvelle a réalisé un progrès considérable. Elle n'a pas fait tout ce qui devait être fait, à notre désir ; mais elle a fait beaucoup.

En concédant à l'enfant naturel la qualité d'héritier de ses père et mère, elle a fait disparaître de nombreuses et vives controverses, tout en consacrant les principes d'une saine logique et en sanctionnant le droit naturel.

Elle a généreusement amélioré la situation des enfants illégitimes, en comblant en partie le fossé que le Code Napoléon avait creusé si large entre eux et leurs frères et sœurs nés dans le mariage, par l'augmentation de la quotité de leurs droits, par la faculté d'assimilation testamentaire laissée à leurs parents, par l'attribution définitive d'une réserve.

Elle a su comprendre les véritables préceptes de l'équité en abrogeant les cruelles et injustes dispositions de l'article 761, en excluant entièrement de la succession tous les parents éloignés du défunt que le Code appelait en concours avec les enfants naturels.

Enfin, en précisant certains détails, elle a fait disparaître bien des hésitations, comblé bien des lacunes, et les références de ses auteurs aux décisions de la doctrine et de la jurisprudence seront d'un précieux secours pour trancher les difficultés qui subsistent encore.

Mais, pour nous, son plus grand mérite est d'avoir déposé toute haine à l'égard des enfants naturels, de s'être largement inspirée des sentiments de bienveillance que commande leur innocence, de n'avoir point sacrifié les droits de ceux-ci aux intérêts de la famille légitime, qu'elle a seulement voulu sauvegarder.

Nous lui savons gré d'avoir fait justice de cette pensée de Bossuet, selon nous indigne d'un chrétien : « Punir les pères dans leurs enfants, c'est « les punir dans leur bien le plus réel ; c'est les « punir dans une partie d'eux-mêmes que la na- « ture leur a rendue plus chère que leurs propres « membres, en sorte qu'il n'est pas moins juste « de punir un homme dans ses enfants que de le « punir dans ses membres. »

C'était là justifier à la fois la torture des criminels et l'exclusion des bâtards. Nous repoussons la torture comme contraire aux idées les plus élémentaires d'humanité. Nous repoussons aussi l'exclusion des bâtards comme contraire à l'équité. Il n'est pas possible qu'une religion toute de douceur et de charité consacre de tels principes. Elle nous semble au contraire commander à l'égard de tous le pardon et la pitié. Elle nous paraît devoir imposer l'égalité entre tous les enfants ; car, l'égalité est de droit naturel ; et le droit naturel c'est la loi de Dieu.

Georges GRIMOD.

TABLE DES MATIÈRES

PRÉLIMINAIRES

PREMIÈRE PARTIE

Histoire des droits successoraux des enfants naturels

DEUXIÈME PARTIE

Des droits successsoraux des enfants naturels

SECTION I

SECTION II

Commentaire de la loi de 1896

ERRATA

— 17 Note 2 article 161 du *Code Pénal*, lisez du *Code Civil*.

— 17 27e ligne *hors mariage, l'égalité* lisez *hors mariage. L'égalité*.

— 25 Note 1 Ch. *Morillet* lisez *Morillot*.

— 29 11e ligne *Trolong* lisez *Troplong*.

— 35 15e ligne *ita just esto* lisez *ita jus esto*.

— 37 Note 1 *La loi Alia Sentia* lisez *la loi Ælia Sentia*

— 39 24e ligne *ex justis nuptus* lisez *ex justis nuptiis*.

— 40 26e ligne *possession in bonio* lisez *possessio in bonis*.

— 42 Note 1 *aux rentes d'esclaves et d'animaux* lisez *aux ventes*.

— 44 Note 1 *quarta legitime partis* lisez *quarta legitimæ partis*.

— 45 2?e ligne *prætor vacat cognatos* lisez *prætor vocat cognatos*.

— 70 Note 1 *... de co qui duxit* lisez *de eo qui duxit*.

— 88 Note 1 *nous vous proposons* lisez *nous nous proposons*.

— 114 dern. ligne *aucun bien* lisez *aucun lien*.

— 124 prem. ligne *vis-à-vis les bâtards* lisez *vis-à-vis des bâtards*.

— 152 2me ligne *qui les concerne* lisez *qui les concernent*.

— 166 17e ligne *entre l'enfant naturel* lisez *contre l'enfant naturel*.

— 171 2me ligne *quod pterumque* lisez *quod plerumque*.

Note 1 in fine *successions* 79-1-337 lisez *Sirey* 79-1-337.

— 215 au lieu de paragraphe *IV* lisez paragraphe *III*.

» » 14e ligne *tâche* lisez *tache*.

— 238 5me ligne *il en résulte* lisez *il résulte*.

— 230 26e ligne *du déposant* lisez *du disposant*

» » Note 1 Baudry-Lacanterie lisez Baudry-Lacantinerie.

IMPRIMERIE LAVALLOISE — E. Lelièvre
Rues du Lieutenant et de la Paix.

Printed in Dunstable, United Kingdom

91219936R00198